Italienische Gärten

Günter Mader
Laila Neubert-Mader

Italienische Gärten

Deutsche Verlags-Anstalt
Stuttgart

Unseren Eltern aus Dank
für die Gärten unserer Kindheit

CIP-Kurztitelaufnahme der Deutschen Bibliothek
Mader, Günter:
Italienische Gärten/Günter Mader; Laila
Neubert-Mader. – Stuttgart: Deutsche
Verlags-Anstalt, 1987.
  ISBN 3-421-02887-7

NE: Neubert-Mader, Laila

2. Auflage 1989

© 1987 Deutsche Verlags-Anstalt GmbH, Stuttgart,
    und Office du Livre SA, Fribourg
Alle Rechte vorbehalten
Layout: Günter Mader
Satz: Englersatz, Zürich
Photolithos, Druck und Einband:
Dai Nippon Printing Co., Tokyo
Redaktion: Hubertus von Gemmingen
Herstellung: Franz Stadelmann

Printed and bound in Japan

Inhaltsverzeichnis

Dank

Für erste Anregungen zum Thema dieses Buches danken wir:
Frau Gudrun Bronner †, Gartenarchitektin, Universität Karlsruhe.

Für fachliche Hinweise danken wir:
Prof. Dr. Gerhard Goebel-Schilling, Universität Frankfurt/Main,
Dr. Adolf Hoffmann, Deutsches Archäologisches Institut, Istanbul,
Dr. Valentin Kockels, Universität Darmstadt,
Prof. Pietro Porcinai †, Fiesole,
Dipl. Ing. Bernd Weigel, Leiter des Gartenbauamtes Baden-Baden,
Prof. Dr. Franzsepp Würtenberger, Emeritus Universität Karlsruhe.

Für organisatorische Hilfe danken wir:
Frau Dr. Gae Aulenti in Mailand,
Dr. Aureliano Benedetti in Florenz,
James R. Buckler, Smithsonian Institution in Washington, D.C.,
Ing. Franco Ghitti in Gargnano,
Prof. Rolf Lederbogen in Karlsruhe,
Massimo Listri in Florenz,
Dr. Lauro Magnani in Genua,
Oscar de la Renta in New York,
Dr. Salvatore Sanna, Deutsch-Italienische Vereinigung in Frankfurt/Main,
Fritz Steinberg, Friedrich-Naumann-Stiftung in Madrid,
Frau Dr. Laura Tagliaferro in Genua,
Frau Honoré Wamsler, Garden Club of Bavaria in München.

Wir danken allen Gartenbesitzern, deren Gärten wir aufsuchen
und dokumentieren durften, namentlich:
Sir Harold Acton in Florenz,
Conti Antinori in San Casciano,
Conte Cesare Balduino in Florenz,
Familie Benedetti in Arcetri,
Frau Luigia Benelli in Fiesole,
Maria und Giorgio Benelli in Arcetri,
Conte Castelbarco Albani Masetti in Uzzano,
Contesse Giuseppina und Marina Emo Capodilista in Monselice,
Dr. Marcello Marchi in Settignano,
Marchesa Iris Origo in La Foce,
Frau Livia Pediconi di Aldobrandini in Rom,
Dr. Paolo Peyron in Fiesole,
Madri Pie Franzoniane in Genua.

Nicht zuletzt danken wir allen Gärtnern, die mit ihrer Hände Fleiß
diese Gartenkunstwerke pflegen und erhalten.

Vorwort

Der Welt des Gartens fühlen wir uns seit Kindertagen verbunden. Sie gewann neue Bedeutung, als uns selbst ein schöner alter Garten anvertraut wurde. Er weckte in uns das Interesse, den geschichtlichen und geistigen Wurzeln der hier empfundenen Lebensfreude nachzugehen. Zugleich bewegt von einer langjährigen Verbundenheit mit der Kultur Italiens, blieb es nicht aus, daß sich schließlich diese beiden Sphären vereinten, und daß wir nun bei allen Italienreisen ›Italienischen Gärten‹ nachgingen.

Der Anreiz lag für uns zunächst allein im Ästhetischen. Wir waren bezaubert von der Harmonie und dem hohen künstlerischen Gehalt mancher Gartengestaltung. So war unser Ausgangspunkt das Erlebnis des Sichtbaren und weniger die historische Studie. Das vorliegende Buch erhebt denn auch keinen Anspruch, eine vollständige geschichtliche Dokumentation zum Thema des Italienischen Gartens zu liefern oder auf diesem Gebiet bislang Unentdecktes vorstellen zu wollen.

Eine Thematik, die normalerweise aus dem Blickwinkel des Kunsthistorikers behandelt wird, ist hier aus der Sicht des Gestalters vorgetragen, der in den Kunstwerken der Vergangenheit Anregung, Vorbild und Maßstab für die eigene Arbeit zu finden sucht. Insofern steht immer die Frage im Vordergrund, wie etwas gemacht wurde und welche Gestaltungsabsichten herauszulesen sind. Da sich diese oft mit graphischen Mitteln viel besser erfassen lassen, haben wir vielfach Zeichnungen als Ausdrucksmittel angewandt. In ihrem zum Teil piktogrammartigen Stil sollen sie das Wesentliche einer Gestaltungsform wiedergeben.

Im Laufe der Zeit wurde ein zweiter Aspekt für uns immer wichtiger. In einer Formulierung des großen italienischen Gartenarchitekten Pietro Porcinai* fanden wir diesen treffend ausgesprochen: ›Das Wesen des Gartens, seine Lehre für unser Leben, besteht nicht allein in der Betrachtung seiner historischen Entwicklung; das Interesse am Garten ist immer ein metaphysisches Interesse.‹

Die Beschäftigung mit Italienischen Gärten machte uns bewußt, daß die Gartenkunst im Geistigen wurzelt und Ausdruck der Beziehung zwischen Mensch und Natur ist. So begannen wir anhand von Texten aus der Antike, dem Mittelalter und der Renaissance zu klären, welche Sicht des Gartens und der Natur den vergangenen Epochen zu eigen war.

Bereits die ersten Schritte des Menschen von der Natur zur Kultur waren begleitet von Reflexionen über die Natur. Die Naturkräfte wurden in ihren einzelnen Erscheinungsformen immer bewußter wahrgenommen und im Rahmen religiös-mythologischer Bezugssysteme zu deuten und zu erklären versucht. Das Wirken der Natur wurde in pantheistischen Weltbildern personalisiert und allgemeingültig veranschaulicht.

Ausgelöst durch den monotheistischen Gedanken, der im alten Judentum herangereift war, sich aber erst mit dem Christentum durchsetzte, vollzog sich mit der Zeitenwende der Zusammenbruch des antiken Pantheons und damit die klare Trennung zwischen Natur und Gott. Der Mensch verlor sein Verhältnis zur ›Mutter Natur‹, das im Altertum in einer Mischung aus Ehrfurcht, Liebe und Dank allgegenwärtig war. Trotz vieler überdenkenswerter Ansätze, etwa von Albertus Magnus oder Thomas von Aquin, vermochte das Mittelalter keine allgemeingültige neue Haltung zur Natur zu finden.

In der Renaissance versuchte man sowohl die philosophischen Systeme der Antike wiederherzustellen als auch die naturmythologischen Vorstellungen zu erneuern. Die Gartenkunst dieser Zeit war in vieler Hinsicht Inszenierung antiker Naturmythologie.

Zugleich öffnete die Renaissance jedoch – fast paradoxerweise – die Tore für die Naturwissenschaften, deren Ziel größtmögliche Naturbeherrschung ist. Zersplittert in eine Vielzahl von Einzelwissenschaften, ging der Blick für das Ganzheitliche der Natur immer mehr verloren. Wir sind im 20. Jahrhundert an einem Kulminationspunkt dieser in der Renaissance beginnenden und im Zeitalter der Aufklärung sich verfestigenden Entwicklung angelangt. Einerseits stehen wir vor den faszinierenden Erfolgen der Naturwissenschaften und der mit ihr aufs engste verbundenen Technik, andererseits vor ihren beängstigenden Resultaten. Naturbeherrschung, die in der Natur vor allem ein Objekt der Nutzanwendung und Ausbeutung sieht, wird zur größten Bedrohung des Organismus Erde. Die Situation verlangt nach einer Neubesinnung auf das Wesen der Natur.

Eine der möglichen Ausdrucksformen dieser Neubesinnung heißt Gartenkunst, wie auch immer diese sich in Zukunft gestalten mag. Pietro Porcinai stellte die Behauptung auf, ›daß überall dort, wo die Kriterien und die Poesie des Gartens fehlen und ausschließlich das Dogma der ökonomischen Land- und Forstwirtschaft herrschen, die Natur mehr oder weniger durch Menschenhand zerstört wird. Diese Zerstörung betrifft, wie man überall beobachten kann, alle Bereiche der Natur, nicht zuletzt die menschliche Natur. Die Ökologie und alle Wissenschaften in ihrem Umkreis, die die natürliche Umwelt des Menschen erhalten wollen, können kaum etwas nützen, wenn sich der Mensch nicht zugleich der Architektur als Kunst, als Ordnungsprinzip des menschlichen Schaffens bewußt wird. Die Kunst ist das einzige Mittel, die menschliche Arbeit als Ganzes wieder sinnvoll zu machen, vielleicht das ganze Leben unserer Gesellschaft.‹

*Professor Pietro Porcinai (1910–1986), Gartenarchitekt in Fiesole bei Florenz, war Gründungsmitglied des Internationalen Verbands der Landschaftsarchitekten und des Verbandes der Italienischen Garten- und Landschaftsarchitekten. Die Zitate sind einer Rede entnommen, die er am 8. Juni 1979 vor der Bayerischen Akademie der Schönen Künste in München anläßlich der Verleihung des Von-Sckell-Ehrenringes hielt.

1 Die Italienische Gartenkunst hat ihre Wurzeln in der Antike und letztlich in der Gartenkunst des Orients. Das Luftbild dieses iranischen Gartens läßt erahnen, was der Begriff ›Garten‹ in den orientalischen Ländern beinhalten kann: inmitten der unwirtlichen, lebensfeindlichen Wüste ein schattiger Oasengarten, in dem kostbares Wasser plätschert, duftende Blumen wachsen und schmackhafte Früchte reifen.
Die Abbildung zeigt den Bagh-i-Shah (Garten des Königs) bei Mahan in der Provinz Kerman, Iran. Er wurde zwar erst gegen Ende des 18. Jahrhunderts angelegt, steht jedoch in der jahrtausendealten Tradition orientalischer Gartenkunst.

Einführung

›Gott der Herr pflanzte einen Garten in Eden, da hinein setzte er den Menschen, den er geschaffen hatte.‹ Dieser Beschreibung im 1. Buch Mose lassen sich zwei grundsätzliche Gedanken entnehmen. Erstens ist der dem Menschen von seinem Schöpfer zugedachte Lebensraum nicht einfach die Natur, sondern der Garten. Zweitens wurde dieser Garten eigens gepflanzt. Die Natur war Ergebnis des allumfassenden Schöpfungsaktes, der Garten ein Stück Natur, das nach den besonderen Bedürfnissen des Menschen planvoll angelegt wurde. Der Verfasser des 1. Buches Mose war von der Landschaft des Vorderen Orients geprägt, hatte also das Verhältnis von Natur und Garten als Gegensatz Wüste und Oase erlebt. Unsere abendländische Gartenkunst hat – ganz im Gegensatz zur fernöstlichen – letztendlich hier ihre Wurzeln. In der Italienischen Renaissance erneuerte das Abendland die Verbindung zur kulturellen Tradition der Antike, die, vom Vorderen Orient ausgehend, im Laufe mehrerer Jahrtausende die Länder rund um das Mittelmeer geprägt hatte. Die Renaissance war nicht nur die Entstehungszeit der modernen Naturwissenschaften, einer hochentwickelten Baukunst und Malerei, sondern auch die Zeit, in der das Abendland die Gartenkunst neu entdeckte. Die im mittelalterlichen Garten enthaltenen Ansätze wurden durch die geistige Auseinandersetzung mit den antiken Stätten im eigenen Lande, durch das Studium antiker Schriften und durch die kulturelle Berührung mit dem Orient weiterentwickelt und mit einer Fülle architektonischer Ideen zu einem neuen Ideal des Gartens verschmolzen: dem Italienischen Garten.
Die Faszination, welche diese Anlagen auf die jenseits der Alpen lebenden Völker ausüben, ist so alt wie die Gärten selbst. Maler wie Jean-Honoré Fragonard und Hubert Robert, Dichter wie Goethe und Rilke, der Musiker Franz Liszt, sie alle haben versucht, ihre Empfindungen angesichts dieser Gärten wiederzugeben.
Zahlreich sind auch dokumentarische Schriften zu diesem Thema. Zu den bemerkenswertesten gehören der Bericht des französischen Philosophen und Essayisten Michel de Montaigne im 16. Jahrhundert, der des englischen Gartentheoretikers John Evelyn im 17. Jahrhundert und das Buch der Amerikanerin Edith Wharton im Jahre 1903. Georgina Masson legte 1960 den wohl umfangreichsten Bildband über ›Italienische Gärten‹ vor. Warum also noch ein Buch zu diesem kunstgeschichtlich klar umrissenen Thema?
Im Gegensatz zu den genannten Publikationen soll hier nicht in chronologischer oder geographischer Ordnung eine Vielzahl von Gärten im Sinne einer Bestandsaufnahme vorgestellt werden, sondern der Versuch einer systematischen Betrachtung unternommen werden, mit dem Ziel, die Entwurfsgedanken des Italienischen Gartens herauszuarbeiten. Da die Italienischen Gärten von Architekten geschaffen wurden, fühlen sich die Verfasser, deren einer selbst Architekt ist, dazu in besonderer Weise berechtigt und berufen. Der kunstgeschichtliche Aspekt des Buches zielt einerseits darauf, die Wurzeln der Ideen des Italienischen Gartens in der Antike aufzuspüren, andererseits nachzuweisen, wie diese Gedanken in den Folgeepochen auch außerhalb Italiens bis in unsere Zeit weiterentwickelt wurden.
Da ein Garten jedoch ein Ganzes ist, kann auch in diesem Fall nicht auf die ausführliche Beschreibung einiger Gesamtanlagen verzichtet werden.

So folgt der systematischen Betrachtung die Darstellung einer kleinen Auswahl von Gartenanlagen. Durch Grundrißzeichnungen soll das Gestaltungskonzept erkennbar werden, die Abbildungen sollen das sinnliche Erleben nachvollziehbar machen und etwas vom Zauber dieser Gärten vermitteln. Beim Vergleich mit zeitgenössischen Stichen bemerkt man, daß viele Gärten heute nur noch Relikte ihres ursprünglichen Zustandes sind. Selbst vieles von dem, was zum Beispiel Georgina Masson Ende der fünfziger Jahre noch in glänzendem Zustand vorfand, zeigt heute unübersehbare Spuren des Verfalls. Zerstörende Umwelteinflüsse, Krankheitsbefall des Baumbestandes, Unverstand oder finanzielles Unvermögen der Besitzer beschleunigen den Niedergang. Die Gründung einer Einrichtung wie die des *National Trust*, der in Großbritannien über 100 historische Gärten hervorragend betreut, wäre notwendig. In Italien ist man von derartigen Plänen aber offenbar weit entfernt. So ist zu befürchten, daß es nur noch unserer Generation möglich ist, Italienische Gärten in so breitem Überblick zu betrachten. Aufgrund dieser traurigen Erkenntnis halten die Verfasser das vorliegende Buch nicht nur für berechtigt, sondern sogar für notwendig.
Es stellt sich die Frage, ob ein Buch über das Kunstwerk Garten angesichts der heute überall bedrohten Natur nicht deplaziert ist. Bedenken wir: der Garten war stets Sinnbild höchsten Einklangs zwischen Welt und Mensch, zwischen Natur und Kultur. Ist unsere Zeit nicht in besonderem Maße gekennzeichnet vom Konflikt zwischen diesen beiden Kräften? Zu lösen ist dieser Konflikt nur im Menschen, und ist es da nicht gerade das Sinn- und Leitbild des Gartens, das in uns wirken muß?

Die Geschichte
des Italienischen Gartens

Die Anfänge – Das literarische Gartenbild

Gärten sind aus lebendem Material geschaffen und damit die vergänglichsten aller Kunstwerke. Während die Werke der Baukunst mitunter Jahrtausende als sichtbare Zeugnisse überdauern, bleiben die Werke der Gartenkunst nur in seltenen Fällen über mehr als einige wenige Jahrhunderte erhalten. Und selbst, wenn sie durch glückliche Umstände bewahrt wurden, zeigen sie nach einer solchen Zeitspanne ein in vieler Hinsicht gewandeltes Bild.

Will man der Entstehungsgeschichte des Italienischen Gartens nachspüren, so muß man neben den konkreten Hinterlassenschaften an historischen Gärten auch Zeugnisse der zeitgenössischen Literatur und Malerei als Quelle zu Rate ziehen. Um das neue Bild des Gartens, das sich in der Renaissance entwickelte, darzustellen, seien deswegen einleitend drei Gartenbeschreibungen wiedergegeben, die in drei Werken der Weltliteratur zu finden sind und sich für unser Thema als sehr aufschlußreich erweisen. Die erste Beschreibung ist Homers *Odyssee* entnommen, die folgende dem mittelalterlichen *Roman de la Rose* von Guillaume de Lorris und die dritte dem um 1350 in Florenz verfaßten *Decamerone* von Giovanni Boccaccio.

Diese drei Gartenschilderungen, die in einem mehr als zwei Jahrtausende umfassenden Zeitraum entstanden sind, mögen beim Leser zunächst ein sehr ähnliches Bild, vor allem eine sehr ähnliche Stimmung erzeugen. Erst bei eingehender Betrachtung erschließen sich wesentliche Unterschiede.

In allen drei Beschreibungen ist der Garten ein Ort großen Wohlbefindens. Durch hohe Mauern ist er von der Alltagswelt und ihren Sorgen deutlich abgegrenzt. Bei Homer liegt der Garten in der Welt ›jenseits des Meeres‹. Hier gibt es keinen Herbst und Winter, nur fortwährendes Gedeihen und Fruchttragen. Bei de Lorris befindet er sich in der Welt des Traumes. Bei Boccaccio schließlich ist er in die Realität gerückt und ist der vergnügliche Aufenthaltsort einer zehnköpfigen Gruppe realer Menschen, die sich auf der Flucht vor der (realen) Pest hierher zurückziehen und einander amüsante, teils hintergründig-erotische Geschichten erzählen.

Die Beschreibung Homers spricht in erster Linie die sinnliche Empfindung des Gaumens an – schmackhafte Birnen, Äpfel, Trauben, Feigen. Die duftenden Kräuter und tausendfarbigen Blumen kommen erst am ›Ende des Gartens‹ und werden nur pauschal erfaßt. Bei Boccaccio wird zwar auch zuerst der leiblichen Bedürfnisse gedacht; noch bevor man den Garten aufsucht, nimmt man Konfekt und Wein zu sich. Doch die ersten Worte der Gartenbeschreibung gelten der auserlesenen Schönheit (›*maravigliosa bellezza*‹) der Anlage. An Früchten werden nur noch Trauben erwähnt, gleich gefolgt von schönen, duftenden Blumen. Der Reiz des Gartens ist nicht mehr vorrangig auf das Elementare der genießbaren Früchte bezogen, sondern liegt in der Schönheit des Pflanzenbestandes, in seiner ›schönen Ordnung‹ (›*il suo bello ordine*‹). Hier kündigt sich das entscheidend Neue an: Der Garten bei Boccaccio ist ein ›Garten der Betrachtung‹, ein ›Garten für das Auge‹.

Es ist oft gerätselt worden, welcher Garten in der Umgebung von Florenz der Beschreibung Boccaccios zugrunde gelegen haben mag. Vor allem die Villa Palmieri und die Villa Poggio Gherardo werden immer wieder als möglicher Ort genannt. Aber diese Aussagen helfen kaum weiter. Zwar sind beide Villenanlagen noch erhalten, doch sind die Gärten erheblich verändert. Außerdem, und dies ist das Entscheidende, Boccaccios Beschreibung ist nicht Berichterstattung, sondern Dichtung.

Odyssee

Homer (Ende des 8. Jahrhunderts v. Chr.)

7. Gesang

Außerhalb des Hofes breitet sich ein Garten aus, eine Hufe im Geviert, eingefaßt mit einer Mauer. Es wachsen Bäume, voll der saftigsten Birnen, Granatäpfel und grünen Oliven, voll süßer Feigen und rot gesprenkelter Äpfel. Sie tragen sommers und winters, denn immer weht der warme Westwind im Phäakenland, so daß zur gleichen Zeit die einen Bäume in Blüte stehen, die anderen voll schwellender Früchte hängen. Birnen reifen auf Birnen, Äpfel röten sich auf Äpfel, Trauben dunkeln auf Trauben und Feigen schrumpfen auf Feigen. Dort erstreckt sich ein Feld von edlen Trauben. Einige Trauben dörren, andere schneidet der Winzer, andere keltert man schon. Hier stehen die Spättrauben in Reihe, dort erblühen sie erst und an anderer Stelle verfärben sich langsam die ersten Trauben. Am Ende des Gartens sind immerduftende Beete, voll balsamischer Kräuter und tausendfarbiger Blumen. Auch zwei Quellen sind dort: die eine durchschlängelt den Garten, die andere ist zum Palast geführt, wo die Bewohner das Wasser schöpfen können. Siehe, so reichlich schmückten Alkinoos Wohnung die Götter!

Übersetzung nach Heinrich Voss, München 1959

Roman de la Rose

Guillaume de Lorris (um 1230)

Wie ich ein wenig weitergegangen war, erblickte ich einen großen und weiten Garten, ganz von einer hohen, mit Zinnen bewehrten Mauer umschlossen… Ohne mehr zu sagen, trat ich dann durch die Tür, die »Müßigkeit« mir geöffnet hatte, in den Garten ein… (»Müßigkeit« sprach): Ich bin sehr befreundet und innig verbunden mit dem schönen und vornehmen »Vergnügen«, dem dieser Garten gehört und der aus dem Land der Sarazenen die Bäume hierher bringen und in den Garten pflanzen ließ… Apfelbäume gab es dort… Es gab eine Menge von Nußbäumen… Mandelbäume gab es in Fülle und viele stolze und schöne Dattelbäume waren in den Garten gepflanzt. Wer sie brauchte, fand in dem Garten auch viele gute Gewürzkräuter, Gewürznelken und Lakritze, frische Paradieskörner, Safran, Anis, Zimt und viele andere Gewürze… Es gab Bäume, die Quitten und Pfirsiche trugen, Kastanien, Nüsse, Äpfel und Birnen, Mispeln, helle und dunkle Pflaumen, frische rote Kirschen… Auch war der Garten von großen Lorbeerbäumen und hohen Kiefern erfüllt, von Olivenbäumen und Zypressen, die es hierzulande nicht gibt… Es gab dort nämlich so viele verschiedene Bäume, daß ich große Mühe hätte, sie alle aufzuzählen… Mancherorts gab es klare Quellen… In kleinen Bächen, deren Kanäle »Vergnügen« hatte anlegen lassen, floß das Wasser zu Tal und verursachte ein liebliches und angenehmes Geräusch… Aber das Ganze war noch viel schöner, weil der Ort so beschaffen war, daß es dort eine Menge Blumen gab, jeden Tag im Sommer wie im Winter… weiße und rote Blumen und wunderbare gelbe waren dort… Überaus schön geziert und geschmückt war die Erde mit Blumen aller Farben, deren Duft sehr angenehm war… So näherte ich mich der Quelle.

Übersetzung nach Karl August Ott, München 1976

Das Decameron

Giovanni Boccaccio (um 1350)

Da sie alle ein wenig der Ruhe bedurften, ließen sie sich auf einer Loggia nieder, die den ganzen Hof beherrschte und mit den Blumen der Jahreszeit und viel frischem Grün geschmückt war. Hier erschien sogleich der aufmerksame Seneschall und erquickte die Gesellschaft mit köstlichem Konfekt und auserlesenem Wein. Danach ließen sie sich einen rings von hoher Mauer umgebenen weitläufigen Garten öffnen und traten ein.
Gleich auf den ersten Blick bot sich dieser in so auserlesener Schönheit ihren Blicken dar, daß sie begannen, seine einzelnen Partien genau zu betrachten. Breite Laubengänge von Wein, die so gerade wie Straßen waren und für das Jahr eine reiche Traubenernte versprachen, führten um ihn herum und quer durch ihn hindurch. Die Reben standen in höchster Blüte und verströmten ihren betäubenden Duft, der sich mit dem vieler anderer Pflanzen vermischte, über den ganzen Garten, so daß man glaubte, sämtliche Wohlgerüche des Orients einzuatmen. Die Seiten der Wege waren von weißen und roten Rosenstöcken und Jasmin fast geschlossen, und man konnte nicht nur am Vormittag, sondern auch, wenn die Sonne hoch am Himmel stand, in dem duftenden, angenehmen Schatten lustwandeln, ohne von ihren Strahlen getroffen zu werden. Zu lange würde es währen, aufzuzählen, wie viele und welche Gewächse hier standen und wie schön alles geordnet war. Doch waren alle seltenen Pflanzen, die in unserem Klima gedeihen, hier in reicher Anzahl vertreten.
Bewundernswerter als alles andere war ein Rasenplatz in der Mitte des Gartens. Er war bedeckt mit den feinsten Gräsern, und sein sattes Grün, das fast schwarz erschien, war von tausenderlei Blumen bunt durchwoben. Er war von leuchtend grünen, kräftig treibenden Zitronen- und Orangenbäumen umstanden, die neben alten und jungen Früchten gleichzeitig Blüten trugen und nicht nur den Augen angenehmen Schatten spendeten, sondern auch durch ihren zarten Duft die Sinne entzückten. Inmitten des Rasenplatzes befand sich in einem weißen, intarsiengeschmückten Marmorbecken ein Springbrunnen, welcher – gleichgültig, ob aus natürlicher oder künstlicher Quelle herrührend – aus einer Statue, die auf einer Säule in der Mitte des Beckens stand, so viel Wasser hoch gegen den Himmel warf, daß man mit weit weniger schon eine Mühle hätte antreiben können.
Der Anblick dieses wunderschönen Gartens, seine schöne Ordnung, die Pflanzen und der Springbrunnen mit den rings hervorsprudelnden Bächlein entzückten die Damen und Herren so sehr, daß alle versicherten, wenn auf Erden ein Paradies geschaffen werden sollte, so könnten sie sich keine schönere Form dafür vorstellen als die dieses Gartens, denn niemand vermöchte sich auszumalen, welche Schönheit ihm noch hinzugefügt werden könnte.

Übersetzung nach Ruth Macchi, Berlin/Weimar 1978

Die Villa als Einheit von Haus und Garten

Man darf annehmen, daß Boccaccio durch reale Gartenbilder seiner Zeit angeregt worden ist. Bereits im 13. Jahrhundert waren Landsitze mit Gärten weit verbreitet und fester Bestandteil des Stadt-Land-Gefüges. Antiken Vorbildern folgend entwickelten sich diese zunächst burgartig verschlossenen Anwesen im 14. und 15. Jahrhundert immer mehr zur Villa, wurden immer mehr als Einheit von Haus und Garten begriffen.

Die Villa ist in vieler Hinsicht eine der interessantesten soziokulturellen Erscheinungen der Renaissance. Der Geograph Fritz Dörrenhaus widmete ihr eine profunde Studie,[1] die vor allem die Stellung der Villa im Agrarsystem untersucht. Die Villa war ursprünglich keineswegs allein zu Wohnzwecken konzipiert. Als Mittelpunkt eines großen Landgutes war sie landwirtschaftliches Produktionszentrum, *fattoria*. Sie diente nicht nur als *casa del padrone*, als Herrenhaus, sondern war auch Wirtschaftsgebäude, ausgestattet mit Weinkeltern, Ölpressen, Gär- und Lagerräumen.

Gerade in der Toskana sind noch heute viele Villen in dieser charakteristischen Ausprägung erhalten – immer noch als lebendige Wirtschaftsbetriebe. Eine der eindruckvollsten Anlagen dieser Art ist die im Chianti-Gebiet gelegene Villa Castello di Uzzano, nicht zuletzt wegen ihres schönen Gartens.

Die Villa war im Besitz städtischer Bürger, die hier auf dem Lande ihre in der wieder auflebenden Geldwirtschaft erzielten Gewinne investierten.

2, 3   Die Stiche der Villa Antinori bei Florenz (oben) und der Villa Castello di Uzzano bei Greve (unten) zeigen, daß die Gebäude mit ihren kunstvoll angelegten Gärten nicht nur Herrenhäuser, sondern zugleich Mittelpunkt von Landgütern sind.

Dies war der Anfang einer modernen Landwirtschaft. Der Villenbesitzer, der nur in den Sommermonaten während der *villegiatura* sein Landgut bewohnte, organisierte die Bewirtschaftung und während der Wintermonate den Vertrieb der Erzeugnisse. ›Der Wunsch des Bürgers, vor den Toren der Stadt ein Stück Land zu besitzen, entspricht alten mediterranen Leitbildern. Aus eigenem Grund und Boden die Nahrung zu besorgen, dort einen Teil des Sommers zu verbringen, das gehörte schon immer zu den hochgeschätzten Werten des Lebens.‹[2]

Hier fand der Städter Raum zur Entfaltung, auch im geistigen Bereich. Hier konnte er dem *ozio intellectuale*, der vergeistigten Muße, nachgehen. Dieser zweite Aspekt gewann immer größere Bedeutung. Lagen im Mittelalter die Zentren des Geisteslebens in den Klöstern, wurden nun in der Renaissance die Villen zu den neuen kulturellen Mittelpunkten. So war denn auch eine Villa Sitz der Platonischen Akademie, jener von Cosimo de' Medici gegründeten Philosophenschule, die für die geisteswissenschaftliche Entwicklung des Humanismus und der Renaissance prägende Wirkung hatte.

Die bedeutendsten Architekten des 15. und 16. Jahrhunderts, wie Brunelleschi, Antonio da Sangallo d. J., Michelozzo, Michelangelo, Buontalenti, Vasari und Palladio, alle waren mit Villenbauten befaßt und trugen dazu bei, daß die Villa zu einem eigenen architektonischen Gattungsbegriff wurde.

Die toskanischen Villengärten

Die Entwicklung der toskanischen Villengärten ist uns in einem Gemäldezyklus von größter Einmaligkeit überliefert[3]. Giusto Utens, ein Maler flämischer Herkunft, dokumentierte etwa 1598 im Auftrage des Großherzogs Ferdinando I. de' Medici chronikartig den gesamten Villenbestand des Hauses Medici. Die Bilder wurden für den Festsaal der von Buontalenti neu erbauten Villa La Ferdinanda gemalt, eines etwa 10 Kilometer westlich von Florenz bei Artimino gelegenen Jagdsitzes. Mit ihrem eigenartigen Lünettenformat waren sie in die halbrunden Gewölbekappen des Saales eingepaßt. In eindrucksvollen und informativen Vogelperspektiven – bestechend in ihrer Detailfülle und in ihrem geschickten panoramischen Bildaufbau – sind hier 14 Villenanlagen dargestellt.

Die Bilder hingen in einer Höhe von fast 6 Metern und waren dadurch vielleicht etwas ›entrückte‹ Darstellungen. Doch zeigen sie uns keineswegs ›Luftschlösser‹. Es besteht kein Zweifel, daß die Anlagen in dieser Form bestanden haben, zumal die Gebäude größtenteils noch heute erhalten sind und zum Teil auch die Gärten. Denkbar ist freilich, daß die Darstellungen etwas idealisiert sind. Will man die Konzeption des Italienischen Gartens aufspüren, wird dies allerdings kaum stören.

Die älteste der von Utens gemalten Villen ist der Landsitz Cafaggiolo, seit dem 14. Jahrhundert Stammsitz der Familie Medici. Die Lünette gibt die Anlage in ihrem seit Mitte des 15. Jahrhunderts nachweislich unverändertem Zustand wieder[4]. Die in Rechteckform von Zaun und Mauer eingefaßte Anlage ist in ihrer Grundrißgestaltung äußerst einfach. Im Zentrum liegt das mit Wall und Graben befestigte Herrenhaus, das von zwei mächtigen Türmen überragt wird. Hinter dem Befestigungsgürtel beginnt der Garten. Ein Mittelweg, der vermutlich jenseits einer Brücke beginnt, teilt den Garten in Beetgevierte und endet bei einer Grottennische, die von zwei Pergolaplätzen flankiert wird. In seiner Gestaltung ist dieser Garten mehr dem mittelalterlichen Typ verwandt als dem verfeinerten des Renaissancegartens. Das Wasserspiel im Vordergrund und die Laube daneben – gewiß Hinzufügungen des 16. Jahrhunderts – sind unbeholfen plaziert und wirken hier fremd.

Bei fast allen von Utens gemalten Villen weisen die benachbarten Wirtschaftsgebäude, die Stallungen, die gepflegten Obstbaumgärten und Olivenpflanzungen, die gepflügten Felder, die Heu- und Strohdiemen auf den im vorangegangenen Abschnitt angesprochenen wirtschaftlichen Aspekt der Villa hin. Viele Gartenbereiche zeigen noch die charakteristische Mischung von Nutz- und Ziergarten. Die Beetgevierte sind mit Obstbäumen bestanden, und man darf annehmen, daß in ihrem Schatten Blumen, Kräuter und Gemüse einträchtig nebeneinander wuchsen. Dominanz gewinnt das Formale und Dekorative lediglich in den unmittelbar neben der Villa gelegenen, durch eine zusätzliche Mauer eingefaßten, intimen kleinen Gartenräumen, den *giardini segreti*.

Die jüngste der von Utens dargestellten Anlagen ist die Villa Pratolino, die von Großherzog Francesco I. de' Medici in Auftrag gegeben wurde. Buontalenti plante die riesige Anlage, mit deren Bau 1570 begonnen wurde. Zum Zeitpunkt, als Utens sie malte, war sie erst seit wenigen Jahren fertiggestellt.

Zwischen dieser Villa und dem etwa 120 Jahre vorher angelegten, oben erwähnten Landsitz Cafaggiolo liegt das entscheidende Stück Entwicklungsgeschichte des Italienischen Gartens. Der Garten der Villa Pratolino ist nur noch ›Lustgarten‹, ist ein höchst aufwendiges und vielfältiges ›Kunst-Werk‹. Mit ihren komplizierten Wasserspielen, ihren phantastisch übersteigerten Grotten und den zahlreichen, damals in Mode gekommenen technisch-verspielten Automatenfiguren wurde die Villa Pratolino zur größten Sehenswürdigkeit ihrer Zeit. Im 18. Jahrhundert verblaßte der Ruhm der Villa, sie kam in andere Hände, und es begann ihr Verfall. Im frühen 19. Jahrhundert erwarb die russische Adelsfamilie Demidoff die Anlage. Die Villa wurde abgebrochen und durch ein kleineres Gebäude ersetzt, der Garten im englischen Stil umgestaltet. Heute ist das riesige Gelände als Parco Demidoff der Öffentlichkeit zugänglich – nur letzte Relikte des alten Gartens der Villa Pratolino sind noch zu erkennen.

CAFAGIOLO

18

4 Giusto Utens, Landsitz Cafaggiolo; 1598. Öl auf Holz, Ausschnitt: 116 x 116 cm. Florenz, Palazzo Pitti (Magazin)
Der Landsitz Cafaggiolo war seit Ende des 14. Jahrhunderts
Stammsitz der Familie Medici. Das Gemälde von Giusto Utens
ist das erste einer Reihe von vierzehn Tafelbildern, die chronikartig den Villenbestand des Hauses Medici dokumentieren.
Die Darstellung zeigt das burgartige Anwesen und den daran
anschließenden bescheidenen Garten, so wie er schon seit
dem 15. Jahrhundert bestand.

5 Giusto Utens, Villa Pratolino; 1598. Öl auf Holz, 145 x
245 cm. Florenz, Museo Topografico
Die Villa Pratolino mit ihrem aufwendigen riesigen Lustgarten
war erst seit wenigen Jahren fertiggestellt, als sie im Jahre
1598 von Giusto Utens gemalt wurde. Mit diesem Gemälde
wird die chronologische Reihe der vierzehn Tafelbilder abgeschlossen. Zwischen der Villa und dem fast 200 Jahre vorher
angelegten Landsitz Cafaggiolo liegt das entscheidende Stück
Entwicklungsgeschichte des Italienischen Gartens.

PRATOLINO

Ein Traumgarten des 15. Jahrhunderts

Als bemerkenswertes Dokument für unsere Betrachtung der Geschichte des Italienischen Gartens erweist sich ein 1467 datiertes und 1499 gedrucktes Romanwerk – die *Hypnerotomachia Poliphili* von Francesco Colonna. Dieser im 16. Jahrhundert durch Neuauflagen und Übersetzungen relativ weit verbreitete Roman begründete seinen Ruhm einerseits durch seine zahlreichen anschaulichen Holzschnitt-Illustrationen und die ungewöhnliche graphisch-typographische Gesamtaufmachung, andererseits durch die geschickte, ganz dem humanistischen Ideal entsprechende Vereinnahmung und Verarbeitung vielfältiger literarischer Texte aus der Antike. Bei kulturgeschichtlichen Betrachtungen unterschiedlichster Art wird immer wieder gerne auf die *Hypnerotomachia Poliphili* zurückgegriffen, weil hier in fast enzyklopädischer Weise Gedankengut der Renaissance zusammengetragen ist. Lesbar ist das Werk in seiner alten toskanischen Umgangssprache, die eigenwillig durchmischt ist mit Entlehnungen aus dem Lateinischen und Griechischen, freilich nur für Eingeweihte. Der Literaturwissenschaftler Gerhard Goebel-Schilling bezeichnet diese Sprache treffend als eine Art ›privates Esperanto‹[5]. Selbst in Übersetzungen ist das Werk wegen seines sonderbaren Stils, mit seinen unendlich vielen Details und langatmigen Aufzählungen, nur schwer verständlich[6].

Der Roman handelt von der unerwiderten Liebe des Ich-Erzählers Poliphilo (= der Polia Liebende) zu Polia. Nach einer voll Liebeskummer durchwachten Nacht fällt er in einen kurzen Schlaf. Sein den ganzen Roman füllender Traum führt ihn in fünf Etappen zur Vereinigung mit seiner Geliebten. In der vierten Etappe wird erzählt, wie er mit Polia von Amor in einer Barke nach Kythera, zur Insel der Venus, gebracht wird. Dort angekommen, fahren sie in einem Triumphwagen zum Heiligtum der Göttin im Zentrum der Insel. Kythera wird in größter Ausführlichkeit als kunstvoll gestalteter Garten geschildert. Die im Originaltext über mehr als drei-

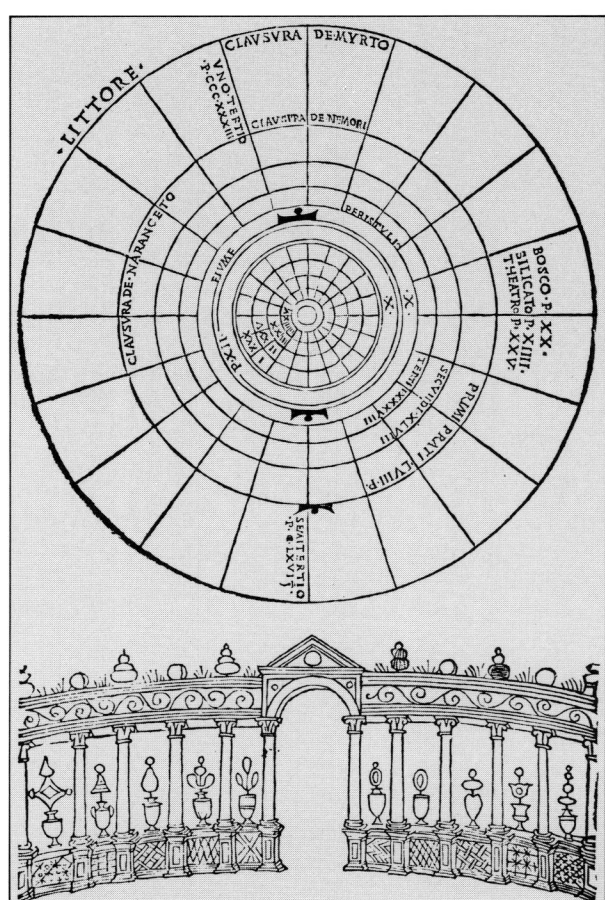

6 Zwei Holzschnitte aus der *Hypnerotomachia Poliphili* (1499)
a) Grundriß des Kythera-Gartens. Die kreisrunde Insel ist in konzentrischen Ringen mit jeweils zwanzig Sektoren angelegt. Im Zentrum liegt das Heiligtum der Göttin Venus. – b) ›Den Abschluß dieser drei Wiesen-Gürtel bildete ein prächtiges Peristyl. (...) Zwischen den Säulen, auf kostbar gearbeiteten Brüstungen, standen antike Gefäße, in denen zu Figuren beschnittene kleine Pflanzen das Auge erfreuten.‹

ßig Seiten gehende Beschreibung wird hier in einer knappen, nacherzählenden Übersetzung wiedergegeben.

Das von Francesco Colonna ausgemalte Bild von Amors Triumphzug mit den Liebenden durch einen prächtigen Garten knüpft an das traditionsreiche literarische Motiv des Liebesgartens an, das aus vielen Dichtungen der Frührenaissance, des Mittelalters und der Antike bekannt ist[7]. Der Liebesgarten wird stets als ein *locus amoenus* geschildert, als ein Ort idealer Schönheit und immerwährenden Frühlings, erfüllt vom vielstimmigen Gesang der Vögel und bewohnt von zahmen Tieren. Er ist reich an Bäumen und Blumen, an frischen Quellen und klaren Wasserläufen; hier leben anmutige Nymphen, die im Dienste der Göttin Venus stehen[8].

Die Beschreibung des Kythera-Eilandes wird nicht nur aus der Normalperspektive, sondern auch in einer Gesamtschau vorgetragen, die einen nichtrealen – aber durchaus traumgerechten – vogelperspektivischen Betrachterstandpunkt voraussetzt. Wie sonst könnte der Erzähler eine so detaillierte Beschreibung der Grundrißstruktur liefern. Die ›Schau der Welt von oben‹, wie sie ja auch den Bilder Giusto Utens' zugrunde liegt, ist eine neue, für die Renaissance charakteristische Betrachtungsweise. Bereits 1336, in Petrarcas Schilderung seines Aufstiegs zum Mont Ventoux, kommt sie erstmals zum Ausdruck[9].

Der Kythera-Garten weist viele Charakteristika des Italienischen Gartens auf: Mit seinem in konzentrischen Ringen und radialen Achsen angelegten Wegenetz gehorcht er einem klaren geometrischen Strukturprinzip und ist in einzelne, unterschiedlich gestaltete Räume gegliedert. Bäume und Sträucher werden durch Formschnitt zu Architekturelemente. Steinerne Kolonnaden, Marmorstufen und Bodenmosaiken sind als architektonische Versatzstücke in den Garten integriert. Andere Kennzeichen des Italienischen Gartens jedoch findet man in der Beschreibung Kytheras

Hypnerotomachia Poliphili

Francesco Colonna

Der Garten der Insel Kythera

Auf der gesamten Länge des Ufers bewunderte ich einen Ring unzähliger, völlig ebenmäßiger Zypressen, die im Abstand von 3 Schritt gepflanzt waren. Sie wuchsen empor aus einer dichten Hecke blühender Myrten, die wie eine Mauer die Insel umschloß. Die zwanzig Felder des äußeren Ringes waren umfriedet von hohem, edel gestaltetem Marmorgitterwerk, berankt von Jasmin, Geißblatt, Wein und verschiedenen Klematissorten. Über einem Teppich duftender Kräuter wuchsen hier Haine verschiedener Bäume. Sie waren nach Arten getrennt und zum Teil gemäß ihrem natürlichen Vorkommen oder nach Gattungen gruppiert. Hier gab es Felder, die nur mit Lorbeer, nur mit Eichen, Edelkastanien, Quittenbäumen oder Johannisbrotbäumen bestanden waren; dort welche mit wilden Zypressen und Zedern, mit Kiefern und Pinien, mit Ulmen, Linden und Eschen. In einem anderen Feld standen verschiedene Nuß- und Mandelbäume. Es gab einen Dattelpalmenhain, eine Olivenpflanzung und ein Pappelwäldchen. Die Gestaltung eines Feldes übertraf alles bisher Gesehene: dicht belaubte Buchsbaumsträucher waren rund oder eckig beschnitten, dazwischen wuchsen wohlriechende Blumen. Den größten Eindruck aber machte mir, daß man aus Buchsbaum Bilder zurechtgeschnitten hatte, welche die Zwölf Arbeiten des Herakles darstellten.

Verschont von allen Widrigkeiten der Natur, seien es eisige Winde, die brennende Sonne oder drohende Wolken, lag alles unter einem hellen Licht in immerwährendem Frühling. Im Schatten der Bäume entsprangen glasklare Quellen.

Am Rande der Haine lag ein Gehege mit allerlei zahmen Tieren: Hirsche, Rehe, Hasen, Hermeline, Eichhörnchen, Giraffen, Gazellen und ungefährliche Löwen. Sie alle lebten in friedlicher Eintracht. Ziegenfüßige Satyre und gehörnte Faune waren ihnen zugesellt.

Hinter einer dichten Hecke aus Orangen- und Zitronenbäumen fand ich einen herrlichen Obstgarten, voll der seltensten Bäume. Selbst die Hängenden Gärten der Semiramis verblaßten vor dieser Pracht. Ich glaube, daß kein anderer als der göttliche Schöpfer selbst dieses vollendete Werk als Wohnstatt für die lebensspendende Göttin angelegt hat.

Dieser sehr schöne Gartenbereich war in drei Ringe trapezförmiger Wiesen unterteilt. Die hindurchführenden Wege waren als Pergolagänge angelegt. Über jede Kreuzung wölbte sich eine Kuppel, die auf vier ionischen Säulen ruhte und mit Rosen berankt war. In der Mitte eines jeden Pergolaganges öffnete sich eine Pforte auf die Wiesengeviere.

Im ersten Ring waren die Zentren aller Wiesen mit eleganten, aus Buchsbaum geschnittenen Pavillons geschmückt, in denen herrliche Springbrunnen plätscherten. In den Ecken der Wiesengeviere standen quadratische Podeste, eingefaßt mit poliertem Jaspis. Sie waren mit duftenden Kräutern bewachsen und jeweils von einem Apfelbaum gekrönt, der zu einem aufrecht stehenden Kranz beschnitten war.

Im zweiten Ring konnte man anstelle des Brunnenpavillons eine kunstvoll aus Buchsbaum geschnittene riesengroße Figur bewundern. In den Ecken standen runde, mit Bernstein eingefaßte Podeste, die von be-

törend duftenden Pflanzen bewachsen und von kugelförmig beschnittenen Birnbäumen gekrönt waren.

Die Wiesen des dritten Ringes schließlich waren von ebenfalls höchst kunstvollen Gebilden aus beschnittenem Buchsbaum geschmückt. In den Ecken waren dreieckige Podeste mit blühenden Kräutern, die von halbkugelförmig beschnittenen Pistazien-, Aprikosen- und Pflaumenbäumen gekrönt wurden.

Den Abschluß dieser drei Wiesen-Gürtel bildete ein prächtiges Peristyl. Das durchlaufende Kranzgesims des Peristyls war als Trog ausgeformt und in regelmäßigen Abständen mit beschnittenen Buchsbaum- und Wacholdersträuchern bepflanzt. Daneben wuchsen hübsch anzusehende Blumen. Zwischen den Säulen, auf kostbar gearbeiteten Brüstungen, standen antike Gefäße, in denen zu Figuren beschnittene kleine Pflanzen das Auge erfreuten.

Jenseits des Peristyls bis hin zu den Ufern eines Flusses erstreckte sich eine dichte, taufeuchte Wiese, auf der anmutig verteilt Gladiolen, Lavendel, Oregano, Minze und duftende weiße, blaue und rote Hyazinthen wuchsen. Unzählige Vögel in prächtigem Federkleid erfüllten die Luft mit ihrem Gesang. In unmittelbarer Nähe des Flußufers standen blühende Narzissen, Hyazinthen, Maiglöckchen, Ranunkeln und eine Vielzahl von Veilchen und Stiefmütterchen. Zu beiden Seiten des Flusses waren in gleichmäßigen Abständen Orangen-, Zitronen- und Limonenbäume gepflanzt, deren dichtbelaubte, blüten- und fruchtbeladene Äste sich zum Bogen schlossen und pergolaartig den Fluß überwölbten.

Die Wasser des Flusses waren klarer und reiner als die Silberfluten des Acheloos. Das Flußbett und die Ufermauern waren von kostbarem Marmor gefaßt, so daß weder Schilf noch Weiden die klaren Wasser trüben konnten. Unterirdische Quellen speisten den Fluß, deren klare, nach Moschus duftende Wasser als Fontänen emporstiegen. Da der Fluß immer gleichmäßig über künstliche Leitungen ins Meer ablaufen konnte, trat er nie über seine Ufer, sondern blieb immer gleich gefüllt. Das Wasser war so durchscheinend, daß man alle Dinge auf dem Grunde deutlich erkennen konnte. Den Boden des Flußbettes bedeckten feinster goldgesprenkelter Sand und farbenprächtige Steine.

Auf dem Wasser schwammen reichgeschmückte Barken, in denen reizende junge Mädchen mit lockigem blumenbekränztem Haar ruderten. Ihre Tuniken waren aus durchscheinendem, gekräuseltem, mit Safran goldgelb gefärbtem Stoff, der ihre rosenfarbenen Körper kaum verhüllte. Zusammen mit diesen nymphengleichen Mädchen waren eine große Anzahl von kriegerisch gekleideten Jünglingen auf dem Wasser, die untereinander fröhliche Kämpfe ausfochten. Unter hellem Gelächter brachten die Mädchen die Boote der Jünglinge zum Kentern, stießen diese ins Wasser und nahmen zum Zeichen des Sieges ihre Waffenröcke. Sie selbst tummelten sich auch im Wasser und ritten auf großen goldgeschuppten Fischen.

Auf den Wiesen sah ich unzählige Jünglinge und schöne Jungfrauen, die mit Hingabe musizierten, sangen, tanzten, sich fröhlich unterhielten und sich in völliger Unschuld und Reinheit umarmten. Jenseits des Flusses befanden sich wieder Blumenwiesen, ganz ähnlich denen auf der anderen Seite. Über den Fluß spannten sich Brücken aus edelstem Material, die weiter zum Zen-

trum dieser geheimnisvollen, von den Wonnen des Frühlings erfüllten Insel führten.

Nach dem Wiesenbereich folgten sieben ringförmige Stufen aus glänzend poliertem Stein – reinweißem Marmor, einem rotgeäderten und einem tiefschwarzen Stein. Die oberste Ebene war gekrönt von einer eleganten, doppelreihigen Kolonnade, deren Gleichmaß nur durch breite Portale unterbrochen wurde. Auf den Simsen des Säulenganges stolzierten farbenprächtige Pfauen. Jenseits dieser Kolonnade lag ein breiter Marmorweg, an den sich unmittelbar weitere sieben Stufen anschlossen. Auf der obersten Ebene wuchs eine ringförmige, glänzend grüne Buchsbaumhecke, aus der turmhohe Portale ausgeschnitten waren. Die Hecken zwischen den Portalen waren zu Bildern beschnitten, die einen Triumphzug, eine Seeschlacht, eine Landschlacht und eine Jagdszene sowie eine alte Liebesfabel darstellten. Jenseits dieser Buchsbaumhecke folgte ein ringförmiger Weg, der mit Mosaiken in geometrischen Mustern gleich kostbaren Teppichen geschmückt war. Es schloß sich ein Kranz von ovalen und rhombenförmigen Blumenbeeten an, in deren Mitte abwechselnd Pinien und Zypressen wuchsen. Hier waren Gärtner mit der Pflege dieses wunderschönen Werkes beschäftigt.

Es folgten sieben weitere Stufen, auf deren oberster sich ein Kranz von verschiedenfarbigen Laubbäumen erhob. Dazwischen öffneten sich Portale aus beschnittenen Orangenbäumen. Jenseits dieser Tore lag ein Ring von kunstvoll angelegten Beeten, die mit vielerlei verschiedenen Blumen und Kräutern in Form von schönen Mustern bepflanzt waren.

Unmittelbar danach schlossen sich wieder sieben Stufen an, deren oberste durch eine Myrtenhecke abgeschlossen wurde. Auch hier waren Portale ausgeschnitten. Die nun folgenden Beete waren ebenfalls mit Blumen und Kräutern angelegt und zeigten inmitten verschlungener Muster Bilder von Adlern und Fasanen.

Es folgten neuerlich sieben Stufen, auf deren oberster ein Gitterwerk aus rotem Jaspis stand. Dort endeten die schnurgerade vom Ufer der Insel bis hierher verlaufenden Wege. Lediglich für einen einzigen Weg, den Triumphweg, gab es eine Öffnung in diesem Gitterwerk. Hatte man diese durchschritten, kam man in einen Hain, in dem die seltensten Bäume wuchsen: Ebenholzbäume, Pistazien- und Sandelholzbäume, Zimt- und Pfefferbäume.

Dieser herrliche Hain war durchzogen von kleineren Wasserläufen. Im kühlen Schatten der Bäume lebten anmutige Mädchen zusammen mit ihren Gefährten des anderen Geschlechts. Alle unterbrachen ihr Tun, als sie das Nahen des Gottes Amor bemerkten.

Im Anschluß an den Hain folgte wieder eine siebenstufige Treppe, die von einer Kolonnade – ähnlich der am Fluß – gekrönt war. Dahinter betrat man eine ebene Fläche, die mit prächtigen Mosaiken gestaltet war.

Da man nun im Zentrum der Insel bei dem großen Amphitheater angelangt war, soll dies zur Beschreibung des wunderbaren Gartens der Insel Kythera genügen.

Übersetzung von den Verfassern anhand einer Faksimile-Ausgabe des Originals (London 1963) und der französischen Übersetzung von Claudius Popelin aus dem Jahre 1883, *Le songe de Poliphile, ou Hypnérotomachie de Frère Francesco Colonna*.

nicht: Es fehlen die Aussichtsterrassen, die Freitreppen, der Skulpturenschmuck, die vielgestaltigen Wasserspiele und die Grotten.

Etwas befremden mögen uns die äußerst aufwendigen Beetgestaltungen und die komplizierten Formen der beschnittenen Buchsbaumsträucher; sie sind zu wirklichkeitsfern und übersteigen bei weitem die gestalterischen Möglichkeiten des Gärtners. Wenn auch ansatzweise vergleichbare Gestaltungen im 15. Jahrhundert tatsächlich bestanden haben mögen, darf man sicher sein, daß die Beschreibung hier realer Vorbilder entbehrt und in erster Linie Phantasieprodukt ist. Eine Anregung waren gewiß die antiken Gartenbeschreibungen, etwa die des Plinius[10]. Auch hier werden emblematisch gestaltete Beete und zu Skulpturen beschnittene Sträucher geschildert.

Das paradiesische Eiland Kythera zeugt in seiner totalen Geometrie von einem Naturverständnis, das ästhetische Qualitäten nur der *natura educata*, der formal geordneten Natur, beimaß. Heute, in einer Zeit, in der auch der letzte Winkel dem Menschen unterworfen, von ihm verplant und dadurch nur zu oft Verunstaltung und Verletzung der Natur ist, erscheint das Kythera-Paradies Francesco Colonnas in seiner Künstlichkeit und Unnatürlichkeit gewiß weit entfernt von den gängigen Paradiesvorstellungen. In unseren Tagen wird Paradiesisches eher in der unberührten Natur gesucht.

7 Vier Holzschnitte aus der *Hypnerotomachia Poliphili* (1499)
a) ›In den Ecken waren dreieckige Podeste mit blühenden Kräutern, die von halbkugelförmig beschnittenen Pistazien-, Aprikosen- und Pflaumenbäumen gekrönt wurden.‹ – b) ›aus Buchsbaum geschnittene Pavillons, in denen herrliche Springbrunnen plätscherten‹ – c) ›In den Ecken standen runde, mit Bernstein eingefaßte Podeste, die von betörend duftenden Pflanzen bewachsen und von kugelförmig beschnittenen Birnbäumen gekrönt waren.‹ – d) ›Es schloß sich ein Kranz von ovalen und rhombenförmigen Blumenbeeten an, in deren Mitte abwechselnd Pinien und Zypressen wuchsen.‹

Die römischen Villengärten

Mehr als hundert Jahre währte das päpstliche Exil in Avignon. In dieser Zeit verlor Rom seine geistige Vormachtstellung in Italien. Florenz, Siena, Ferrara, Mailand und Venedig festigten ihren Ruf als kulturelle Zentren. Als Papst Martin V. schließlich im Jahre 1420 von Avignon nach Rom zurückkehrte, traf er auf eine baulich und kulturell verödete Stadt. Unter Papst Nikolaus V., dessen Pontifikat von 1447 bis 1455 dauerte, erhielt Rom die ersten neuen geistigen Impulse. Der von humanistischen Idealen beeinflußte Papst begann, den Vatikan zu einem Gelehrtenzentrum auszubauen, und richtete die Vatikanische Bibliothek ein. Doch erst Papst Julius II., Pontifex von 1503 bis 1513, gelang es, Rom wieder zum Mittelpunkt der schöpferischen Kräfte Italiens zu machen. Von dem Gedanken getragen, das neben Florenz nur zweitrangige Rom zur glänzenden Metropole der Christenheit zu erheben, berief er die größten Künstler des Landes in den Vatikan. Michelangelo, Raffael und Bramante standen in seinen Diensten. Durch diese drei Künstler gewann auch die Gartenkunst neue, entscheidende Impulse.

Im Jahre 1503 begann Bramante mit der Neugestaltung des Belvedere-Hofes und entwickelte hier ein Motiv, das für mehr als drei Jahrhunderte Vorbild wurde (s. S. 42). Wie nie zuvor bei einem Garten war seine Konzeption darauf angelegt, eine Raumfolge zu schaffen. Durch die künstlerisch gestaltete Treppenanlage wurde die dritte Dimension in die Gartenkunst eingeführt.

Zu einer nicht minder bedeutenden Anlage, obgleich nie vollendet, entwickelte sich die um 1516 begonnene Villa Madama, an der unter anderen Raffael und Antonio Sangallo d. J. beteiligt waren.

Auch dieser Garten war als Raumfolge konzipiert. Auftraggeber war Papst Leo X., aber als Initiator des Projekts gilt sein Vetter und Vertrauter Kardinal Giulio de' Medici. Zwar sind Teile sowohl des Belvedere-Gartens als auch des Gartens der Villa Madama noch erhalten, doch ist die eigentliche Gestaltungsabsicht an keiner der beiden Anlagen mehr ablesbar.

Nur zwei der berühmten römischen Villen des 16. Jahrhunderts sind heute noch eine Besichtigung wert: die Villa Giulia am Nordhang des Monte Pincio und die Villa Pia im Vatikan.

Die Villa Giulia wurde im Jahre 1551 für Papst Julius III. erbaut. Michelangelo und Giorgio Vasari sollen an dem Projekt beteiligt gewesen sein; im wesentlichen gilt es jedoch als Werk des Architekten Vignola und des Bildhauers Bartolomeo Ammanati (s. auch S. 70).

Ehemals erstreckte sich der Garten der Villa Giulia bis zu den einige hundert Meter entfernten Ufern des Tiber. Doch nur der Kern der Anlage, die Villa mit ihren fünf Gartenhöfen, besteht noch. Wie nirgends sonst kann man sich hier ein Bild machen von jenem, in seinem Geiste klassisch-römischen Villentyp, der durch eine Folge von baulich gefaßten Gartenhöfen charakterisiert ist. Man betritt zuerst einen großen hufeisenförmigen Gartenraum, der von einem prächtigen halbrunden Säulengang begrenzt wird. Seitlich davon liegen große rechteckige Höfe, die mit hohen, schattenspendenden Pinien bestanden sind. Im Zentrum der Anlage befindet sich ein kleiner Innenhof, der wohl zu den interessantesten Gartenräumen ganz Italiens zu zählen ist. Er ist um ein Geschoß abgesenkt, und unten, im kühlen Schatten, ist ein kleiner Grottengarten mit zwei Seerosenbecken angelegt.

Die Villa Pia entstand im Jahre 1560 nach Plänen des Architekten Pirro Ligorio für Papst Pius IV. Sie lag hinter der Peterskirche, unweit des Belvedere-Gartens. Während dieser für prunkvolle Empfänge diente, war die Villa Pia das private Refugium des Papstes. Wie alte Stiche zeigen, war die Villa ehemals von einem Wäldchen und kleinteiligen Parterregärten umgeben. Heute liegt hier ein Landschaftsgarten, der zwar erfreulich gepflegt, aber in seiner Konzeption völlig deplaziert ist. Ein einziger Gartenraum der Villa Pia – und gewiß der architektonisch interessanteste – ist noch erhalten: eine große ovale, ganz mit Marmor ausgelegte Terrasse, die zwischen dem Baukörper der Villa und einem steinernen Pavillon eingefügt ist. Glaubt man den alten Stichen, waren die Brüstungsmauern nicht wie heute mit kümmerlichen, in Marmorgefäßen eingetopften Agaven[11] geschmückt, sondern mit frischen Orangen- und Zitronenbäumchen. Und wenn man zudem die Ausblicke von dieser Terrasse auf die hübschen Parterregärten gedanklich rekonstruiert, kommt man zu dem Schluß, daß dies ein großartiger Gartenraum gewesen sein muß.

Etwa zur gleichen Zeit wie die Villa Giulia und die Villa Pia entstanden auch die Villa d'Este (s. S. 140ff.), die Palazzina Farnese (s. S. 134ff.) und die Villa Lante (s. S. 124ff.). Auch sie sind deutlich geprägt vom klassisch-römischen Geist und unterscheiden sich von den toskanischen Gärten vor allem durch eine Vorliebe für Steinernes – architektonische Versatzstücke und Skulpturen – sowie eine Begeisterung für aufwendige Wasserspiele und eine Neigung zum Monumentalen.

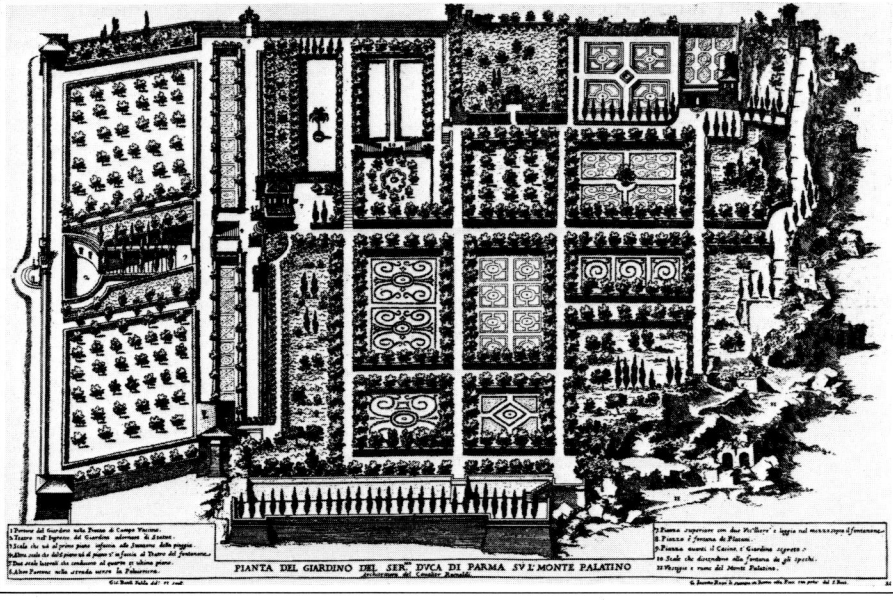

8 Die Gärten der hinter der Peterskirche gelegenen Villa Pia in Rom, die der Stich von Giovanni Battista Falda aus der Zeit um 1660 zeigt, gehören zu den berühmtesten Anlagen des 16. Jahrhunderts. Leider ist heute nur noch ein Teil der Anlage erhalten.

9 Die unweit des Forum Romanum gelegenen Orti Farnesiani in Rom, deren Gesamtplan Giovanni Battista Falda um 1660 festgehalten hat, gehörten noch im 18. Jahrhundert zu den großen Sehenswürdigkeiten Roms. Heute sind nur noch kümmerliche Reste erhalten.

10 Aufwendige Wasserspiele sind eines der besonderen Kennzeichen der römischen Villengärten. Der Stich von Giovanni Venturini aus der Zeit um 1685 gibt einen Teil der Anlage der Villa Montalto in Rom wieder.

11 Luftbild der Villa Giulia in Rom ▷
Entsprechend dem antiken Bautyp der Peristylvilla umschließt das Mitte des 16. Jahrhunderts errichtete Gebäude mehrere Gartenhöfe. Zwar wurden in der Renaissance nur wenige Villenanlagen mit derart großen Innenhöfen geschaffen, aber die Gartenkunst blieb eindeutig von der antiken Tradition bestimmt, den Garten als architektonischen Raum zu gestalten.

25

Gärten „all' italiana"

Neue Einflüsse

Die große Zeit der italienischen Gartenkunst war das 15. und 16. Jahrhundert. Ende des 16. Jahrhunderts zeichnete sich ein Kulminationspunkt der künstlerischen Entwicklung ab. Die von nun an bis ins 19. Jahrhundert entstandenen Gärten *all' italiana* setzten das gestalterische Repertoire des Renaissancegartens rezeptartig ein, ohne jedoch neue künstlerische Impulse zu geben. Die Ausdruckskraft der im 16. Jahrhundert geschaffenen Meisterwerke wurde nie wieder erreicht.

Die weitere Entwicklung der Gartenkunst wurde nun von Frankreich und später von England getragen. In Frankreich entstanden riesige Gartenanlagen im barocken Stil, der sich zwar aus dem Vorbild des Italienischen Gartens entwickelte, aber zu etwas ganz anderem erwuchs. In England bildete sich der Stil des Landschaftsgartens heraus, der mit völlig anderen künstlerischen Mitteln arbeitete und durchaus als bewußte Antithese zum italienischen und französischen Stil verstanden werden darf.

Zwar wurde in den Gärten *all' italiana* versucht, Einflüsse dieser beiden Entwicklungen zu vereinnahmen, doch ergab sich daraus keine wesentliche Bereicherung: Allerdings entstanden nun kunstvolle Gärten in so reicher Zahl, daß sich ohne diese Nachschöpfungen die Grundgedanken des Renaissancegartens heute ungleich schwerer herauslesen ließen. So greift denn auch dieses Buch in den nachfolgenden Kapiteln immer wieder auf Beispiele aus dem 17. und 18. Jahrhundert zurück, um Entwurfsgedanken zu veranschaulichen, die im 15. und 16. Jahrhundert entwickelt worden sind.

Die ikonographischen Elemente des Renaissancegartens wurden in den Gärten *all' italiana* vielfältig variiert, verfeinert und dabei nicht selten übersteigert. Die Parterregärten wurden nun vielfach statt in geometrischen Formen nach französischer Manier in fließenden ornamentalen Mustern angelegt, die Treppen und Balustraden wurden ver-

spielter ausgestaltet, die Skulpturenthemen orientierten sich nicht mehr so sehr an den mythologischen Themen der Antike, sondern waren in zunehmendem Maße auch gegenwartsbezogen. Die Wasserspiele wurden immer aufwendiger. Die ursprünglich begrenzte Anzahl der Arten von Bäumen, Sträuchern und Blumen wurde durch die neu eingeführten fremdländischen Gewächse erheblich erweitert.

Auch die den Barockgarten prägenden, bis zum Horizont reichenden Achsen wurden in die italienischen Gärten des 17. und 18. Jahrhunderts übernommen, doch war dies zumeist ein unglückliches Unterfangen, da man das neue Kompositionsgefühl des französischen Gartenmeisters Le Nôtre nicht nachzuvollziehen wußte und außerdem völlig andere Rahmenbedingungen bestanden. In Italien schuf man weiterhin meist Villengärten und keine Schloßgärten. Bedingt durch die vielen Splitterstaaten nahm die geschichtliche und gesellschaftliche Entwicklung in Italien einen anderen Verlauf, und der Absolutismus hatte nicht die gleichen Auswirkungen wie in den anderen Zentren Europas, insbesondere in Frankreich, Spanien, Deutschland und Österreich.

Die Anleihen bei den französischen Barockgärten blieben in den meisten Fällen nur äußerlich. Viele Gartenanlagen wurden einfach nur größer und verloren damit ihre Grenze zum Landschaftsraum. Gerade diese Trennungslinie zwischen Garten und Landschaft war eines der besonderen Merkmale des Renaissancegartens und unterschied ihn wesentlich vom Barockgarten. Durch die neue Größenordnung ging die bei den Anlagen des 16. Jahrhunderts so überzeugende straffe Raumkomposition verloren. Die ehemals kunstvoll gestalteten Raumfolgen wurden abgelöst von gigantischen Achsen, die zwar Ordnungslinien schufen, aber keine Maßstäblichkeit mehr besaßen. Eine Achse ohne die hierarchische rhythmische Gliederung einer Raumfolge wird reizlos.

Eine entscheidende Wende in der Entwicklung des Italienischen Gartens wurde im 18. Jahrhundert durch die Engländer herbeigeführt.

Über die Häfen von Livorno, Genua und Venedig bestanden intensive wirtschaftliche Beziehungen zwischen Großbritannien und Italien. Britische Handelsherren und Bankiers ließen sich in der Folge in Italien, mit Vorliebe in der Toskana, nieder. Aus der eigenen Tradition heraus waren sie mit Landhaus und Garten vertraut, und die Villa deckte sich durchaus mit ihren Vorstellungen eines idealen Lebensrahmens. Ja, die Architektur der italienischen Villen in ihrem klassischen Geist fand so viel Gefallen, daß sie für England zu einem der entscheidenden Architekturimpulse des 18. und 19. Jahrhunderts wurde.

Allerdings stand die architektonische Formgebung des Italienischen Gartens im krassen Widerspruch zu dem im Mutterland gerade aufgekommenen Ideal des Englischen Gartens mit seinen freien, malerisch arrangierten Formen. Bei zahlreichen von Engländern erworbenen Villen wurden deswegen die Gärten verändert, traten anstelle der geometrisch gestalteten Buchsbaumsträucher und der architektonischen Gesamtauffassung große Rasenflächen und dekorativ arrangierte Baumgruppen. Viele italienischen Villenbesitzer folgten diesem Vorbild und gestalteten ihre Gärten ebenfalls um. Auch zahlreiche fremdländische Gewächse wie zum Beispiel Kamelien, Magnolien, Azaleen, Hibiscus, Glyzinien und Banksrosen, die die Engländer eingeführt hatten, fanden großen Anklang und sicherten sich bis heute ihren Platz in den Gärten Italiens.

Auch wenn durch die Engländer der Italienische Garten aus der Mode kam, waren sie es, die zu Beginn unseres Jahrhunderts zu seiner Wiederentdeckung entscheidend beitrugen.

Dies soll im vorletzten Kapitel dieses Buches noch genauer ausgeführt werden (s. S. 189ff.).

Grundzüge der Gestaltung des Italienischen Gartens

Grundriß- und Raumbildung

In der Gartenbeschreibung von Boccaccio wird gleich zweimal die ›schöne Ordnung‹ des Gartens angesprochen. Ordnung heißt hier ›architektonische Ordnung‹, heißt ›Formgebung nach geometrischer Gesetzmäßigkeit‹. Die Geometrie – wie das Wort sagt: die Kunst, die Erde zu vermessen – hat ihre Wurzeln in den Hochkulturen des Alten Orients. Sie war dort unter anderem entstanden aus der Notwendigkeit, nach den Frühjahrsüberschwemmungen die Felder neu einzuteilen. Im 6. Jahrhundert v. Chr. wurden die Kenntnisse der Geometrie von den Griechen übernommen und als selbständige Wissenschaft weiterentwickelt. Die Geometrie stand selbstverständlich von Anfang an auch in einer Wechselbeziehung zur Baukunst. Nicht nur Feldvermessung, auch Baukunst war angewandte Geometrie. In der Renaissance schließlich gewann die Geometrie als Mittel der Formgebung eine Bedeutung wie nie zuvor. Da es hier um etwas Grundsätzliches auch in der Gestaltung des Italienischen Gartens geht, müssen als erstes einige allgemeine geistesgeschichtliche Hintergründe umrissen werden. Aus der Sicht des Architekturhistorikers ist die Renaissancezeit charakterisiert von dem ›leidenschaftlichen Rin-

12 Raumbildung durch Mauern, Hecken und Bäume
a) Villa La Pietra in Florenz *(giardino segreto)* – b) Villa Torlonia in Frascati *(teatro delle acque)* – c) Villa Capponi in Arcetri *(giardino segreto)* – d) Villa Gamberaia in Settignano (Exedra) – e) Horti Leonini in San Quirico d'Orcia – f) Villa Celsa bei Sovicille (Projekt aus dem 18. Jh. für ein Heckentheater) – g) Villa La Pietra in Florenz – h) Villa d'Este in Tivoli – i) Villa La Foce bei Chianciano Terme.

13 Giusto Utens, Villa di Castello bei Florenz; 1598. Öl auf Holz, Ausschnitt: 147 x 149 cm. Florenz, Museo Topografico Gleich einem Bauwerk ist auch der Garten auf einem geometrischen Grundriß angelegt und in einzelne Räume gegliedert. Der Gartenentwurf unterliegt einer strengen symmetrischen Ordnung, in welche die Villa nahtlos eingebunden ist. Man beachte die beiden seitlich der Villa gelegenen intimen kleinen *giardini segreti* mit ihren zierlichen Pavillons, das Rondell im Herzen der Gartenanlage und die durch Mauern und Baumreihen gebildeten Gartenräume.

a

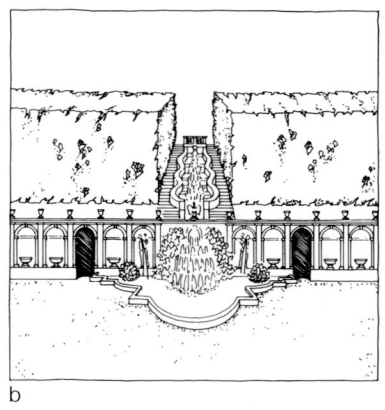
b

c

d

e

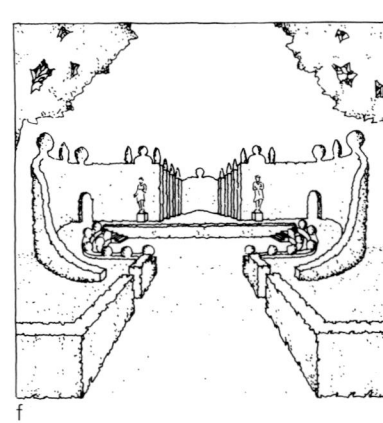
f

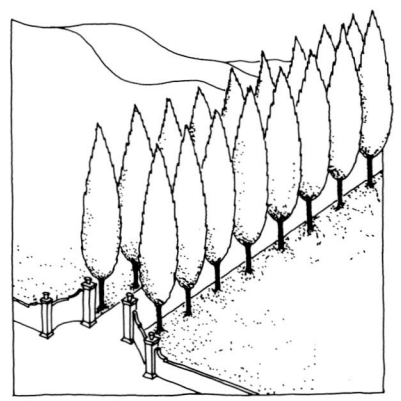
g

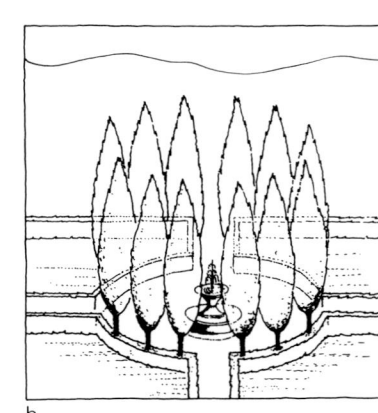
h

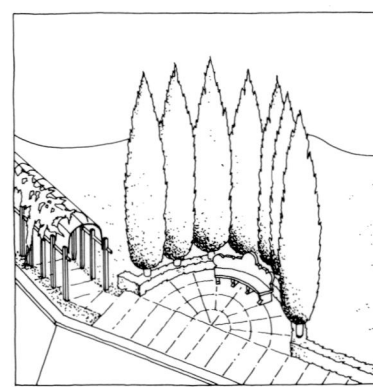
i

CASTELLO

gen um die Erforschung des Raumes, von dem Bestreben, die Strukturen des Raumes zu klären und seiner Gesetze Herr zu werden‹[12]. Basierend einerseits auf den christlich geprägten Vorstellungen, daß die Welt Schöpfung Gottes, der Mensch Ebenbild Gottes ist, und andererseits auf der wiederentdeckten Philosophie der Antike, werden Mensch und Welt neu betrachtet. Man sucht nach dem Schlüssel der göttlichen Formgebung. Dem pythagoräischen Dogma ›Alles ist Zahl‹ folgend wird die Gestalt des menschlichen Körpers nach strukturellen Gesetzen und Proportionen untersucht. Es werden vielfältige mathematisch-geometrische Gesetzmäßigkeiten nachgewiesen. Leonardo da Vinci veranschaulicht dies in der Skizze einer menschlichen Figur, die aufrecht stehend und mit ausgestreckten Armen ein Quadrat beschreibt und mit gespreizten Armen und Beinen einen Kreis – der Nabel ist ihr Mittelpunkt, sozusagen Zentrum der Welt. Der Mensch wird als das Maß aller Dinge postuliert. Wo immer künstlerisch gestaltet wird, bedient man sich der Geometrie, auch in der Malerei. Man entdeckt die Perspektive und vermag nun ein Abbild von nie gekannter Wirklichkeitsnähe zu schaffen.

Zugleich wird die Geometrie zum Werkzeug astronomischer und nautischer Erkenntnisse. Es wird die Kugelgestalt der Erde – als vollendeter geometrischer Körper – postuliert und nachgewiesen. Man entdeckt Amerika, die Neue Welt. Wie hätte ein Architekt in dieser Zeit anders gekonnt, als ebenfalls die Gesetze der Geometrie zu seinem wichtigsten Werkzeug zu machen. Der Theoretiker und Architekt Leon Battista Alberti definiert denn auch den Begriff Schönheit ›als eine bestimmte gesetzmäßige Übereinstimmung aller Teile‹[13] oder auch als ›eine Art Übereinstimmung und Zusammenklang der Teile zu einem Ganzen, das nach einer bestimmten Zahl, einer besonderen Beziehung und Anordnung ausgeführt wurde, wie es das Ebenmaß, das heißt das vollkommenste und oberste Naturgesetz fordert‹[14].

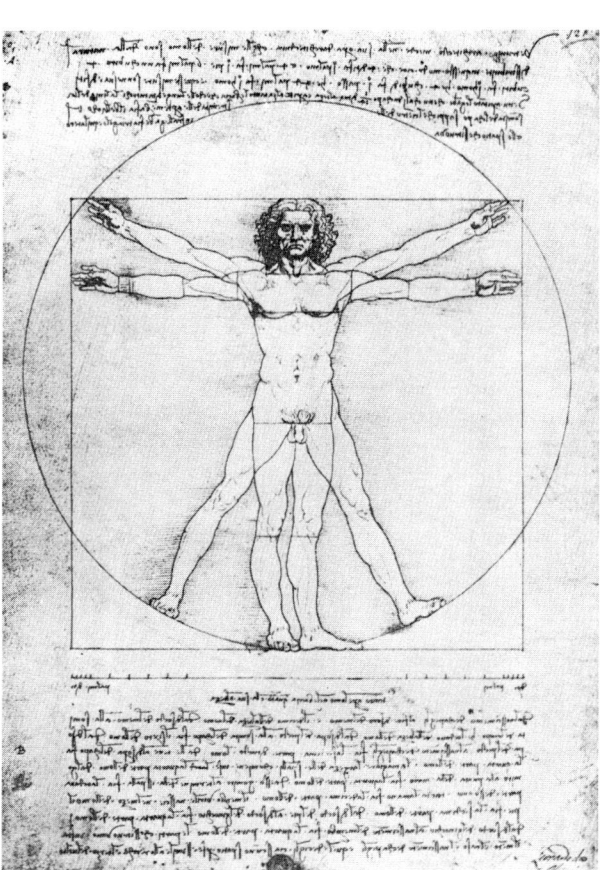

14 Leonardo da Vinci, Proportionsstudie; um 1510. Federzeichnung, 34,3 x 24,5 cm. Venedig, Accademia di Belle Arti Die Renaissance postuliert den Menschen als das Maß aller Dinge und entdeckt, angeregt durch antike Schriften, mathematisch-geometrische Gesetzmäßigkeit im Aufbau des menschlichen Körpers. Leonardo da Vinci veranschaulicht eine dieser Gesetzmäßigkeiten: ein erwachsener Mensch umschreibt mit ausgestreckten Armen und Beinen die geometrischen Figuren Kreis und Quadrat.

Die Entwurfsmethode, Grund- und Aufriß aus der reinen Geometrie abzuleiten, fand zwar schon im Altertum Anwendung, doch nur beim Entwurf von Sakralbauten. In der römischen Architektur wurde sie auch auf profane Bauaufgaben übertragen, vor allem auf Thermen, Foren, Sportstätten, Paläste und deren Gartenanlagen. Im Mittelalter war sie dann wieder weitgehend dem Sakralbau, der Kathedrale, vorbehalten. In der Renaissance blieb der Sakralbau zwar eines der wichtigsten Entdeckungs- und Erprobungsfelder der Architekten im Umgang mit der geometrisch-systematischen Entwurfsmethode, doch kamen gleichrangig wieder profane Bauaufgaben hinzu: öffentliche Gebäude und vor allem die Palazzi, die prächtigen Stadthäuser der Oberschicht und schließlich auch deren Landhäuser, die Villen.

Wie bereits angesprochen, wurden Haus und Garten immer mehr als Einheit begriffen. Als ideales Mittel der Verbindung entdeckte man nun die Ausweitung der geometrischen Gesetzmäßigkeiten des Bauwerkes auf das Umfeld, den Garten: Wie ein Bauwerk, das aus einzelnen Zimmern und Sälen besteht, wurde auch der Garten als ein Gefüge von einzelnen Gartenräumen angelegt. Zunächst wurden sie nur additiv aneinandergereiht – ähnlich den Klostergärten des Mittelalters. Im 16. Jahrhundert entstand dann die Idee der Raumfolge, das nach künstlerischen Gesichtspunkten geordnete Neben- und Nacheinander von Räumen. Dieses organisierte sich nach dem Schema des Grundrisses.

Das augenfälligste Charakteristikum des Grundrisses ist stets seine Achse, die meist den Weg vom Eingangstor zur Villa und darüber hinaus in den Garten bezeichnet. Die Hauptachse wird gekreuzt von Nebenachsen, und so entsteht die typische orthogonale Grundrißstruktur des Gartens. Immer verlaufen die Wege geradlinig und haben an beiden Enden ein klar definiertes Ziel, sei es die Villa selbst oder ein Wasserbecken, eine Skulpturengruppe oder einen Aussichtspunkt.

Grundzüge der Gestaltung – Grundriß- und Raumbildung

15   Villa Salviatino in Fiesole bei Florenz
Ein breiter axial angelegter Weg führt über mehrere Treppen-
anlagen und verschiedene Terrassenebenen hinauf zur Villa.

16   Villa Celsa bei Sovicille nahe Siena (Toskana)
Von der Villa führt ein heckengesäumter Weg als großzügige
Achse zu einem von Mauern und Balustraden eingefaßten
Wasserbecken.

17   Vicobello bei Siena (Toskana)
Ein Kiesweg durchzieht den Garten als Symmetrieachse und führt zwischen Orangen- und Zitronenbäumchen zu einem Sitzplatz, der von einer halbrunden Mauer eingefaßt wird.

18   Villa Barbaro in Maser bei Asolo (Venetien)
Eine mit Skulpturen reich geschmückte halbrunde Mauer bildet einen klar umrissenen architektonischen Gartenraum. Leider ist dies der einzige in seiner ursprünglichen Form erhaltene Gartenbereich dieser berühmten Palladio-Villa.

Grundzüge der Gestaltung – Grundriß- und Raumbildung

19 Horti Leonini in San Quirico d'Orcia bei Siena (Toskana)
Durch Formschnitt werden Bäume und Sträucher zu Architekturelementen, zu Wänden und Toren.

20 Villa Balbiano bei Lenno am Comer See (Lombardei)
Hohe, sorgfältig geschnittene Hecken bilden einen klaren architektonischen Gartenraum und rahmen den Weg vom Eingangsportal zur Villa. Auf der Rückseite des Gebäudes öffnet sich eine Terrasse unmittelbar zum See. Die Villa stammt aus dem 16. Jahrhundert, der Garten wurde allerdings erst in unserem Jahrhundert in dieser Form nach klassischem Vorbild neu angelegt.

21 Der Grundriß des Italienischen Gartens ist im Idealfall nach einem klaren geometrischen Schema mit axialen Bezügen und modularen Strukturen aufgebaut. Die Skizze zeigt den Grundriß der Medici-Villa La Petraia, wie er sich anhand alter Grundrißpläne und seines heutigen Zustandes eindeutig rekonstruieren läßt. Die Lünette von Giusto Utens gibt die Geometrie der Anlage in nicht ganz korrekter Form wieder.

22 Der italienische Garten ist meist auf dem System einer vom Portal zur Villa führenden Hauptachse und quer dazu verlaufenden Nebenachsen angelegt.

Immer wieder wird durch die unterschiedliche Ausformung der beiden Zielpunkte eines Weges eine Polarität aufgebaut und der Weg in ein Spannungsfeld gestellt. Am einen Ende liegt zum Beispiel eine Grotte, am anderen Ende eine kleine Aussichtsterrasse (s. Abb. 24d). Beim Gang durch den Garten soll man den Gegensatz von dunkel und hell, von Schatten und Sonne erleben. Ja, wenn man so will, wird man dadurch auch an die vier Elemente herangeführt. Auf der einen Seite erlebt man Erde und Wasser, auf der anderen Seite Feuer und Luft. Tatsächlich kann man sich in einem Garten keinen größeren Kontrast vorstellen als zwischen einer erdig-feuchten tröpfelnden Grotte und einer balustradengesäumten Terrasse, die den Blick in die Weite einer sonnendurchglühten Landschaft freigibt.

Ein weiteres Charakteristikum Italienischer Gärten ist der Gebrauch der geometrischen Grundformen – Quadrat, Kreis und Halbkreis – für die Grundrißgestaltung. Schon Alberti empfiehlt bei der Anlage von Gärten ›Kreise und Halbkreise und jene Figuren, welche man bei den Grundflächen der Gebäude gutheißt‹[15].

So reihen sich denn im Italienischen Garten, gleich den Zimmern eines Hauses oder den Sälen eines Palastes, einzelne, unterschiedlich gestaltete Gartenräume aneinander. Die Auffassung des Garten als architektonischer Raum ist antiken Ursprungs. Sie tritt nirgendwo deutlicher zutage als bei den kleinen Peristylgärten in Pompeji oder den prächtigen Gartenhöfen der Villa Hadriana. Auch die Villa Giulia (s. S. 23) knüpft unmittelbar an diese Tradition an. Die Lünette der Villa di Castello (s. Abb. 13), die einen monolithischen Baukörper ohne Innenhöfe zeigt, scheint auf den ersten Blick eine völlig andere Auffassung wiederzugeben. Bei genauerer Betrachtung erkennt man jedoch ihre Verwandtschaft mit der Villa Giulia: Beide Anlagen suchen die Durchdringung von Bauwerk und Garten. Auch der Garten der Villa di Castello ist

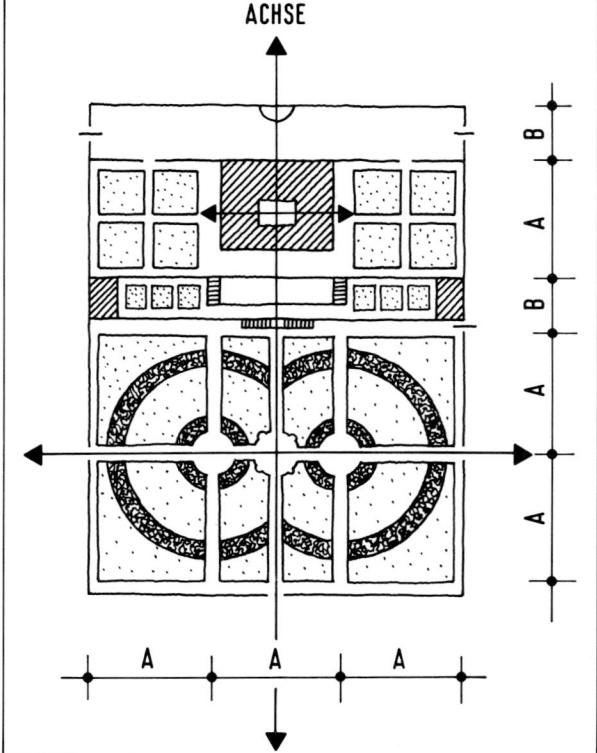

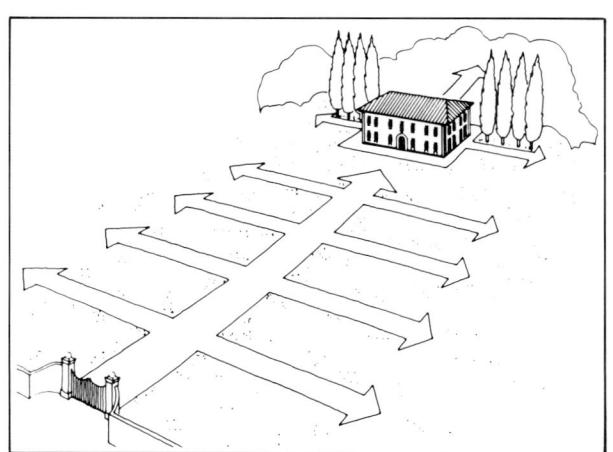

als ein Gefüge von Räumen konzipiert. Unmittelbar seitlich an die Villa grenzen zwei besonders intime, von Mauern unschlossene, reich ausgeschmückte Gartenräume an, die *giardini segreti*. Weiter oberhalb der Villa liegt ein von hohen Zypressen gebildetes Rondell, eine Raumform, die für den Renaissancegarten ebenso charakteristisch ist wie die halbrunde Exedra.

Die eigentlichen Mittel der Raumbildung im Italienischen Garten sind Mauern, Baumreihen und Hecken (s. Abb. 12). Die Mauern sind meist durch Pilaster, Zinnen, Bemalungen in Form großer Muster oder durch ornamentale Kieselsteinmosaiken künstlerisch gestaltet. Oft werden auch Nischen in den Mauern ausgeformt, die mit Skulpturen, Topfpflanzen oder kleinen Wasserspielen geschmückt sind.

Zu den häufigsten und augenfälligsten Raumbildungen durch Bäume gehören die Alleen. Vor allem die Zypressen mit ihrem säulengleichen Umriß beweisen dabei ihre ausgezeichnete architektonische Gestaltungskraft. Dies nicht nur bei Alleen, sondern auch, wenn sie auf kreisrundem oder halbkreisförmigem Grundriß zu einem Rondell oder einer Exedra angeordnet sind. Wie unbefangen Bäume als architektonische Elemente eingesetzt werden, zeigt sich wohl am deutlichsten, wenn sie zu wandartigen Kuben gestutzt und torartige Öffnungen in das Blattwerk hineingeschnitten sind.

Auch die immergrünen Hecken aus Zypressen, Eiben, Buchsbaum und Steineichen dienen als architektonische Gestaltungsmittel. Höhepunkt im Spiel mit diesem Element und seinen raumbildenden Möglichkeiten waren die Heckentheater (s. Abb. 12d), die sich im 17. und 18. Jahrhundert großer Beliebtheit erfreuten. In Italien ist diese aus Frankreich kommende Mode nur noch in wenigen Beispielen erhalten, so bei der Villa Marlia in der Nähe von Lucca und der Villa Rizzardi im Valpolicella-Tal bei Verona.

23   Giardino Giusti in Verona (Venetien)
Alleen gehören zu den beeindruckendsten Raumbildungen
des Italienischen Gartens. Gerade die Zypresse, deren Wuchs-
form selbst schon ausgeprägt architektonischen Charakter
besitzt, ist als Alleebaum besonders wirkungsvoll. Alleen wurden gerne sowohl für die Gestaltung des Weges zur Villa als
auch innerhalb des Gartens als Mittel der Raumbildung eingesetzt.

Die Terrasse

Bei Boccaccio lesen wir, daß die Villa auf einer ›kleinen Anhöhe gelegen‹ sei. Solche Standorte waren im Mittelalter – wohl aus Gründen der besseren Verteidigungsfähigkeit und zugleich als Ausdruck des Herrschaftsanspruches – für den Bau von Landsitzen besonders begehrt. Ein weiterer Vorzug, der als solcher auch in den Schriften des Renaissance-Architekten Alberti angesprochen wird, war die ›gesunde frische Luft‹[17]. Besonders in den Sommermonaten, in denen man sich hier aufhielt, wußte man eine angenehm wehende Brise zu schätzen.

Wie der Hinweis auf die Höhenlage der Villa vermuten läßt, war der Garten – auch wenn dies nicht ausdrücklich erwähnt wird – in Terrassenstufen angelegt. Terrassenkulturen gehören im gesamten Mittelmeerraum seit alters her zur Feldwirtschaft. Bei den frühen Villengärten war es noch eine Folge von Terrassenebenen, die dem Hang möglichst unauffällig angepaßt waren. Später, als man die raumkünstlerischen Möglichkeiten der Geländeformung entdeckte, wurden die Eingriffe in die Topographie einschneidender. Den Villen wurde an der Gartenseite eine breite Terrasse vorgelagert, den Garten selbst gliederte man in groß-

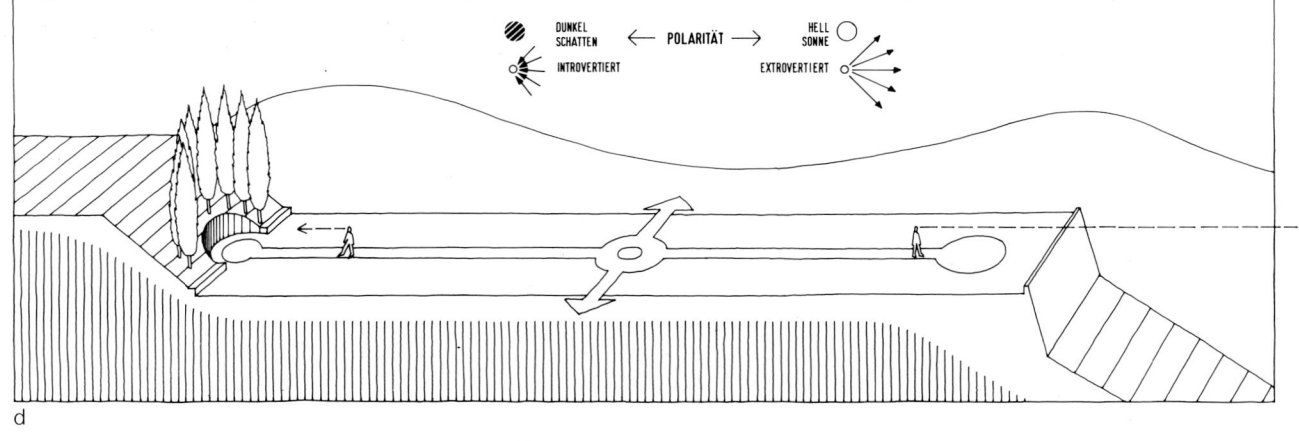

24 Terrasse
a) Villa Medici in Fiesole – b) Villa Gamberaia in Settignano – c) Villa Serbelloni in Bellagio – d) Villa Gamberaia in Settignano, Gartenweg in der Hell-Dunkel-Polarität – e) Palazzo Piccolomini in Pienza – f) Villa Rizzardi in Negrar di Valpolicella – g) Villa Celsa bei Sovicille

25 Giusto Utens, Villa Marignolle bei Florenz; 1598. Öl auf Holz, Ausschnitt: 120 x 120 cm. Florenz, Museo Topografico
Eine sockelartig geformte Terrasse umgibt das Gebäude, schafft reizvolle Blickbeziehungen und stellt den Garten dadurch in einen neuen Raumzusammenhang.

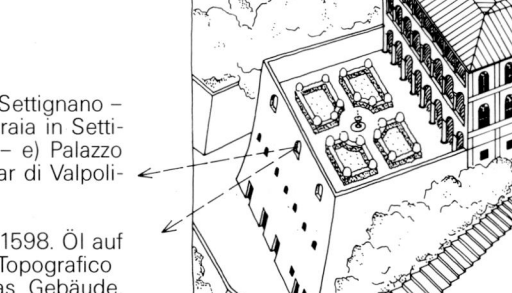

zügige, terrassierte Ebenen, deren unterste sich mit hoher Stützmauer hart in die Landschaft hinausschob.

Oft waren diese Stützmauern und die dahinterliegenden Aufschüttungen so gewaltig, daß sie Raum boten für Stallungen, Wirtschaftskeller und dergleichen. Die Terrassierungen nahmen hier Gebäudecharakter an und glichen darin den Hängenden Gärten der Semiramis. Darauf bezugnehmend werden in dieser Art unterbaute Terrassengärten als *giardini pensili*, hängende Gärten, bezeichnet. Der Garten wurde durch die über das natürliche topographische Niveau angehobene Fläche in einen neuen Raumzusammenhang gestellt. Zwar blieb er noch ein durch Mauern und Hecken von der Umgebung abgegrenztes Areal, doch löste er sich deutlich von der Weltabgeschiedenheit des mittelalterlichen Gartens. Die Terrasse öffnete den Blick über den Garten und darüber hinaus in die Weite der Landschaft. Es war das *Belvedere* und die *bella vista*, die immer mehr zum konzeptionellen Bestandteil der Gartengestaltung wurden.

So zählt denn auch Alberti zu den Besonderheiten einer Villa die ›Annehmlichkeit der Aussicht‹[18] und lobt, daß man von solch bevorzugter Lage ›die Stadt, das Meer oder die ausgegossene Ebene erblicken kann‹, daß man ›bekannte Hügel, die Gipfel der Berge, herrliche Gärten und Fischteiche unter seinen Augen hat‹[19].

Mag sich dies auch mit unserer heutigen Empfindung und Vorstellung einer idealen Lage decken, so sollten wir nicht übersehen, daß dieses Ideal im 15. Jahrhundert Ausdruck eines neu erwachten Naturgefühls war. Es war Ergebnis der Weltzugewandtheit, des klaren forschenden Blicks in den Raum, in die Ferne und darin zugleich ein Rückgriff auf die römische Antike, die diese Entwurfsideen

auch schon kannte. Die Natur hatte ihre Bedrohlichkeit verloren, in der sie dem Menschen des Mittelalters gegenwärtig war. Der Mensch war nun nicht mehr eins mit der Natur, sie wurde als Gegenstand der Betrachtung zu seinem Gegenüber. Sie wurde beherrschbar und dienstbar gemacht.

Boccaccios Beschreibung ist zu entnehmen, daß das Gebäude einen ›weitläufigen, freundlichen Innenhof‹ umschließt, also entsprechend dem Bautyp der mittelalterlichen Burg noch sehr introvertiert ist. Haus und Garten waren noch räumlich und optisch durch ›eine hohe Mauer‹ getrennt.

Im Verlauf des 15. Jahrhunderts legten die Landsitze – bedingt durch eine sich stabilisierende politische Situation, die den Landfrieden gesichert erscheinen ließ – all ihre wehrhaften, nach innen gekehrten Züge ab, suchten die Verknüpfung mit Garten und Landschaft und wurden schließlich zu dem, was noch für uns heute in dem Begriff ›Villa‹ zusammengefaßt ist.

Das Einbeziehen der Landschaft ging mit der Entdeckung einher, daß Landschaft *bel paesaggio* ist, Schönheit besitzt und dem Garten einen würdigen und gehaltvollen Bezugsrahmen geben kann. Landschaft war allerdings inzwischen in den meisten Regionen, wo man Villen baute, keineswegs mehr Natur, sondern das von vielen Generationen gestaltete Agrarland. Wie sehr diese Landschaft in ihrer straffen Ordnung einerseits und ihrer Vielfalt andererseits selbst Kunstwerk ist, wird einem auch heute noch in der Toskana in besonderer Weise bewußt. Der Italienische Garten ist sozusagen Kristallisationspunkt seiner landschaftlichen Umgebung.

Ebenso wie die *terrazza* nimmt auch die *loggia* im Obergeschoß der Villa immer mehr Bezug auf den Ausblick in Garten und Landschaft. Die von Boccaccio beschriebene kleine Gesellschaft ließ sich

zum Ausruhen als erstes eine Weile auf der Loggia nieder, die ›mit Blumen der Jahreszeit und viel frischem Grün geschmückt war‹. Heißt dies nicht, daß die Loggia als Aufenthaltsort besonders geschätzt wurde? Ihr Reiz lag darin, daß man sich einerseits im Schutze des Hauses aufhielt, andererseits im Freien saß. Allerdings ist die von Boccaccio beschriebene Loggia auf den Innenhof des Hauses bezogen, entbehrt also noch der schönen Aussicht.

Wenn hingegen mehr als hundert Jahre später Alberti schreibt, daß ›Loggien der Schauseite der Villa ein liebenswürdiges Aussehen verleihen‹[20], ist diesen Worten zu entnehmen, daß nun, im 15. Jahrhundert, die Loggia nach außen an der Villa in Erscheinung tritt.

Bei dem im Jahre 1460 von Bernardo Rossellino geplanten Palazzo Piccolomini in Pienza tritt das Motiv der zur offenen Landschaft orientierten Loggia in größter Deutlichkeit hervor. Alle drei Geschosse des Gebäudes sind mit großen Loggien ausgestattet. Sie öffnen den Blick über den Garten und in die Weite der fruchtbaren toskanischen Landschaft. Seit diesem zu seiner Zeit vielbeachteten Bauwerk gehört die gartenseitige Loggia zum immer wiederkehrenden Gestaltungselement der Villenarchitektur.

Die Landschaft als Gegenstand der Kontemplation findet auch in der Malerei der Renaissance einen deutlichen Niederschlag. Im 15. Jahrhundert wird die Landschaft, die man inzwischen perspektivisch richtig darzustellen weiß, zum festen Bestandteil der Bildkomposition. Personen im Vordergrund, Landschaftsszenen im Hintergrund – dies ist der geradezu typische Bildaufbau. Nicht selten gewinnt man den Eindruck, daß der Maler der Darstellung des Hintergrundes die größere Aufmerksamkeit schenkte.

29 Villa Celsa bei Sovicille nahe Siena (Toskana)
Als künstlich angelegte, hohe Terrasse ist der Garten weit über den natürlichen Geländeverlauf angehoben und endet hier in einer halbrunden Plattform, die einen herrlichen Ausblick auf bewaldete Höhenrücken und die weite Ebene von Siena bietet.

30 Villa Rizzardi in Negrar di Valpolicella bei Verona (Venetien)
Diese kleine, von Balustraden gesäumte Aussichtsterrasse ist Ziel eines Spaziergangs im Schatten alter Zypressen. Sie lockt mit einem schönen Ausblick zurück auf den Weg, den man gekommen ist. Vgl. auch Abb. 26.

31 Villa La Foce in La Foce bei Chianciano Terme (Toskana)
Von der Aussichtsterrasse dieses Gartens bietet sich ein zauberhafter Blick in das Val d'Orcia, eine gepflegte, fruchtbare Kulturlandschaft.

Die Treppe

›Tribüne der Augenlust, der Neugier und der Selbstdarstellung‹[21]

Die Freitreppe gewinnt im Italienischen Garten eine Bedeutung und Gestaltungsvielfalt wie kein anderes architektonisches Element. Das Motiv wurde im frühen 16. Jahrhundert von dem Architekten Donato Bramante bei der Neuanlage des Belvedere-Gartens im Vatikan[22] als Stilmittel entdeckt und ist seitdem aus der Gartengestaltung nicht mehr wegzudenken. Hier wurde eine so entscheidende Neuerung der Raumkonzeption geschaffen, daß der Belvedere-Garten zum Markstein in der Geschichte des Italienischen Gartens wurde.

Im frühen Renaissancegarten waren die verschiedenen Gartenräume, sofern die Geländesituation es erforderte, durch unauffällige schmale Treppen miteinander verbunden, denen keine besondere gestalterische Aufmerksamkeit geschenkt wurde. Als man nun aus Gründen der begehrten Aussichtslage immer steilere Grundstücke zum Bau von Villen wählte, gerieten die Terrassenebenen immer schmaler, die Stützmauern höher und Treppen steiler. Der Garten wurde dadurch in unschöner Weise zerstückelt.

Der im Vatikan tätige Architekt Bramante ersann schließlich das für die weitere Entwicklung der Gartenkunst entscheidende Gestaltungselement.

32 Treppe
a) Villa d'Este in Tivoli – b) Belvedere-Garten im Vatikan (Rekonstruktionszeichnung) – c) Villa Cetinale bei Sovicille – d) Villa Torlonia in Frascati – e) Villa Torrigiani bei Camigliano – f) Villa La Ferdinanda in Artimino – g) Villa Lante in Bagnaia – h) Villa Castello di Uzzano bei Greve – i) Villa Bettoni in Bogliaco.

33 Giusto Utens, Villa Pratolino; 1598. Öl auf Holz, Ausschnitt: 36 x 36 cm. Florenz, Museo Topografico
Das Bild zeigt, wie Haus und Garten durch eine kunstvolle Treppenanlage miteinander verbunden sind.

42

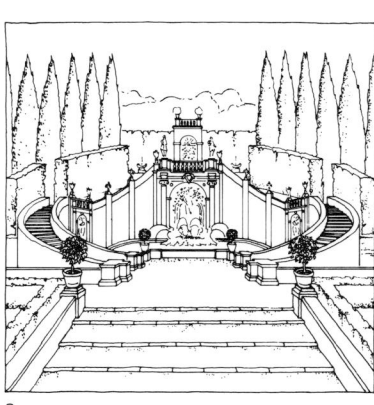
a

b

c

d

e

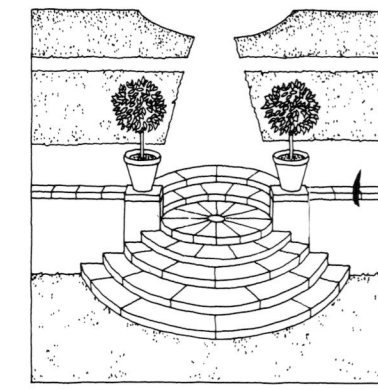
f

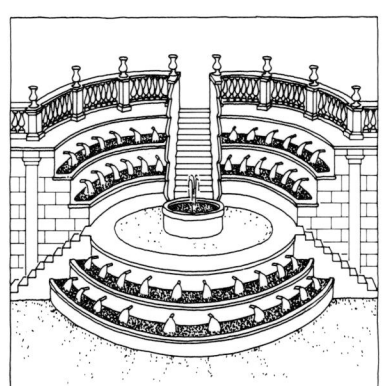
g

h

i

43

34 Villa Salviatino in Fiesole bei Florenz
Die Doppeltreppe ist seit Beginn des 16. Jahrhunderts eines der beliebtesten Elemente der Gartengestaltung.

35 Villa Garzoni in Collodi bei Lucca (Toskana)
Nirgendwo sonst in Italien wurde das alte Motiv der Freitreppe in so übersteigerter Form vorgetragen wie bei dieser Mitte des 17. Jahrhunderts entstandenen Gartenanlage.

36 Villa Bettoni in Bogliaco am Gardasee (Lombardei)
Diese im 18. Jahrhundert entstandene Treppenanlage, die rechts und links von langen Limonenhäusern flankiert wird, führt hinauf zu einem im Schatten alter Zypressen und Pinien gelegenen Belvedere. Die Gewächshäuser werden leider nicht mehr bewirtschaftet und sind verfallen, die Freitreppe selbst wurde im Jahre 1986 von Grund auf restauriert.

Ihm war die Aufgabe übertragen worden, den Bereich zwischen dem päpstlichen Palazzo und der unweit davon auf einer Anhöhe gelegenen Belvedere-Villa architektonisch zu ordnen. Durch die Errichtung zweier den Palazzo flankierender Gebäudeflügel, die zur Aufnahme der umfangreichen päpstlichen Kunstsammlung vorgesehen waren, wurde das Areal zwischen Palazzo und Villa zu einem großen rechteckigen Binnenhof von 300 x 75 m geschlossen (s. Abb. 32b).

Die besondere gestalterische Schwierigkeit lag in der Überwindung des gewaltigen Höhensprungs von mehr als 20 Metern innerhalb des Hofes. Bramante gliederte den Hofraum in drei Ebenen unterschiedlichen Niveaus. Die unterste, vor dem Palazzo gelegene Ebene wurde als eine Art offener Festsaal gestaltet, in dem Turniere und Theaterveranstaltungen stattfanden. Den Abschluß bildete eine quer über die gesamte Breite verlaufende Zuschauertribüne. In deren Mitte führte eine breite Treppe zur zweiten Gartenebene. Nach einem kleinen Parterregarten teilte sich der Weg in eine nach rechts und links symmetrisch ansteigende Rampentreppe, die in sanfter Steigung zur dritten Gartenebene leitete. Indem die Treppen auf halber Höhe ihren Lauf in Gegenrichtung drehten, kamen beide Wege am Endpunkt wieder zusammen. Diese um 1506 begonnene, doch erst um 1560 fertiggestellte Anlage bestand nur knapp 25 Jahre. Unter Papst Pius V. wurde sie durch einen quer in den Gartenhof hineingebauten Gebäudetrakt zerstört. Doch war sie bereits richtungweisend geworden und hatte Pate für zahlreiche ähnliche Anlagen gestanden.

Sofern die Geländesituation es irgend zuließ, versuchte man dieses Treppenmotiv in die Gartengestaltung einzubeziehen. Die symmetrisch ansteigende Doppeltreppe wurde in allen nur denkbaren Formen variiert (s. auch Abb. 32).

Das Barock verarbeitete das Motiv der Treppe weiter. Die im Jahre 1780 fertiggestellte Freitreppenanlage der Wallfahrtskirche Bom Jesus im portugiesischen Braga ist wohl dessen äußerste Steigerung. Vom Ausgangspunkt der Treppe bis zum Kirchenportal sind mehr als zwei Dutzend Treppenläufe und mehr als 600 Stufen zu überwinden. Hier wird etwas in Erinnerung gerufen, das vielleicht Anfang in der langen Geschichte der Freitreppe war: die Zikkurat, jene ebenfalls von langen, symmetrisch angeordneten Doppeltreppen erschlossenen künstlichen Tempeltürme, die im 2. vorchristlichen Jahrtausend im Vorderen Orient gebaut wurden. Aus der römischen Antike allerdings ist das Motiv nur von einigen wenigen Anlagen bekannt, zum Beispiel dem Fortuna-Heiligtum in Palestrina unweit von Rom, das im 2. Jahrhundert v. Chr. entstand. Es zeigt verblüffende Ähnlichkeiten mit dem Belvedere-Garten von Bramante: die Doppeltreppen, die halbrunden Nischen in der Treppenachse und die große nischenförmige Ausformung des Abschlußbauwerkes. Allerdings muß angenommen werden, daß Bramante diese Anlage (aus eigener Anschauung) nicht gekannt hat; sie wurde erst in unserem Jahrhundert freigelegt. Und selbst wenn er von diesen antiken Freitreppen angeregt wurde, gebührt ihm ohne Zweifel das Verdienst, das Motiv der Treppe für die Gartengestaltung entdeckt zu haben.

Auch Marie Luise Gothein spricht von der ordnenden Wirkung, die Treppe und Terrasse für das Gesamtbild des Gartens haben. Sie schreibt[23]: ›Für das Auge leicht faßlich, können die Hauptlinien der Architektur im Garten wiederholt werden: zu den Langachsen, die durch die Hauptwege bereichert werden, treten die Balustraden der Terrassen als die dem Auge so notwendigen horizontalen Querachsen; verbunden werden beide durch das Treppensystem.‹ Es bleibt dabei unausgesprochen, wie das Auge auch beim Beschreiten der Treppe in alle Richtungen des Raumes gelenkt wird. Damit wird dem ›erwachten Auge‹ des Renaissancemenschen Genüge getan und der Raum überschaubar und faßbar gemacht. Durch die Treppe verliert die Achse, die als Leitlinie erhalten bleibt, ihre starre Zielrichtung, und der Bewegungsablauf wird abwechslungsreicher.

Georgina Masson wies in ihrem 1960 erschienenen Buch *Italienische Gärten* auf den bemerkenswerten Zusammenhang hin, der zwischen dem Motiv der Treppe und der Tatsache besteht, daß die Gartengestaltung in Europa seit dem 16. Jahrhundert für lange Zeit fest in die Hände der Architekten gelangte. War Gartengestaltung zu anderen Zeiten und anderen Ortes das Werk von Malern, Gärtnern oder auch Priestern und Mönchen, so machte es hier gerade die Treppe notwendig, auf das Wissen und das räumliche Denken des Architekten zurückzugreifen.

Spätestens beim Betrachten vieler Zeichnungen von Hubert Robert und Jean-Honoré Fragonard wird klar, warum die Gartentreppe solche Beliebtheit gewann. Sie war in idealer Weise eine Bühne, Rahmen für das alltägliche *teatro*, improvisierte Darstellungen und vor allem Selbstdarstellungen. Wie die Villa Garzoni in Collodi bei Lucca zeigt (Abb. 35), führte dies schließlich dazu, daß die Treppe zum beherrschenden Element des Gartens wurde. Das Pathos der Treppenanlage ist hier (für unser Empfinden) übertrieben und steht in einem unausgewogenen Verhältnis zum Zielpunkt der Treppe. Denn nicht die Villa selbst ist hier Zielpunkt, sondern ein im Schatten von Zypressen und Steineichen gelegenes Wasserbecken, das in seiner schmuckreichen Ausformung der Treppenanlage zwar durchaus ebenbürtig, doch in seiner Wirkung zu schwach ist, um als würdiger Höhepunkt zu gelten.

In der starken Ausarbeitung des Treppenmotivs zeigt sich auch ein Wandel in der Auffassung von Gartengestaltung. Der frühe Renaissancegarten war ein Ort stiller Betrachtung, Treffpunkt kleiner geistbeflissener Zirkel. Der späte Renaissancegarten und der Barockgarten dienten als glanzvoller Rahmen einer den Vergnügungen ergebenen, in sich selbst verliebten Gesellschaft.

Diese Gartentreppe gehört ohne Zweifel zu den schönsten in ganz Italien. Der Höhensprung wird in überzeugender Weise durch die Treppe überspielt. Das Trennende wird zum Verbindenden. Leider sind die Anfang des 17. Jahrhunderts entstandene Treppe, der hübsche Parterregarten zu ihren Füßen und ein gegenüberliegendes Grottenhaus der einzige original erhaltene Gartenbereich dieser Villa – alle anderen Teile des Gartens wurden im 19. Jahrhundert zu einem Englischen Park umgestaltet.

38   Villa Sommi-Picenardi in Olgiate Molgora (Lombardei)
Wie die Ausführung der Balustraden und die verspielten
Dekorationen erkennen lassen, entstand diese Gartentreppe
erst im 18. Jahrhundert; in ihrer Grundidee orientiert sie sich
jedoch an den Vorbildern des 16. Jahrhunderts.

Grundzüge der Gestaltung – Die Treppe

Das Parterre

›... dicht belaubte Buchsbaumsträucher waren rund oder eckig beschnitten, dazwischen wuchsen wohlriechende Blumen...‹
Francesco Colonna[24]

Das am stärksten nach formalen und dekorativen Gesichtspunkten ausgelegte Element des Renaissancegartens ist das Parterre, eine geometrisch geordnete Komposition von Beeten, die meist mit Buchsbaum eingefaßt sind. Es sind so sehr ins Auge fallende Gestaltungen, daß man sie auf den ersten Blick gar für das Hauptmerkmal des Italienischen Gartens halten möchte.

Der Begriff Parterre (französisch: zu ebener Erde) wird zwar erst im 18. Jahrhundert geprägt, meint also strenggenommen erst die sehr viel verspielteren und prachtvolleren Beetgestaltungen des Barockgartens, wird aber heute üblicherweise auch zur Benennung vergleichbarer Partien im Renaissancegarten herangezogen.

Die immer wiederkehrende Grundform des Parterres ist die kreuzförmige Teilung in vier gleiche Felder, wobei die Mitte etwa durch einen Brunnen, ein Wasserbecken oder auch einen Pavillon akzentuiert wird. Diese Form ist der gartengestalterische Urtyp schlechthin und läßt sich vom mittelalterlichen Klostergarten über den römischen Peristylgarten bis in vorchristliche Jahrtausende zurückverfolgen. Im Renaissancegarten wird der Rahmen geweitet, die Form verfeinert, die Gevierte werden vielfach gereiht, und mit kegel-, kugel- oder quaderförmig beschnittenen Büschen wird ein kunstvolles Grünrelief gebildet.

39 Parterre
a) Villa Lante in Bagnaia – b) Villa La Pietra in Florenz – c) Palazzo Ruspoli in Vignanello – d) Villa La Foce bei Chianciano Terme – e) Villa Gamberaia in Settignano – f) Castello Balduino bei Montalto Pavese – g) Villa Gamberaia in Settignano – h) Villa Capponi in Florenz-Arcetri – i) Villa Lante in Bagnaia

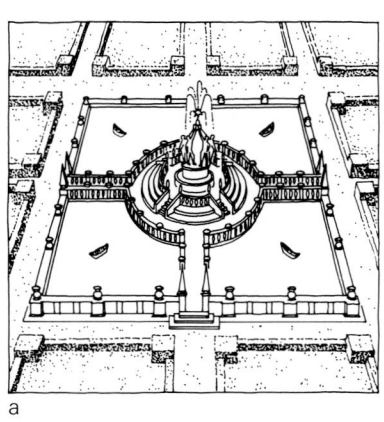

a

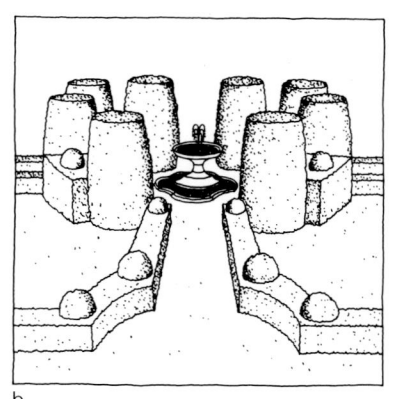

b

c

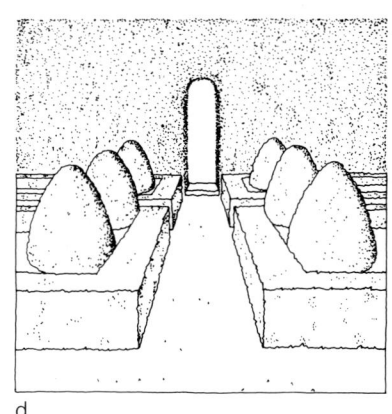

d

e

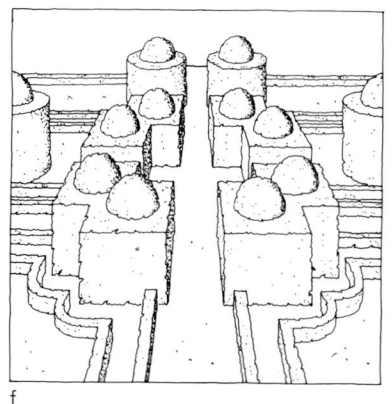

f

g

h

i

40   Giusto Utens, Villa L'Ambrogiana bei Florenz; 1598. Öl auf
Holz, Ausschnitt: 153 × 100 cm. Florenz, Museo Topografico
Die Abbildung zeigt in sehr schöner Form ein von Pergolen
eingefaßtes Parterre. Mit seinen geometrisch unterteilten Beeten, die mit Obstbäumen und bunten Blumen bepflanzt sind,
ist dieses Parterre in seiner Gestaltung typisch für das 15. und
16. Jahrhundert.

Man war sich des besonderen Reizes, den diese Anlagen von erhöhtem Standort aus bieten, sehr wohl bewußt. So wurde meist eine Loggia im Obergeschoß der Villa oder eine Terrasse in der angrenzenden Gartenpartie direkt auf diesen Blick ausgerichtet. Aber das Parterre des Renaissancegartens ist mehr als nur ein von oben zu betrachtendes, nach graphischen Gesichtspunkten konzipiertes Gestaltungselement; es besitzt zugleich plastische und räumliche Qualitäten, die sich beim Gang durch diesen Gartenteil erschließen.

Wie die Darstellungen des Malers Utens zeigen, hatte das Parterre des frühen toskanischen Gartens noch nicht die später so charakteristische Schärfe und kannte noch nicht die zu geometrischen Körpern geschnittenen Buchsbaumbüsche. Es stand mit der einfachen Beetteilung den mittelalterlichen Wirtschaftsgärten der Klöster und Burgen näher als den Schmuckgärten der Hochrenaissance. Anfangs waren die Parterres oft Obstbaumpflanzungen, die nach formalen Gesichtspunkten gestaltet wurden. Man teilte sie in hekkengerahmte Gevierte, die in schönem Regelmaß mit Bäumen bepflanzt waren; diese betonten teils die Ecken, teils die Mitte der Gevierte. Heute wird man Gartenpartien, wie Utens sie gemalt hat, in Italien vergeblich suchen. Eine veränderte Auffassung von Gartenkunst verbannte im 17. und 18. Jahrhundert Obstbäume als Mittel der Gartengestaltung, und die Beete verloren so die zur Belebung notwendige plastische und raumbildende Substanz.

Vergleicht man die von Utens dargestellten Medici-Villen La Petraia (s. Umschlagbild) und di Castello (s. Abb. 13) mit ihrem heutigen Zustand, ihren platten, baumlos öden Parterres, so wird man dies bedauern, weiß man doch von englischen Gartenanlagen (zum Beispiel Penshurst Place in Kent), welch überzeugendes und harmonisches Bild sich gerade bei der Verbindung von gepflegten Obstbaumpflanzungen und formal gestalteten Zonen ergeben kann.

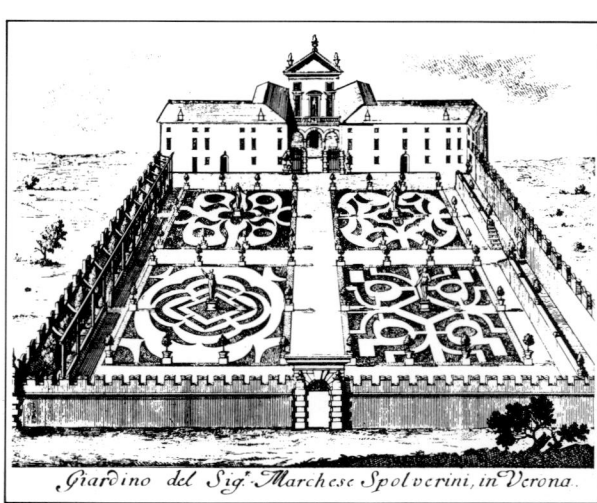

Giardino del Sig. Marchese Spolverini, in Verona.

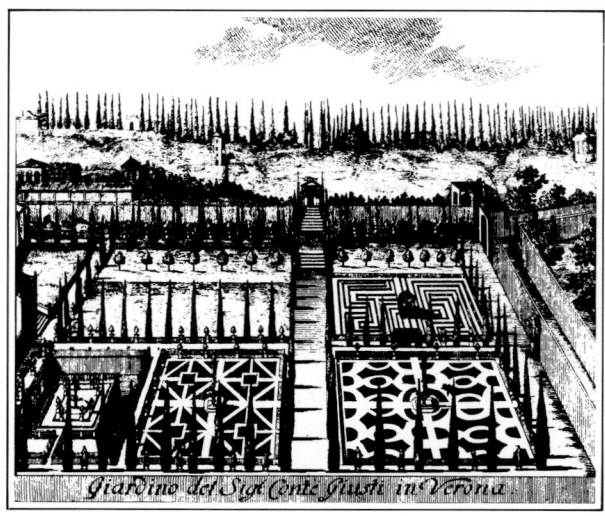

Giardino del Sig. Conte Giusti in Verona.

41, 42   Die beiden um 1710 entstandenen Stiche von Johann Christoph Volkamer – der Giardino Spolverini in Verona (oben) und der Giardino Giusti in Verona (unten) – zeigen Parterregestaltungen, wie sie im 17. und 18. Jahrhundert in Italien typisch waren.

In Betrachtungen zur Geschichte der Gartenkunst wird meist ausgeführt, daß sich das Parterre im Italienischen Garten nahtlos aus der Beetteilung des mittelalterlichen Gartens entwickelt hat. Es muß aber wohl hinzugefügt werden, daß die Entwicklung durch Impulse eingeleitet wurde, die mittelbar und unmittelbar auf literarische Quellen der Antike zurückgehen.

Ausgehend von den Darstellungen des Malers Utens muß man annehmen, daß es zu den aufwendigeren Formen des Parterres noch ein sehr weiter Weg ist. Doch die fast ein Jahrhundert vor den Utens-Gemälden entstandene Schrift *Hypnerotomachia Poliphili* entwirft das Bild eines Parterregartens, das man Ende des 15. Jahrhunderts in dieser Form nicht erwartet. Wenn auch in seiner Gesamtheit ein Traumbild und damit dem Realitätsanspruch entzogen, kann das Beschriebene nicht allein der Phantasie des Verfassers entsprungen sein; es müssen entweder Anregungen aus der konkreten Anschauung zugrunde gelegen haben, oder man hat aus literarischen Quellen antiker Gartenkunst geschöpft.

Da wird ein Parterre beschrieben und mit einem Holzschnitt illustriert, das mit niedrigwachsenden Kräutern und Bändern aus hellen Marmorplatten ein geometrisches Muster zeichnet (s. Abb. 46). Vergleichbares wird man in Italien heute vergeblich suchen, auch in alten zeitgenössischen Darstellungen läßt sich derartiges nicht eindeutig nachweisen. Zu welcher Schönheit sich diese gestalterische Idee entwickeln läßt, hat jedoch Russell Page, einer der namhaftesten englischen Gartenarchitekten unseres Jahrhunderts, in einigen seiner Gartengestaltungen vor Augen geführt. Zudem schreibt Colonna von Parterregestaltungen (s. Abb. 46), bei denen Buchsbaumhecken Schriftzüge und figurative Darstellungen bilden – gar so komplizierter Art wie Seeschlachten, Jagdszenen oder die Zwölf Taten des Herakles. Da werden Büsche und Bäume zu Skulpturen beschnitten. Offenbar ist diese Art der Gestaltung durch

44 Villa Allegri in Cuzzano bei Verona (Venetien)
Der als großzügige Terrasse angelegte Parterregarten ist heute
mit niedrigen Buchsbaumhecken im französischen Broderie-
stil und einigen hohen, plastisch geformten Buchsbaumsträuchern bepflanzt. Alte Stiche zeigen zwar, daß dies nicht der
ursprünglichen Gestaltung des 17. Jahrhunderts entspricht,
aber dennoch werden die klassischen Formen gewahrt.

45 In den Vatikanischen Gärten, Rom (Vatikanstadt)
Hinter der Peterskirche lagen schon immer ausgedehnte Gartenbereiche. Heute ist das Areal eine etwas konzeptionslose,
wenngleich erfreulich gepflegte Parkanlage. Neben allerlei
anderen Gartenformen findet man auch einen Parterregarten,
der gewiß zu den schönsten Partien zählt. Zwar wurde dieses
Parterre erst Anfang unseres Jahrhunderts angelegt, doch entspricht es in seiner geometrischen Strenge und Schlichtheit
klassischen Vorbildern.

antike Schriften angeregt, die von einer solchen auch in der römischen Zeit beliebten Mode – *opus topiarium* genannt[25] – berichten. Die hier beschriebenen Bilder sind allerdings wirklichkeitsfern, übersteigen sie doch bei weitem die Möglichkeiten des gärtnerischen Formschnitts. Lediglich im Ansatz Vergleichbares wird es gegeben haben.

In der *Hypnerotomachia Poliphili* wird auch ein Parterre beschrieben, in dem eine Mischung duftender Gewürz- und blühender Zierpflanzen wächst (s. S. 21). Der dazugehörige Holzschnitt (Abb. 46c) zeigt ein Arrangement von verschlungenen Bändern, eine Spielart der Parterregestaltung, die ebenfalls heute in Italien nirgendwo mehr zu finden ist, bemerkenswerterweise aber aus englischen Gärten des 16. und 17. Jahrhunderts als *knot-garden* oder ›Knotenparterre‹ überliefert ist. Die verschlungenen Bänder erinnern an das orientalische Dekorationsmotiv der Arabeske. Verbirgt sich nicht auch hier eine Beziehung zur Gartenkunst des Orients?

Eine der beliebtesten und für unser Empfinden besonders italienisch wirkende Variationsform der Parterregestaltung ist die *limonaia*, das Orangerie-Parterre, das bis heute in vielen Gartenanlagen erhalten blieb. Orangen- und Zitronenbäumchen werden in großen Terrakottagefäßen auf vorbereiteten steinernen Podesten in den Beeten aufgestellt, zum Teil in so reicher Zahl, daß das Bild eines kleinen Haines entsteht. Vielleicht ist die *limonaia* als eine zu hochstilisierter Form verfei-

nerte Reminiszenz an die alten Obstbaumbeete zu verstehen.

Als eine weitere Spielart und ebenfalls neue gartengestalterische Idee der Renaissance ist das Wasserparterre zu nennen, wie es zum ersten Mal von dem Architekten Vignola in der Villa Lante (s. Abb. 130) ausgeführt wurde. Im Zentrum der buchsbaumgesäumten Beete, fest eingebunden in das Ordnungsschema des Parterres, liegen geometrisch geformte Wasserbecken. Sie stehen wie glänzende Spiegel zwischen dem dunklen Grün des Buchsbaums und bereichern die Parterregestaltung um ein effektvolles Element.

Als eine Sonderform der Parterregestaltung ist vielleicht auch das Labyrinth, der aus Hecken geformte Irrgarten, zu nennen. Zwar sind Labyrinthe nur noch in sehr wenigen historischen Gärten Italiens erhalten – zum Beispiel in der Villa Pisani in Stra und in der Villa Donà dalle Rose in Valsanzibio –, aber wie man bei der Betrachtung alter Stiche feststellen kann, waren sie insbesondere im 17. Jahrhundert ein beliebtes und weitverbreitetes Element der Gartengestaltung. Wann und wo das Motiv zum ersten Mal auftaucht, ist unklar. In den Darstellungen des Malers Utens finden sich keine Hinweise, und auch die *Hypnerotomachia Poliphili* mit ihrer Fülle an Beschreibungen aller möglichen Gartengestaltungen kennt das Motiv noch nicht. Erst in einigen Stichen, die gegen Ende des 16. Jahrhunderts entstanden, so zum Beispiel dem Stich der Villa d'Este von Etienne Dupérac

(s. Abb. 146), entdeckt man die Darstellung des Labyrinths. Wie durch weitere Stiche belegt, fand das Motiv Ende des 16. Jahrhunderts auch außerhalb Italiens in den Gärten des nördlichen Mitteleuropa weite Verbreitung. Im Barockgarten gehört es zum festen Bestand.

Der Bezug auch dieses Motivs zur Mythologie der Antike ist offensichtlich. Das archetypische Bild des Labyrinths konkretisierte sich im Renaissancegarten als ein begehbares Bild. Es wurde zur lustvoll spielerischen Attraktion der Gartengestaltung. Angesichts eines schönen, gepflegten Parterres in einem historischen Garten mag die Frage auftauchen, inwieweit es nun tatsächlich historischer Bestand ist. Einer majestätisch hochgewachsenen Platane wird man das Alter von einigen Jahrhunderten ohne weiteres zugestehen, bei den beschnittenen Buchsbaumsträuchern kommen jedoch berechtigte Zweifel auf. Wie in einigen Fällen belegt, wachsen die Sträucher gut ein bis zwei Jahrhunderte, doch dann müssen sie ausgetauscht werden; durch ihr natürliches Wachstum sind sie zu etwas ganz anderem geworden als ursprünglich geplant. Die schönsten der heute in Italien zu findenden Parterres sind fast alle zu Beginn unseres Jahrhunderts neu bepflanzt worden, als man die Tradition des Italienischen Gartens auch in Italien wiederzuentdecken begann. Selbst wenn bei der Formgebung einige aktuelle Moden mitspielten, sind diese Parterregestaltungen insgesamt doch ganz von italienischem Geiste.

46 Drei Parterredarstellungen aus der *Hypnerotomachia Poliphili* (1499)
Abbildung a zeigt ein Parterre, das mit niedrigen Buchsbaumhecken Schriftzüge und figurative Darstellungen zeichnet. Abbildung b ist der Plan eines Parterres, das mit niedrigwachsenden Kräutern und hellen Marmorbändern ein geometrisches Muster bildet. Abbildung c stellt ein Parterre vor, das zwischen verschlungenen Bändern aus Majoran, Raute und Zypressenkraut mit bunten Blumen bepflanzt ist; es werden Akelei, Jungfer im Grünen, Malven, Primeln, Stiefmütterchen und Veilchen genannt.

47 Villa Gamberaia in Settignano bei Florenz
Das Parterre dieser Villa ist in seiner gestalterischen Perfektion und vollendeten Harmonie nicht zu überbieten. Etwa zu Beginn unseres Jahrhunderts wurde es neu angepflanzt. Erst nach Jahrzehnten war ein dem heutigen Zustand vergleichbares Bild herangewachsen.

48   Castello Balduino bei Montalto Pavese nahe Pavia (Lombardei)
Die verwunschenen alten Parterregärten dieses in sehr reizvollem landschaftlichem Rahmen gelegenen Kastells gehören zu den beeindruckendsten in ganz Italien. Mit ihren schönen Ausblicken und ihrer feierlichen Stille besitzen sie einen besonderen Zauber.

49   Villa Palmieri in Fiesole bei Florenz
Die Mitte dieses in ovaler Form angelegten Parterregartens wird von einem runden Wasserbecken eingenommen, das von Zitronenbäumchen umstanden ist.

Die Pergola

›Breite Laubengänge … führten um ihn herum und quer durch ihn hindurch …, und man konnte … in dem duftenden, angenehmen Schatten lustwandeln …‹   Giovanni Boccaccio[26]

Ein besonders eindruckvolles Mittel der Raumbildung im Italienischen Garten ist die Pergola. Die ›auserlesene Schönheit‹ des Gartens schildernd, stellt Boccaccio sie schon an den Anfang seiner Gartenbeschreibung. Auch in der *Hypnerotomachia Poliphili* liest man von pergola-überwölbten Wegen, die das Netz der radialen und axialen Wege räumlich festigen.

Diese beiden literarischen Bilder entsprechen überraschend gut den Darstellungen Giusto Utens' (s. Abb. 40). In seinen Vogelperspektiven wird besonders deutlich, wie die Pergola als gartengestalterisches Mittel eingesetzt wird: Einerseits faßt sie den äußeren Raum, andererseits schafft sie einen abgeschirmten, aber dennoch luftigen Innenraum, der angenehm kühl und schattig ist. Je nach Jahreszeit ist sie zudem von intensivem Blütenduft erfüllt oder trägt den Schmuck reifer Trauben.

Die Pergola als Element der Gartengestaltung läßt sich bereits in der Antike nachweisen. Eine aus der Zeit Amenophis' III. (um 1400 v. Chr.) überlieferte Wandmalerei zeigt eine Gartenanlage, in deren

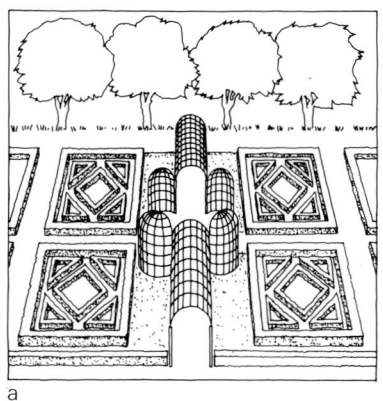
a

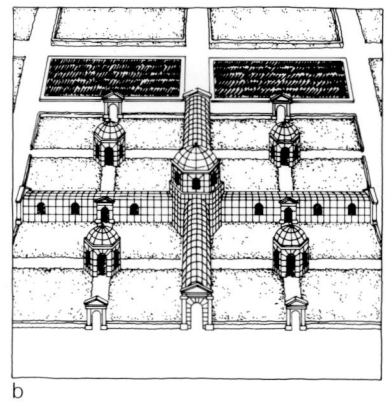
b

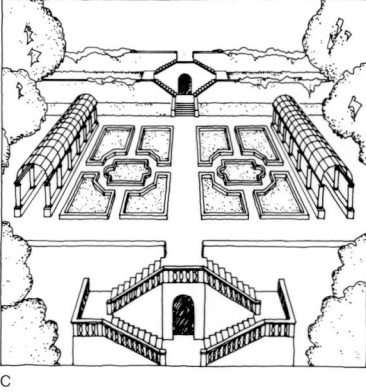
c

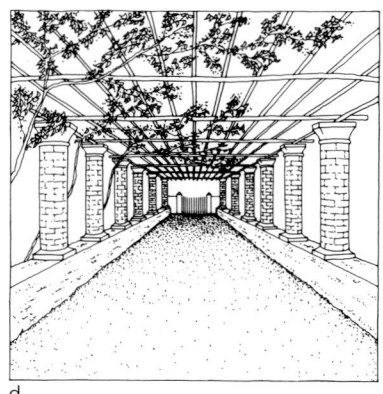
d

e

f

g

h

i

50 Pergola
a) Palazzo di Ludovico il Moro in Ferrara – b) Villa d'Este in Tivoli (ehemaliger Zustand) – c) Villa Salviatino in Fiesole – d) Villa Il Trebbio im Mugello – e) Villa Carlotta in Tremezzo – f) Villa Salviatino in Fiesole – g, h) Kloster Santa Chiara in Neapel – i) Villa La Foce bei Chianciano Terme

51 Klarissenkloster Santa Chiara in Neapel
Die vielleicht beeindruckendste Pergola ganz Italiens findet man mitten in der Altstadt von Neapel im Klostergarten von Santa Chiara. Diese um 1740 entstandene Anlage zeigt das gelungene Miteinander von Architektur, Pflanzen und dekorativer Malerei.

52 Villa Il Trebbio im Mugello bei Florenz
In den Sommermonaten wandelt man unter den verlockend anzusehenden Trauben der hochgezogenen Weinstöcke durch die Pergola.

53 Villa Il Trebbio im Mugello bei Florenz
Bei diesem alten Landsitz der Medici findet man eine von Wein und Rosen berankte Pergola, die mit ihren gemauerten Pfeilern und schlichten Sandsteinkapitellen mit antiken Konstruktionen, wie sie in Pompeji erhalten sind, nahezu identisch ist.

Grundzüge der Gestaltung – Die Pergola

54   Villa Salviatino in Fiesole bei Florenz
Der Parterregarten dieser Villa ist zu beiden Seiten von Pergo-
len eingefaßt, die gänzlich von den Ranken einer Banksrose
(Rosa banksiae) überwuchert sind.

55   Außenansicht der gleichen Pergola. Im Mai ist das Blätterdach übersät mit unzähligen kleinen cremeweißen Blüten,
die einen zarten Duft verströmen.

Zentrum ein großer pergola-überdachter Hof zu erkennen ist[27]. Der Ursprung solcher Konstruktionen läßt sich unschwer aus anderen ägyptischen Malereien herauslesen. Die in einer thebanischen Grabkammer erhaltene Darstellung der Traubenlese[28] aus der Zeit des Mittleren Reiches (um 1900 v. Chr.) zeigt, daß Weinreben bereits von den Ägyptern über tunnelartige Rankgerüste gezogen wurden. Bei einigen Rebsorten, insbesondere bei Tafeltrauben, ist dies heute noch üblich.

Aus dieser spezifischen Anbauform des Weines entwickelte sich bereits in Ägypten das architektonische Motiv des Laubenganges. Auch später, in der römischen Gartenkunst, war es ein weitverbreitetes Gestaltungselement. So findet man auch in Pompeji immer wieder Pergolen auf Fresken abgebildet oder auch real als Grabungsfunde erhalten.

Im Mittelalter scheint die Tradition der Pergola ohne Unterbrechung fortbestanden zu haben. Wie durch Holzschnitte, Miniaturen und Malereien belegt, waren kleine, wein- und rosenberankte Laubengänge und Spaliere nicht nur im Süden, sondern auch nördlich der Alpen gebräuchlich. Doch erst im Renaissancegarten wurden sie wieder im großen Stil als architektonisches, raumglieuderndes Mittel eingesetzt.

Auf historischen Gemälden und Stichen sind die Pergolen in allen nur denkbaren Varianten zu sehen. Doch leider sind sie heute nur noch in sehr wenigen historischen Gärten Italiens erhalten. Wieviel schöner stellt sich der Garten der Villa La Petraia auf dem Gemälde von Utens dar, verglichen mit seinem heutigen verödeten Zustand, ohne diese Laubengänge!

Im Garten der burgartig befestigten alten Medici-Villa Il Trebbio im dichten Waldgebiet des Mugello, 15 Kilometer nördlich von Florenz, hingegen steht die Pergola noch, und es scheint die gleiche zu sein, die Giusto Utens vor 400 Jahren gemalt hat. Das Blätterdach von Wein und Rosen ruht auf dicken, aus Formziegeln gemauerten runden Pfeilern mit schlichten Sandsteinkapitellen – eine Konstruktion, die bis ins Detail überraschende Ähnlichkeit mit einigen in Pompeji gefundenen Pergolen aufweist. Unter diesem Dach ergeht man sich auf einem frischen grünen Rasen, und der Blick streift weit über die bewaldeten Hügel. Die Pergola ist heute fast das einzige formale Element dieses Gartens. Sie zeichnet eine kraftvolle Ordnungslinie, die mit einfachsten Mitteln außergewöhnliche Ruhe und Würde schafft.

Eine verfeinerte Form der Pergola zeigt der im Jahre 1573 gefertigte Stich der Villa d'Este von Etienne Dupérac (s. Abb. 146): Auf der untersten Gartenebene ist ein kreuzförmiger Laubengang angelegt, der im Schnittpunkt seiner beiden Achsen von einer Kuppel überwölbt ist. Außer den steinernen Portalen, durch die man die tunnelartig gewölbten Gänge betritt, zeigen alle Teile eine leichte Konstruktion aus Holzgittern. Von diesem kunstvoll gestalteten Laubengang ist heute nichts mehr erhalten, und die 1685 von Venturini gefertigten Stiche der gleichen Gartenpartie zeigen, daß die Pergola bereits zu diesem Zeitpunkt nicht mehr bestand. Die Holzkonstruktionen hatten zwangsläufig nur eine recht begrenzte Lebensdauer.

Wie in zahlreichen Stichen des 17. und 18. Jahrhunderts dokumentiert, war gerade dieser Typ von Pergola besonders verbreitet und gehörte auch nördlich der Alpen als sogenannte Treillage bald zum Repertoire der Gartengestalter. Es darf sogar angenommen werden, daß jene beschriebene Pergola der damals vielgerühmten Villa d'Este das erste große Vorbild für all die feingliedrigen Konstruktionen war.

Die vielleicht beeindruckendste Pergola ganz Italiens findet man mitten in der Altstadt von Neapel, im Kloster Santa Chiara (s. Abb. 51). Das Wegekreuz des zentralen Gartenhofes ist hier als Laubengang gestaltet. Die gemauerten Stützen und Bänke sind mit prächtigen, in Orange- und Blautönen gehaltenen Majolikamalereien geschmückt. Diese einzigartige, um 1740 entstandene Anlage läßt durch das geglückte Miteinander von Architektur, Pflanzen und Malerei ein höchst zauberhaftes Bild entstehen.

Das Blätterdach der Pergola mit dem Schmuck der herabhängenden Früchte, dem durchschimmernden Blau des Himmels und der geometrischen Ordnung des Traggerüstes hat auch die Maler immer wieder inspiriert. Die Decken von Loggien und offenen Umgängen wurden gern in illusionistischer Darstellung als Pergola ausgemalt. Die lastende Schwere der Gewölbe wurde weggezaubert, der Reiz des Gartens ins Haus geholt. Eine der schönsten Trompe-l'œil-Malereien dieser Art findet man im halbrunden Arkadengang der 1551 für Papst Julius III. erbauten Villa Giulia in Rom.

Fehlen die Pergolen heute auch in den meisten historischen Gärten Italiens, so sind sie doch erfreulicherweise als Element der anonymen Gestaltung fast überall zu finden – wenn auch in recht anspruchsloser Ausführung. Nur in den seltensten Fällen sind sie noch mit Wein und Rosen berankt. Heutzutage sind es pflegeleichte Blattpflanzen wie Geißblatt oder wilder Wein, gelegentlich auch Banksrosen oder Glyzinien. Man findet sie als Abschirmung von Restaurant- und Aussichtsterrassen, als Schutzdächer von Obstständen, ja selbst bei Parkplätzen als Sonnenschutz für die abgestellten Fahrzeuge. Und welcher Italienreisende könnte sich nicht erinnern, einmal unter einem Pergoladach gespeist oder ein Glas Wein getrunken zu haben. Die besondere Ausstrahlung eines solchen Aufenthaltsortes liegt offenbar darin, daß man einerseits im Freien, in der Natur ist, aber andererseits dennoch die Geborgenheit der architektonischen Konstruktion empfindet. Und ist es nicht auch hier die kultivierte Verbindung von Natur und Architektur, die uns ganz besonders anspricht?

56   Villa Pane in Sorrent am Golf von Neapel (Campanien)
Unter dem Blätterdach einer Banksrose *(Rosa banksiae)*
kann man zwischen Palmwedeln in angenehmem Schatten
und erfrischender Kühle zu einem alten Marmorbrunnen
wandeln.

Skulpturenschmuck

›Und Marmorbilder stehn und sehn mich an.‹
Johann Wolfgang Goethe[29]

Die bei Goethe als Symbol für das arkadische Italien genannten Marmorbilder sind nicht nur allgegenwärtig in der Baukunst, sondern auch wesentlicher Bestandteil des Italienischen Gartens. Skulpturenschmuck als Gestaltungsmittel der Gartenkunst wurde nach römisch-antikem Vorbild erst im 16. Jahrhundert wiederentdeckt. Weder im mittelalterlichen *Roman de la Rose* noch in der *Hypnerotomachia Poliphili* werden Marmorstatuen als Gartenschmuck erwähnt. Zwar begegnen in beiden Erzählungen den Träumenden zahlreiche mythologische und allegorische Figuren, doch bleiben sie nur flüchtige Traumbilder – man ist noch weit entfernt, sie in Stein erstehen zu lassen. Wie durch literarische Zeugnisse belegt, kannte man Statuen im Garten offenbar nur als Brunnenfiguren. Auch in den Mitte des 15. Jahrhunderts entstandenen Schriften des Architekturtheoretikers Leon Battista Alberti werden unter dem Stichwort ›Auszierung der Gärten‹ dem Statuenschmuck nur wenige Worte gewidmet[30]. Erst durch das Vorbild des Cortile delle Statue, des Statuenhofes, im Vatikan wurden Skulpturen zum prägenden Bestandteil des Italienischen Gartens. In diesem Hof, den Bramante zu Beginn des

57 Skulpturenschmuck
a) Villa Gamberaia in Settignano – b) Villa Emo Capodilista in Rivella/Monselice – c) Villa Marcello in Levada di Piombino Dese – d) Villa Balbiano bei Lenno – e) Palazzo Farnese in Caprarola – f, g) Villa Gamberaia in Settignano – h) Giardino Giusti in Verona – i) Palazzina Farnese in Caprarola

58 Villa Il Bosco di Fontelucente in Fiesole bei Florenz
Die lange Horizontale einer Stützmauer wird in überzeugender Weise durch Skulpturen gegliedert. Der helle Stein steht in kräftigem Kontrast zum dunklen Grün der Zypressen. Im Mai schmückt sich die Mauer mit der Blütenflut einer uralten Glyzinie.

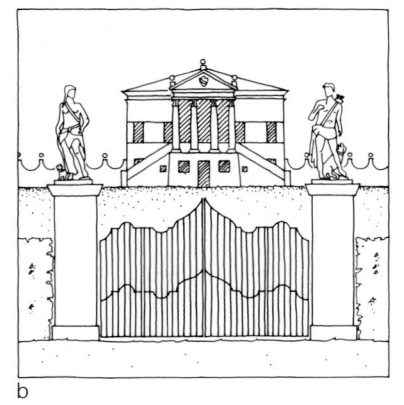

a
b
c

d
e
f

g
h
i

16. Jahrhunderts neben der Belvedere-Villa[31] anlegte, wurde ein Teil der berühmten Antikensammlung Papst Julius' II. ausgestellt. Hier befanden sich unter anderem die ›Laokoon-Gruppe‹, der ›Belvedere-Apoll‹ und die Flußgötterskulpturen des ›Tiber‹ und des ›Nil‹[32]. Der Garten wurde zum archäologischen Museum, bot er doch ohne großen baulichen Aufwand einen geeigneten Rahmen für die vielen Skulpturen, die damals bei Ausgrabungen gefunden wurden. Zugleich wollte man aber auch der antiken Gartenkunst nacheifern, denn man wußte, daß in römischer Zeit die Peristylgärten mit Büsten und Bildwerken geschmückt und auch die großen Villengärten reich mit Skulpturen ausgestattet waren.

Heute mag man sich mit diesem Skulpturenschmuck nicht sogleich anfreunden, zumal wenn bei einer Italienreise die Route bereits an einem Gartencenter vorbeiführte und man dort die klassischen Skulpturenmotive in inflationärer Fülle als lieblose, in Betonguß hergestellte Kopien gesehen hat. Zum anderen ist Skulpturenschmuck seit der Modernen Architektur als Stilmittel verpönt und verbannt – Gegenreaktion auf die mißbräuchliche Überfülle im 19. Jahrhundert. Schließlich wird die Beziehung zu dem Skulpturenschmuck des Italienischen Gartens dadurch erschwert, daß der inhaltliche Bezug zu den Bildwerken nicht mehr lebendig ist. Erst wenn man sich von neuem mit der antiken Mythologie befaßt und in das Geistesleben der Renaissance eingefühlt hat, fangen die Marmorbilder wieder an zu sprechen.

Sie erzählen von der Gartengöttin Venus[33], von Ceres-Terra, der Mutter Erde, von Flora, der Göttin der Blumen, von Diana, der Göttin des Waldes und der Jagd, von den vielen zum Gefolge dieser Göttinnen gehörenden Nymphen. Andere Bildwerke erzählen von Giganten, von Flußgöttern, von Amor, dem Gott der Liebe, und von Bacchus, dem Gott des Weines. Die Darstellungsmotive orientieren sich meist an naturmythologischen Bildern der Antike und dürfen als das Bemühen verstanden

59 Holzschnitt aus der *Hypnerotomachia Poliphili* (1499) Die Abbildung zeigt den Dreigrazienbrunnen, ein bereits von Boccaccio 1338 in der Erzählung *Filostrato* beschriebenes Brunnenmotiv. Wasserspendende Brunnenskulpturen kannte man in der Antike ebenso wie im Mittelalter und in der Renaissance.

werden, die in der Natur wirkenden Kräfte sichtbar zu machen. Und auch die ziegenfüßigen Satyrgestalten und die grotesken, schaurigen Fratzen, die immer wieder auftauchen, sind so zu verstehen; sie symbolisieren die freien, wilden Kräfte der Natur. Kleinere dekorative Skulpturen, wie steinerne Blumen- und Früchtekörbchen, erinnern an die reichen Geschenke der Natur. Im Barock verlieren die naturmythologischen Themen der Bildwerke an Bedeutung, nun erzählen die Skulpturen auch vom höfischen Leben: von Sarazenentänzerinnen, Musikanten, Zwergen und Narren.

Zu den charakteristischen bildhauerischen Schöpfungen des Italienischen Gartens gehören auch die vielfältigen Formen der Verbindung von Skulptur und Wasser. Neben Quellfassungen in Gestalt wasserspeiender Masken sind es vor allem wassersprühende Statuen, welche die Aufmerksamkeit auf sich lenken. Bereits Boccaccio schildert einen Springbrunnen, der ›aus einer Statue, die auf einer Säule in der Mitte des Beckens stand, … Wasser hoch gegen den Himmel warf‹ (s. S. 15). Die Tradition solcher Figuren läßt sich bis weit in die Antike zurückverfolgen. Bereits die sumerische und minoische Kunst kannte wasserspeiende Idole, und auch in hellenistischer, römischer, frühchristlicher und maurischer Zeit entstanden ähnliche Skulpturen[34].

Einerseits wurde durch diese Bildwerke das Wasser personifiziert, andererseits durch das fließende Wasser die Skulptur ›zum Leben erweckt‹. Neben wasserspeienden Tierdarstellungen, etwa Löwen, Adlern, Delphinen und Fischen, begegnet man im Italienischen Garten auch immer wieder Skulpturen der Göttin Ceres-Terra, aus deren Brüsten Wasser spritzt, und Flußgöttern, mächtigen Gestalten, die neben einer Amphore lagern, aus der stetig Wasser fließt.

Das erstgenannte Motiv findet sich bereits als graphische Darstellung in dem gegen Ende des 15. Jahrhunderts entstandenen Roman *Hypnerotomachia Poliphili* (allerdings nicht im Kythera-

Porträtbüsten gehörten bereits in den antiken Peristylgärten
zum beliebten Schmuck des Gartens.

Die helle Marmorskulptur steht in reizvollem Kontrast zu der Fülle des sie umgebenden dichten Grüns. Das Skulpturen- motiv orientiert sich an der um 1565 von dem Bildhauer Ammanati geschaffenen Figur der ›Terra‹, die mit ihren was- serspritzenden Brüsten die quellenden Wasser der Mutter Erde symbolisiert.

62   Giardino Giusti in Verona (Venetien)
Zur Betonung zentraler Punkte der Parterregestaltung werden
hier Skulpturen eingesetzt. Eingebunden in das Gesamtkon-
zept, sind sie in dieser Form ein überzeugendes Stilmittel der
Gartengestaltung.

Garten): Drei im Kreise stehende weibliche Figuren, aus deren Brüsten Wasserstrahlen spritzen, tragen drei reich beladene Füllhörner (Abb. 59). Etwa hundert Jahre später, um 1565, schuf der Bildhauer Bartolomeo Ammanati die außerordentlich reizvolle Figur der ›Terra‹[35], die mit ihren wasserspritzenden Brüsten die quellenden Wasser der Mutter Erde symbolisiert – ein Werk, das wegen seines sinnlichen Ausdrucks in den folgenden Jahren gerne kopiert wurde.

Das Motiv der in den Gärten fast immer als gegengleiche Paare aufgestellten Flußgötter geht gleichfalls auf antike Vorbilder zurück. Im Jahre 1513 wurden in Rom auf dem Gelände des alten Isis-Tempels die aus hellenistischer Zeit stammenden Statuen des ›Nil‹ und des ›Tiber‹ ausgegraben[36]. Die eine Skulptur ist als Personifikation des Nil an den Attributen Sphinx und Krokodil, die andere als Darstellung des Tiber an der säugenden Wölfin zu erkennen. Beide Bildwerke wurden im Vatikan in dem berühmten Cortile delle Statue neben einem Wasserbecken aufgestellt. Auch bei der von Michelangelo geplanten Neugestaltung der Piazza di Campidoglio, dem Kapitolsplatz, wurden etwa um 1550 zwei antike Flußgötterstatuen an der Aufgangstreppe zum Senatorenpalast plaziert und flankierten eine halbrundes Wasserbecken[37]. Ein drittes, erst in jüngerer Zeit bei der Villa Hadriana ausgegrabenes Flußgötterpaar ist in seiner Gesamtgestaltung und in vielen Details den beiden anderen sehr verwandt und beweist, daß alle drei Funde Varianten eines – offenbar weitverbreiteten und beliebten – Skulpturenthemas sind. Die Wassergottheiten sind immer in seitlich lagernder Haltung dargestellt und umfassen ein reich mit Früchten und Ähren beladenes Füllhorn. Charakteristisch sind ihr fließendes langes Haupt- und Barthaar und ihr Gesichtsausdruck milden Wohlwollens.

Ohne Zweifel waren diese antiken Skulpturen Vorbild für die um 1552 von dem Bildhauer Bartolomeo Ammanati geschaffenen Flußgötterstatuen der Villa Giulia in Rom. Während bei den antiken Skulpturen das Wasser lediglich durch die Darstellung sich kräuselnder Wellen angedeutet war, tauchte bei diesen beiden Figuren zum ersten Mal die wasserspeiende Amphore auf, die seither immer wieder Attribut der Flußgötter war. Sie beeindruckten derart, daß sie nun erneut zu einem immer wiederkehrenden Motiv wurden. Ammanati selbst schuf noch einige weitere Flußgötterstatuen, und der Architekt Vignola, mit dem Ammanati bei der Villa Giulia zusammengearbeitet hatte, griff das Motiv bei der Palazzina Farnese (s. S. 134ff.) und der Villa Lante (s. S. 124ff.) auf. Wie kaum ein anderes Thema lassen sich Darstellungen von Flußgöttern bis in die barocke Gartenkunst weiterverfolgen. Man findet sie in Versailles, im Belvedere-Garten in Wien, im Schloß Hellbrunn bei Salzburg und in vielen anderen Barockgärten Europas.

Im Manierismus und Barock wird die Themenvielfalt wassersprühender Figuren erheblich erweitert. Die Skulpturen werden immer verspielter, raffinierter und verwegener. Vor allem die Brunnengestaltungen der Bildhauer Giambologna und Tribolo in Florenz und von Bernini in Rom waren kunstgeschichtlich bedeutend.

Mag auch die bildhauerische Ausdrucksstärke der Skulpturen im Italienischen Garten zum Teil nur zweitrangig sein, so überzeugen diese doch immer wieder durch ihre geschickte Einbindung in die architektonische Ordnung des Gartens: Hier markiert eine Statue den Mittelpunkt eines Parterres oder den Zielpunkt eines Weges, dort gliedern regelmäßig aufgestellte Bildwerke die ausgedehnte Horizontale einer Mauer oder die Gleichförmigkeit einer langen, hohen Hecke. Hier rahmt eine lange Reihe hochaufragender Hermen einen Gartenraum, dort wachen zwei rechts und links des Weges aufgestellte Löwen über ein Tor oder einen Treppenaufgang. Die Skulpturen lenken das Auge und dienen als Mittel der architektonischen Gliederung.

Angesichts einer hellen Marmorstatue vor einer grünberankten Mauer, vor einer Hecke oder vor dem schattigen Hintergrund eines Bosco bemerkt man, daß durch die Skulpturen auch in geschickter Weise ein markanter Hell-Dunkel-Kontrast aufgebaut wird. Unter dem Licht des Südens ist dieser weit wirkungsvoller als ein durch farbige Blumen gesetzter Akzent. Da der Blumenschmuck in den trockenen Sommermonaten, zumindest in den südlichen Provinzen Italiens, von Natur aus eingeschränkt ist, übernehmen hier die Skulpturen zum Teil die in anderen Gartengestaltungen vom Blumenschmuck eingenommene Funktion.

Ihre volle Schönheit entwickeln die Skulpturen eigentlich erst, wenn sie von Efeu umrankt werden und der Stein die lebendige Patina der Flechten und Moose ansetzt. Der vom Bildhauer geformte Stein wird von der Natur weitergestaltet, wird wieder zur Natur und damit in das Gesamtkunstwerk Garten eingebunden.

Die Freude an der Patina der Bildwerke wird freilich nicht die ungeteilte Zustimmung des Denkmalpflegers finden. Für ihn hat sie oft den bitteren Beigeschmack des ›in Schönheit Sterben‹. Die Erhaltung des heute vor allem auch durch die Umweltemissionen stark belasteten bildhauerischen Bestandes der historischen Gärten gehört zu den größten Sorgen der Gartenbesitzer und der Denkmalpfleger. Neufertigungen zerstörter Balustraden, Treppen, Steinbänke und Einfassungen verursachen schon enorme Kosten, Neufertigungen zerstörter Skulpturen jedoch sprengen meist den finanziellen Rahmen.

Auch die grotesken, schaurigen Fratzen, die immer wieder aus
dunklem Dickicht hervorblicken, sind ein beliebtes Skulpturenmotiv; sie symbolisieren die freien, wilden Kräfte der Natur.

64   Giardino Giusti in Verona (Venetien)
Am Ende einer langen dunklen Zypressenallee wird der Blick
zu einer riesigen steinernen Fratze hinaufgelenkt, welche die
Balustrade eines kleinen Belvedere trägt.

65 Villa Marlia bei Lucca (Toskana)
Personifizierte Darstellungen von Flüssen, kunstgeschichtlich
allgemein als Flußgötter bezeichnet, haben eine weit in die
Antike zurückreichende Tradition. Seit im Jahre 1513 zwei
als Grabungsfunde geborgene antike Flußgötterstatuen im
Belvedere-Garten im Vatikan aufgestellt worden waren, wurde
dieses Skulpturenmotiv unzählige Male zitiert.

Das Wasser

Der Einfluß des Orients

Die drei im ersten Teil gegenübergestellten literarischen Texte weisen eine bisher noch unerwähnt
gebliebene Gemeinsamkeit auf: den Hinweis auf
das Wasser. Homer schreibt von zwei Quellen; das
Wasser der einen durchschlängelt den Garten als
klarer frischer Bach, die andere Quelle dient den
Bewohnern des Palastes zum Wasserschöpfen.
Hier entsteht ein noch recht naturbelassenes Bild
des Wasserlaufes, wird die elementare Bedeutung
des Wassers für den Menschen angesprochen;
man schöpft es, um den Durst zu stillen, den Körper zu reinigen und um es zu anderen Zwecken
des täglichen Lebens zu gebrauchen. In der
Beschreibung von de Lorris geht es dann um den
sinnlichen Reiz des Wassers. In poetisch-allegori-
scher Umschreibung heißt es, ›Vergnügen‹, der
Herr des Gartens, habe all die hübschen Wasser-
kanäle im Garten anlegen lassen. Bei Boccaccio
schließlich ist das Wasser vor allem in künstlerisch
gestalteter Fassung gegenwärtig: In einem ›wei-

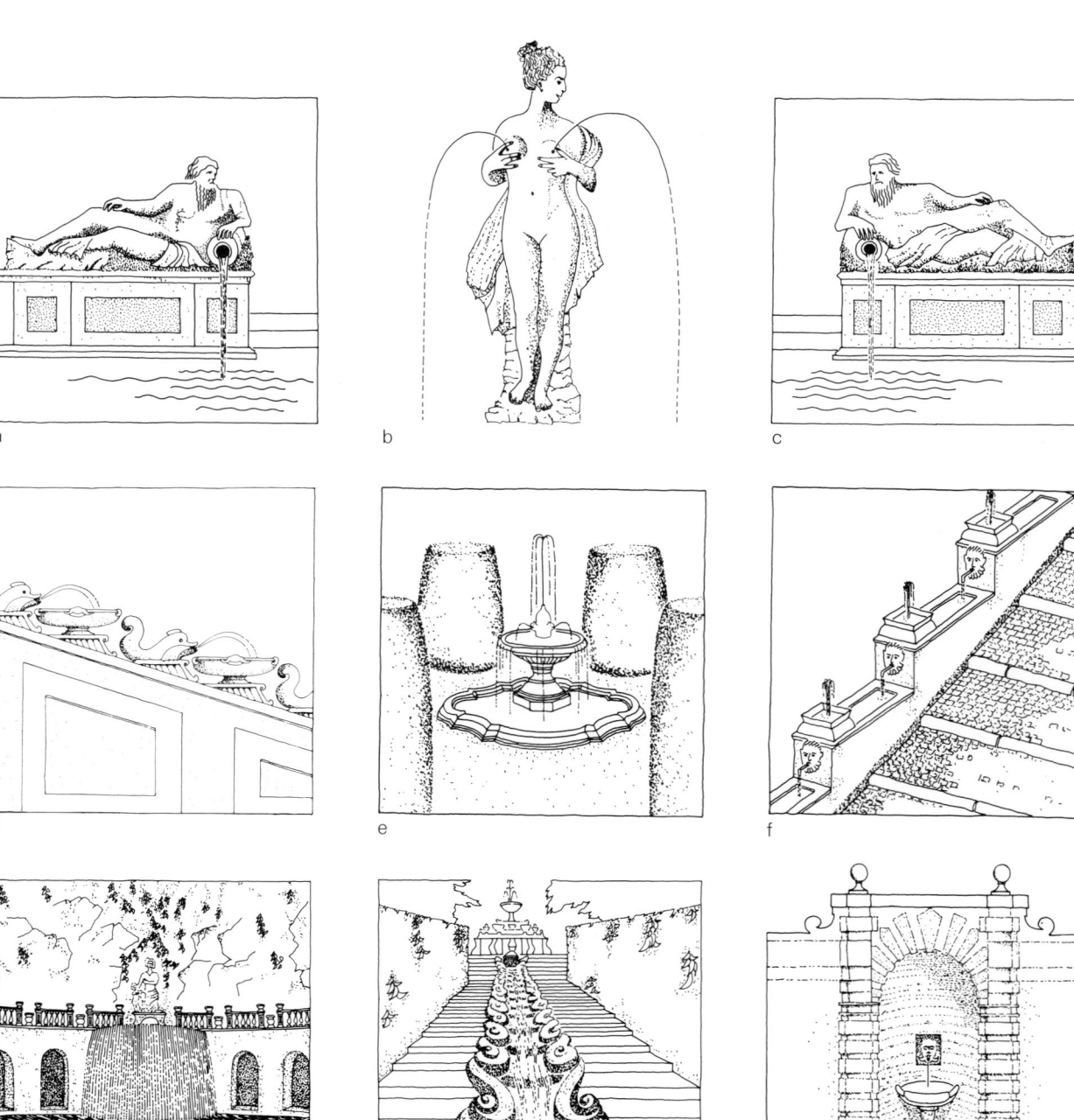

66 Wasser
a, c) Villa Marlia bei Lucca, Flußgötterpaar – b) Terra oder Mutter Erde, wasserspendende Figur von Bartolomeo Ammanati,
um 1565, heute im Museo del Bargello in Florenz – d) Palazzina
Farnese in Caprarola, wasserspeiende Delphine an einer
Treppe – e) Villa La Pietra in Florenz, Wasserbecken mit Brunnenschale – f) Villa d'Este in Tivoli, Wasserspiel – g) Villa
d'Este in Tivoli, *Fontana di Tivoli* – h) Villa Lante in Bagnaia,
Kaskade – i) Villa Garzoni in Collodi, Nische mit wasserspeiender Maske

67 Villa Corsi Salviati in Sesto Fiorentino bei Florenz
Kreisrunde oder rechteckige, mit Seerosen bewachsene flache Wasserbecken gehören seit der Antike zu den beliebe-
testen Gestaltungselementen der Gartenkunst.

ßen intarsiengeschmückten Marmorbecken‹ tritt es ›als Springbrunnen aus einer Statue‹ zutage. Die Tatsache, daß allen drei Schilderungen der Hinweis auf das Wasser wichtig erscheint, läßt sich einerseits durch dessen elementare Bedeutung erklären, andererseits entsteht die Vermutung, daß die drei Gartenbeschreibungen aus einer gedanklichen Kontinuität erwachsen sind. Den Ausgangspunkt findet man in einem Gartenbild, das sich in den frühen orientalischen Hochkulturen entwickelt hat. Die besonderen klimatischen Bedingungen machten das Wasser dort zur großen Kostbarkeit; die Abhängigkeit vom Wasser war jedermann bewußt und der mit ihm verbundene Segen für jedermann anschaulich. Quelle und Fluß wurden erlebt als unsterbliche, nie versiegende, lebensspendende Kraft und waren Gegenstand religiöser Verehrung.

Angesichts einiger uns überlieferter ägyptischer Gartendarstellungen muß man den Eindruck gewinnen, daß das Wasser für die Gartengestaltung insgesamt von größter Bedeutung war. Die geometrische Formgebung des Gartens, die vom Vorderen Orient ausgehend, über Jahrtausende die morgen- und abendländische Gartenkunst geprägt hat, scheint ihren Ursprung letzten Endes in dem rasterförmig aufgebauten Netz der Bewässerungskanäle des Oasengartens zu haben. (Die fernöstliche Gartenkunst – ohne dieses spezifische Erbe der Oasenkulturen – nahm eine völlig andere Entwicklung.) Die anhand der drei literarischen Texte im ersten Teil dargelegte Entwicklung – antikes Griechenland, Mittelalter, Renaissance – muß hier erweitert und ergänzt werden.

Das kunstvolle Spiel mit dem Wasser als feinstem und kostbarstem Stoff wurde von den Völkern des Vorderen Orients schon lange vor den Zeiten Homers gepflegt. Die alten orientalischen Gärten sollten als Orte der Besinnlichkeit – verstanden als die vollkommene Harmonie von Mensch und Welt – vor allem die fünf Sinne des Menschen ansprechen: das Auge durch die architektonische Ordnung und durch die Schönheit von Pflanze und Blume; die Nase durch den Duft der Blüten; den Geschmackssinn durch die Köstlichkeit der Früchte; den Tastsinn durch das Fächeln des Windes; den Gehörsinn durch das Murmeln des Wassers. Wasser war die ›Musik‹ des orientalischen Gartens.

Die Griechen, die zur Zeit der Alexanderfeldzüge weit in den geographischen Raum des Alten Orients vordrangen, stießen hier auf eine Gartenkultur, die eine für sie unbekannte Stufe der Verfeinerung aufwies. Das griechische Wort *gortos* für Garten schien zur Beschreibung dieser Anlagen ungeeignet. In Anlehnung an den altiranischen Begriff *pairidaeza* wurde das Lehnwort *paradeisos* gebildet, welches schließlich im Mittelalter über das lateinische *paradisus* als ›Paradies‹ auch in unserer Sprache Eingang fand. Der Begriff war einerseits Synonym für den alttestamentarischen Garten Eden, andererseits bezeichnete er das kleine formale Gärtchen des Klosterhofes, in dessen Mitte ein kunstvoll gestalteter Brunnen stand. Trotz der im Orient gesammelten Eindrücke hatte sich im antiken Griechenland keine Gartenkunst entwickelt. Der Gedanke der Einheit von Haus und Garten war fremd. Gärten gab es nur als Nutzgärten vor den Toren der Stadt, und auch die Heiligen Haine waren ohne künstlerisches Konzept angelegt. Erst zur Zeit des Römischen Reiches, das durch seine Ostprovinzen Ägypten und Mesopotamien erneut den Kontakt zum Orient herstellte, gelangten die Ideen der orientalischen Gartengestaltung nach Europa. Vom Glanz der römischen Gartenkunst künden die Ruinenstätten der Villa Hadriana, die Ruinen und Fresken von Pompeji und Herculaneum sowie die Berichte des Plinius.

Nach dem Zerfall des Römischen Reiches geriet die Gartenkunst zunächst in Vergessenheit. Ganz im Westen Europas, im maurischen Spanien, kam sie um das Jahr 1250 schließlich zu neuer Blüte. In Granada, Córdoba, Sevilla und Málaga entstanden Gärten, die erneut aus dem alten orientalischen Repertoire und aus der von den Römern in Nordafrika hinterlassenen kulturellen Tradition schöpften. Vom maurischen Spanien ging über Sizilien und die südfranzösischen Fürstenhöfe ein starker Einfluß auf Italien und Mitteleuropa aus. Zugleich stieß man durch die Kreuzzüge und später durch die Handelsbeziehungen mit dem östlichen Mittelmeerraum auch im Osten wieder auf die Kultur des Orients. In dieser Begegnung von Morgenland und Abendland, die für letzteres eine kulturelle Bereicherung ohnegleichen bedeutete, wurde im Spätmittelalter schließlich auch die Gartenkunst in Europa wieder lebendig.

Diese Beziehung zum Orient läßt sich auch aus der Gartenbeschreibung des *Roman de la Rose* (s. S. 15) herauslesen. So wird ausdrücklich auf die Herkunft der Bäume ›aus dem Land der Sarazenen‹ hingewiesen. Auch die Aufzählung der Gewürzpflanzen verweist auf ihre orientalische Heimat. Bezeichnenderweise wird in einer mittelalterlichen Illustration des *Roman de la Rose* der Hausherr mit einem Turban dargestellt[39].

Gestaltungen mit Wasser

Die Gestaltungen mit Wasser sind so vielfältig, daß es bei ihrer Beschreibung hilfreich ist, sie in zwei Gruppen einzuteilen: solche mit ruhendem Wasser und solche mit fließendem Wasser.

Große ruhige Wasserflächen auf rechteckiger, runder oder einer aus Kreis- und Rechtecksegmenten zusammengesetzten Grundrißform gehören stets zur Gesamtkonzeption des Italienischen Gartens. Manchmal steht der Wasserspiegel als hell reflektierende Fläche im Raum, und die glatte Weite ist lediglich am bildhauerisch gestalteten Wassereinlauf leicht gekräuselt, so wie man dies aus den im 13. Jahrhundert entstandenen Gartenhöfen der Alhambra in Granada kennt. Manchmal sind die Becken mit Seerosen bedeckt und von Zierfischen oder Ziervögeln belebt, wovon schon eine ägyptische Wandmalerei um 1400 v. Chr. ein Beispiel gibt[40]. Wie die großen Becken in den Ruinen der Villa Hadriana beweisen, waren Wasserflächen auch in den Gartenanlagen des Kaiserlichen Rom bekannt.

Bereits auf den Darstellungen des Malers Utens entdeckt man in der Mitte der Wasserbecken häufig eine kleine, aus Felsbrocken aufgerichtete Insel, die meist mit einer Skulptur und einer kleinen Fontäne ausgestattet ist. Das Motiv des *isolotto*, des Inselchens, scheint bereits in der Antike beliebt gewesen zu sein. Was anfänglich noch eine aus rohen Steinen angelegte Insel war, wurde bei den Gärten des 16. Jahrhunderts zum kunstvollen, balustradengesäumten *isolotto* (Villa Lante, Giardini Boboli), einer kleinen runden Insel inmitten der Wasserfläche, zugänglich über schmale Stege. Das Motiv der Insel kulminiert schließlich in den – zum Teil künstlich angeschütteten – Inselgärten des Lago Maggiore. Las man diese Inselbilder nicht vielleicht als Miniatur des alten Weltbildes, der von Oceanus umfluteten Erde? Oder war es ein Bild der Insel Kythera?

Als eine der größten Leistungen des Italienischen Gartens darf die Wiederentdeckung aller nur denkbaren Gestaltungsmöglichkeiten des fließenden Wassers angesehen werden. Sie beweisen, daß das Wasser in seinen Ausdrucksmöglichkeiten nahezu unerschöpflich ist. Es kann die unterschiedlichsten und gegensätzlichsten Wirkungen erzeugen. Wasser kann Stille atmen oder tosende, unbändige Kraft und Lebensfülle darstellen, es kann hochschießen und herabstürzen, hell glitzernder feiner Strahl oder dunkelbemooste Tiefe sein. Die Gestaltungen mit fließendem Wasser sind so mannigfaltig, daß es kaum möglich ist, sie hier mit einer Systematik vollständig zu erfassen. Dennoch soll im folgenden der Versuch unternommen werden, einige Grundtypen der Gestaltung herauszustellen und ihren Ursprung zu ermitteln. Denn auch hier hat die Renaissance aus dem Jahr-

Conrad Ferdinand Meyer (1825–1898)

Der römische Brunnen

Aufsteigt der Strahl und fallend gießt
Er voll der Marmorschale Rund.
Die, sich verschleiernd, überfließt
In einer zweiten Schale Grund;
Die Zweite gibt, sie wird zu reich,
Der dritten wallend ihre Flut,
Und jede nimmt und gibt zugleich
Und strömt und ruht.

Rainer Maria Rilke (1875–1926)

Römische Fontäne
Borghese

Zwei Becken, eins das andre übersteigend
Aus einem alten runden Marmorrand,
Und aus dem oberen Wasser leis sich neigend
Zum Wasser, welches unten wartend stand,

Dem leise redenden entgegenschweigend
Und heimlich, gleichsam in der hohlen Hand,
Ihm Himmel hinter Grün und Dunkel zeigend
Wie einen unbekannten Gegenstand;

Sich selber ruhig in der schönen Schale
Verbreitend ohne Heimweh, Kreis aus Kreis,
Nur manchmal träumerisch und tropfenweis

Sich niederlassend an den Moosbehängen
Zum letzten Spiegel, der sein Becken leis
Von unten lächeln macht mit Übergängen.

tausende alten Repertoire der Antike und der Gartenkunst des Orients geschöpft.

Die einfachste Form der Gestaltung mit fließendem Wasser ist die bildhauerische Behandlung des Wasseraustrittes. Aus dem Maul einer Maske oder einem halbplastisch dargestellten Tierkopf, meist dem eines Löwen, ergießt sich das Wasser in einen steinernen Trog – ein Motiv, wie es bereits im Altertum als Form der Quellfassung in weiten Bereichen des Mittelmeerraumes verbreitet war und noch heute in ländlichen Gebieten Griechenlands und Kleinasiens zu finden ist.

Im Italienischen Garten sind die angesprochenen Gestaltungen meist keine echten Quellfassungen, sondern ein künstlerisch-spielerisches Zitat des altüberlieferten Motivs. Zwar verfügen die meisten Gärten durchaus über eigene Wasservorkommen – der Wasserfluß ist also stets natürlich und nie durch Pumpen erzeugt – doch wird das Wasser meist entsprechend den raumgestalterischen Absichten durch Rohre – ehemals Bleirohre – umgeleitet. Wasserspeier und Wasserbecken werden oft gerahmt durch eine halbrund ausgeformte Nische. Üppig wachsende Moose und kleine Farne vollenden die Gestaltung.

Ein immer wiederkehrendes Motiv ist auch der Springbrunnen – der aufsteigende Wasserstrahl, der sich in eine wohlgestaltete Brunnenschale ergießt. Springbrunnen mit ihrer hydraulischen Technik wurden im alten Orient entwickelt. Wie durch Wandmalereien in Pompeji überliefert ist, waren sie als Gartenschmuck auch in der römischen Antike beliebt. Im Mittelalter geriet die Technik des Springbrunnens nicht in Vergessenheit; viele Klosterhöfe besaßen kunstvolle Springbrunnen, die hier den ›lauteren Quell der Christuskraft‹ symbolisieren sollten. Auch für Boccaccio gehörten Springbrunnen zum selbstverständlichen Schmuck des Gartens. Zwar sah er sie ohne den religiösen Sinnbezug des Mittelalters, aber eine symbolische Bedeutung wurde auch hier unterlegt. Der Springbrunnen ›inmitten des Rasenplat-

77

Grundzüge der Gestaltung – Das Wasser

68   Villa Della Farnesina in Rom
Der Springbrunnen mit seinem aus einer Schale emporstei-
genden Wasserstrahl gehört zu den stets wiederkehrenden
Motiven der Italienischen Gärten.

69   Villa d'Este in Tivoli bei Rom
In einer kleinen halbrunden Nische quillt ein sprudelndes Wasser empor. Die kühle Feuchte läßt Moose und zarte Farne
gedeihen.

70   Villa d'Este in Tivoli bei Rom

71   Villa Torlonia in Frascati bei Rom
Der Wasseraustritt wird immer bildhauerisch gestaltet. Meist
sind es wild aussehende Masken, aus deren Mund sich das
Wasser in einen steinernen Trog oder in ein Becken ergießt.

72   Der um 1660 entstandene Stich von Giovanni Battista Falda zeigt die *Fontana rustica* oder *Fontana di natura* der Villa Aldobrandini in Frascati, ein sehr naturnah inszeniertes Wasserspiel im obersten Teil des Gartens. Vgl. Abb. 164.

73   Schloßpark von Caserta bei Neapel
Seit der Antike waren reiche Wasservorkommen stets mit der Vorstellung verbunden, daß in der Nähe Nymphen wohnten. Als anmutige weibliche Wesen verkörperten sie die fruchtbaren Erdenkräfte. In den Gärten der Renaissance und des Barock wurden diese uralten Vorstellungen in Skulpturen umgesetzt. Auch die Malerei griff dieses in seiner sinnlichen Harmonie so sprechende Motiv immer wieder auf. ›Die Badenden‹ sind ein Thema, das sich vom Manierismus bis zur Malerei des 20. Jahrhunderts verfolgen läßt.

zes‹ verkörperte die jugendliche Lebenskraft der kleinen Gesellschaft, die im Garten versammelt war. Wie die beiden hier abgedruckten Gedichte von Conrad Ferdinand Meyer und Rainer Maria Rilke zeigen, wurde das nahezu archetypische Bild des Springbrunnens noch bis ins 19. und 20. Jahrhundert poetisch interpretiert.

Ein weiteres außerordentlich beliebtes Element des Italienischen Gartens ist die Kaskade, ein in Stufen herabfallender Wasserlauf, der meist eine Treppe begleitet. Der Architekt Vignola führte sie als Mittel der Gartengestaltung ein. Was bei der Villa Lante (s. Abb. 129, 132) und der Palazzina Farnese (s. Abb. 136–138) noch ein glitzernd-quirliger kleiner Wasserlauf war, wurde später bei vielen Villen zu einem in großen Stufen herabstürzenden mächtigen Wasserfall. Zu den eindrucksvollsten Kaskaden gehören die der Villa Aldobrandini und der Villa Torlonia in Frascati sowie die der Villa d'Este in Cernobbio am Comer See, die der Villa Cicogna in Bisuschio nahe dem Luganer See und die große Kaskade in Caserta bei Neapel. Forscht man nach dem Ursprung dieses Motivs, so stößt man sowohl bei einigen antiken Gartenanlagen als auch im Generalife unweit der Alham-

bra in Granada auf kleine bescheidene Formen der Kaskade[41]. Bis ins 20. Jahrhundert (s. Abb. 203) bleibt sie ein beliebtes Motiv der Gartengestaltung.

Besondere Erwähnung verdienen auch die Wasserscherze, die im 17. Jahrhundert in Mode gekommen waren und noch im Barockgarten weite Verbreitung fanden. Aus verborgenen Düsen hervorspritzende feine Wasserstrahlen besprühten den überraschten Gartenbesucher, sobald die Hand eines heimlichen Helfers am anderen Ende die Wasserleitung geöffnet hatte. Schon Montaigne beschrieb dergleichen Wasserspiele, und Venturini stellte in seinen Kupferstichen die in koketter Aufregung vor den Wasserstrahlen Fliehenden dar. Auch dem Italienreisenden Johann Caspar Goethe, dem Vater Johann Wolfgangs, waren diese Wasserscherze in seiner *Reise durch Italien im Jahre 1740* der Erwähnung wert; anläßlich des Besuches der Villa d'Este in Tivoli schreibt er[42]: ›Wer diesen Garten besucht, muß freilich auf der Hut sein, weil sich beinahe überall unterirdische Leitungen befinden, aus denen unversehends Wasser emporschießt und den Unachtsamen durchnäßt.‹

Die Grotte

›... sie stand aus löchrigem Bimsstein und rauhen Tuffen gebildet; der Grund war feucht von schwellenden Moosen; Muscheln täfelten wechselnd mit Schneckengehäusen die Decke.‹   Ovid[43]

Von einem eigentümlichen und für uns sehr fremdartigen Reiz sind die künstlichen Grotten, die in kaum einem Italienischen Garten fehlen. Immer wiederkehrendes Motiv ist vor allem die Grottennische; man findet sie integriert in Stütz- und Begrenzungsmauern und in Verbindung mit Freitreppenanlagen, manchmal in bescheidener Fassung mit einem feinen silbrig glänzenden Wasserstrahl zwischen einem Pelz von Moosen und Farnen, manchmal in fast monumentaler Größe mit einem mächtigen Wasserfall zwischen hochaufragenden mosaikgeschmückten Säulen. In einigen wenigen Fällen sind es natürliche, in dieser Form gestaltete Quellen, zumeist jedoch wird eine solche nur vorgetäuscht.

Noch weit beeindruckender als die Grottennischen sind die Grottenhäuser, die ab Mitte des 16. Jahrhunderts in Mode kamen und zu einer der originellsten Ausdrucksformen des Manierismus wurden. Auch sie haben antike Vorbilder: die berühmten Grotten der römischen Kaiserzeit. Während in der Antike vorwiegend natürliche Höhlen weiter ausgestaltet wurden, waren die Gartengrotten des 16. Jahrhunderts ganz und gar

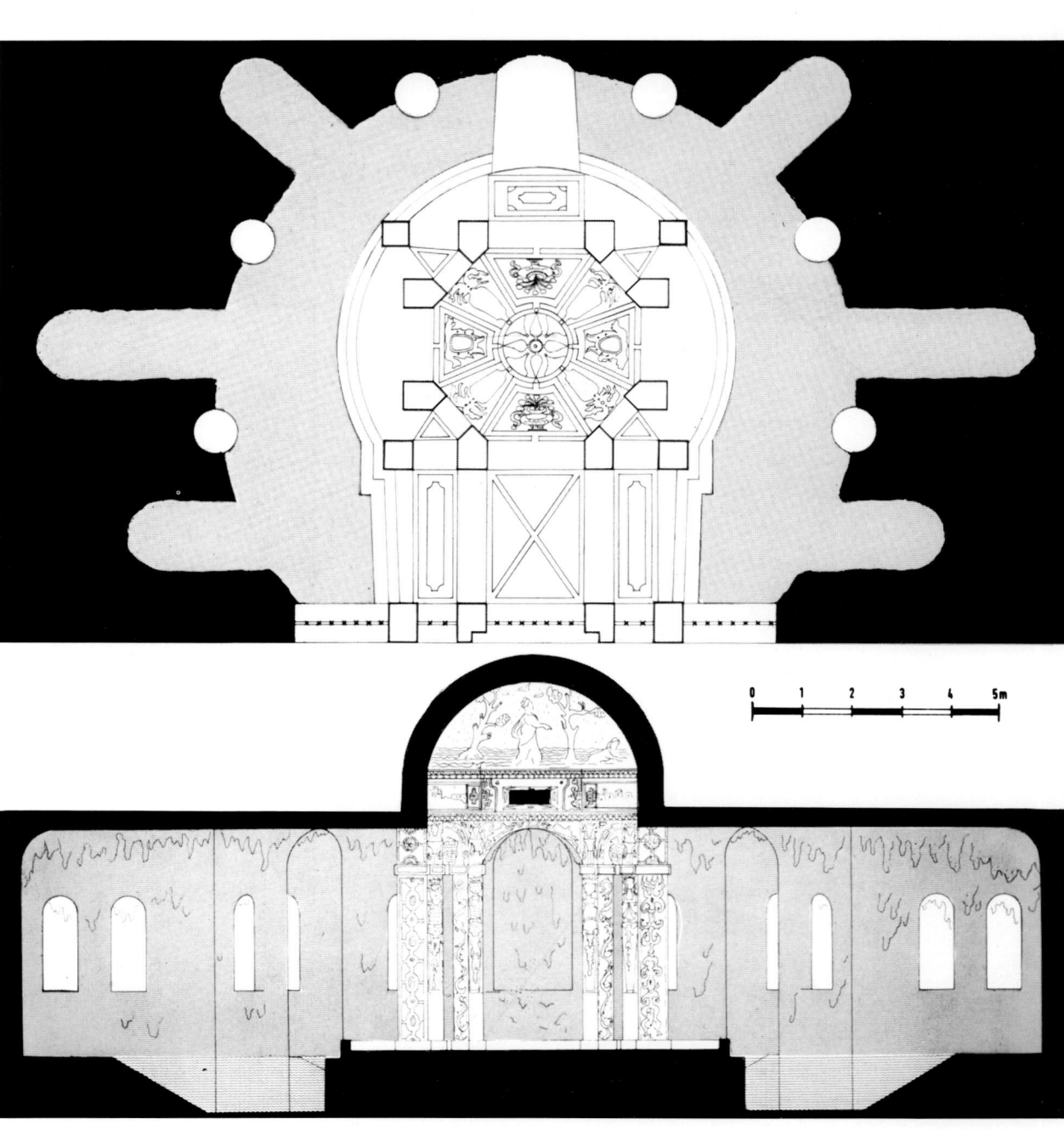

74   Grundriß und Schnitt der Grotta Pavese in Genua (Ligurien). Zeichnung von D. Calabrò Magnani und Lauro Magnani

75   Grotta Pavese in Genua (Ligurien)
Diese künstliche Grotte gehört zu den besterhaltenen des 16. Jahrhunderts. Mit ihren amorphen Tropfsteinwänden, den mit feinen Mosaiken verkleideten Pfeilern und der kühlen Feuchte des tröpfelnden Wassers ist sie eine zauberhafte Inszenierung. Die in der Renaissance herrschende Vorstellung, daß im Erdinnern die Quellen der Naturkräfte verborgen sind, wird in den reich gestalteten Gartengrotten zum Ausdruck gebracht.

76 Villa Marlia bei Lucca (Toskana)
Der sich aus einer kleinen Grotte ergießende Wasserfall nährt eine üppige Vegetation, die man eher an den Ufern eines Wiesenbaches als in einem südlichen Garten erwartet.

77   Giardino di Boboli in Florenz

Hinter dem Palazzo Pitti in Florenz liegt eines der berühmtesten Grottenhäuser des 16. Jahrhunderts. Es zählte lange Zeit
zu den größten Sehenswürdigkeiten von Florenz. Diese eigenartige Mischung aus Architektur, Skulptur und Malerei wurde
um 1575 von dem Architekten und Bildhauer Buontalenti
geschaffen. Die früher von tröpfelnden Rinnsalen durchfeuch-
teten und bemoosten Wände sind heute aus Gründen der
besseren Erhaltung trockengelegt.

künstlich. Man baute sie meist im Schatten hoher Bäume, herangerückt an eine Felskante, da wo vielleicht auch unter natürlichen Gegebenheiten eine Quelle oder eine Höhle hätte sein können.

Auf regelmäßig geometrischem Grundriß wie Quadrat, Kreis, Oval oder Achteck basierend und mit Fensteröffnungen und Portalen ausgestattet, zeigen diese Grottenhäuser äußerlich ein architektonisches Erscheinungsbild. In ihrem Innern verlieren sie indes den Charakter des Architektonischen. Wände und Decke sind aus bizarren Bims- und Tuffsteinen gebildet. Mit ihrer dunklen, von Wasserrinnsalen durchtränkten Feuchte und dem grünglänzenden Bewuchs scheinen sie wirkliche Natur zu sein. Doch finden sich auch Traumbilder, Darstellungen im Rocaille-Stil, einer plastisch-collagenhaften Mischung aus Mosaiktechnik, bildhauerischer Ausarbeitung, Freskomalerei, sgrafitobehandelten Putzflächen, eingearbeiteten Muscheln, Schneckengehäusen, Perlmutt, Tropfsteinen und Kristallen – phantasmagorische Inszenierungen zwischen Groteske und Idylle.

Der Stil solcher Grotten, der bis ins 19. Jahrhundert verbreitet war, geht zurück auf die um 1583 von dem Künstler Bernardo Buontalenti für Großherzog Francesco I. de' Medici geschaffenen Grotten im Garten der Villa Pratolino (Abb. 80) und auf die im Boboli-Garten in Florenz. Sie wurden so berühmt, daß ein Besuch dieser Grotten im 17. und 18. Jahrhundert zu den Pflichten einer Italienreise gehörte. Der französische Philosoph und Essayist Michel de Montaigne, der die Grotten in Pratolino kurz nach ihrer Fertigstellung gesehen hat, schreibt[44]: ›Es gibt hier Bewundernswertes, eine Grotte mit verschiedenen Räumen: Sie übertrifft alles, was wir jemals in dieser Art gesehen haben. Sie ist mit einem ganz besonderen Stein ausgeschlagen, von dem uns gesagt wurde, daß er von einem bestimmten Berg geholt wird. Zu den Merkwürdigkeiten dieser Grotte gehören nicht nur die Musik und die harmonischen Töne, die mit Hilfe des Wassers erzeugt werden, sondern auch bewegliche Statuen und Tiere.‹ Doch von dieser Wundergrotte der Villa Pratolino ist nichts mehr geblieben.

Das Grottenhaus im Boboli-Garten (Abb. 77) besteht noch und kann besichtigt werden, nur leider – aus Gründen der besseren Erhaltung – fließt dort kein Wasser mehr, und die Wände, die eigentlich von feuchten, Kühle atmenden Moosen und Farnen bewachsen sein sollten, sind trocken und staubbedeckt.

Ganz ähnliche, reich gestaltete Grotten wie die in Florenz und Pratolino entstanden in der zweiten Hälfte des 16. Jahrhunderts auch in Genua. Dort waren es vor allem die Fonte Doria und die Grotta Pavese (Abb. 74, 75), die zu den vielbesuchten und bestaunten Werken gehörten.

Tritt man – vielleicht aus dem in klaren geometrischen Formen gestalteten Parterre kommend – in den dumpfen Schatten eines dieser Grottenhäuser, sieht sich auch der moderne Mensch in einen seltsam erregenden Spannungszustand versetzt. Das aus dem Wechsel von Extrovertiertem und Introvertiertem entstehende Spannungsfeld wirkt ins Seelische hinein. Man möchte das Geheimnis ergründen und beginnt, in Jahrtausende geistesgeschichtlicher Entwicklung zurückzublicken.

Höhlen waren nicht nur die erste Wohnform des Menschen, sie waren auch die ersten Kultstätten der Menschheit. Die mitunter bizarre Ausformung des Höhlenraumes besaß eine stark imaginative Wirkung. Der aufgrund der schwachen Lichtverhältnisse visuell indifferente Eindruck verdichtete sich vor dem inneren Auge zu einem Bild größter Wirkkraft. Zu den aus dem Neolithikum stammenden Kulthöhlen auf Kreta liest man bei Paul Faure[45]: ›Zu den frühen Mittelpunkten dieser Kulte gehörten in den Tropfsteinhöhlen einzelne Stalagmiten und Stalagtiten mit besonders ausgeprägter Form. Wenn der flackernde Schein der Fackeln oder der Opferfeuer sie aus dem tiefen Dunkel hob, dann glaubte der frühe Höhlenbesucher in ihnen menschen- oder auch tiergestaltige Idole seiner Götter zu erkennen.‹

Die Renaissance gilt zwar als die erste Stunde der modernen Naturwissenschaften, stand aber insgesamt der mystischen Spekulation noch näher als der exakten Wissenschaft. Es war die Zeit der Alchemie, der Mischung von Rationalem und Mysteriösem, Wissenschaftlichem und Okkultem. Eine der Alchemisten-Formeln lautete[46]: ›Besuche das Innere der Erde und du wirst den Stein der Weisen finden.‹

Das Bild der Höhle als Ort des Zauberhaften ist in vielen Sagen und Mythen überliefert[47]. In der christlichen Mythologie taucht es im Motiv der Geburtshöhle und der Grabeshöhle auf. Das Motiv der Geburtshöhle ist vor allem in der Ostkirche lebendig, findet sich aber auch in zahlreichen Darstellungen abendländischer Malerei[48]. Ist nicht auch die Krypta des christlichen Kirchenbaus eine Reminiszenz der alten Kulthöhlen?

Das Faszinierende des Erdinnern wird in den Worten des humanistischen Schriftstellers und Arztes François Rabelais deutlich, der um 1534 schreibt[49]: ›Was sich am Himmel zeigt, was Erde Euch zur Schau gestellt hat, was das Meer und all die Flüsse in sich bergen, ist nichts gegen das, was im Erdenschoß verborgen ist.‹ Für den modernen Menschen, der es gewohnt ist, in langen Tunnels unter den höchsten Bergen hindurchzufahren, der sich der Bodenschätze aus den größten Tiefen der Erde bedient und dort seinen gefährlichsten Müll einlagert, mögen derartige Gedanken fremd sein. Zu verstehen sind sie nur aus naturmythologischer Sicht, welche die Quellen der Naturkräfte im Erdenleib verborgen sah.

All dies mag einem angesichts der phantastisch ausgestalteten Grottenhäuser durch den Kopf gehen. Daneben haben die Grotten natürlich auch einen sehr wirkungsvollen sinnlichen Reiz: In südlicher Sommerhitze sind sie mit ihrer schattigen, tropfnassen Kühle ein wahrhaft erfrischender Aufenthaltsort im Garten.

78   Giardino del Bozzolo in Casalzuigno bei Varese (Lombardei)
Immer wiederkehrendes Motiv in den Italienischen Gärten ist die Grottennische; man findet sie integriert in Stütz- und Begrenzungsmauern sowie in Verbindung mit Freitreppenanlagen. Das tröpfelnde Naß in einem Pelz von Moosen und Farnen macht das Wasser als Element der Fruchtbarkeit sichtbar. Vorbild für diese Grottennischen waren die antiken Nymphäen, den Nymphen geweihte Quellheiligtümer.

Der Bosco

›…dann gibt der riesige Baumwuchs dir das Gefühl von der Gegenwart einer Gottheit.‹

Seneca[50]

Untrennbar verbunden mit der Grotte ist der Bosco, das waldartige Areal, in dessen Schatten verborgen die Grotten liegen. Aufgrund seines natürlichen Erscheinungsbildes übersieht man allzu leicht, daß auch diese Partie des Gartens bewußt als Gestaltungsmittel eingesetzt wird. Auch der Bosco ist Bestandteil der Gesamtkonzeption des Italienischen Gartens. Da ein Angebot an gut beschatteten Zonen im mediterranen Klima zu den größten Annehmlichkeiten eines Gartens gehört, mögen es vor allem Kühle und Schatten gewesen sein, die man hier suchte. Als ein Stück unveränderter wilder Natur bot er gestalterisch das gewünschte Gegenstück zur gebändigten Natur des Parterres.

Mit seiner Masse an Grün schafft er Rahmen und Hintergrund, gibt er der Komposition Halt und Gewicht. So wurden gerade die Nahtstellen zwischen den bewaldeten Hängen und der offenen Landschaft zum bevorzugten Bauplatz für Villen. Auch auf der von Francesco Colonna beschriebe-

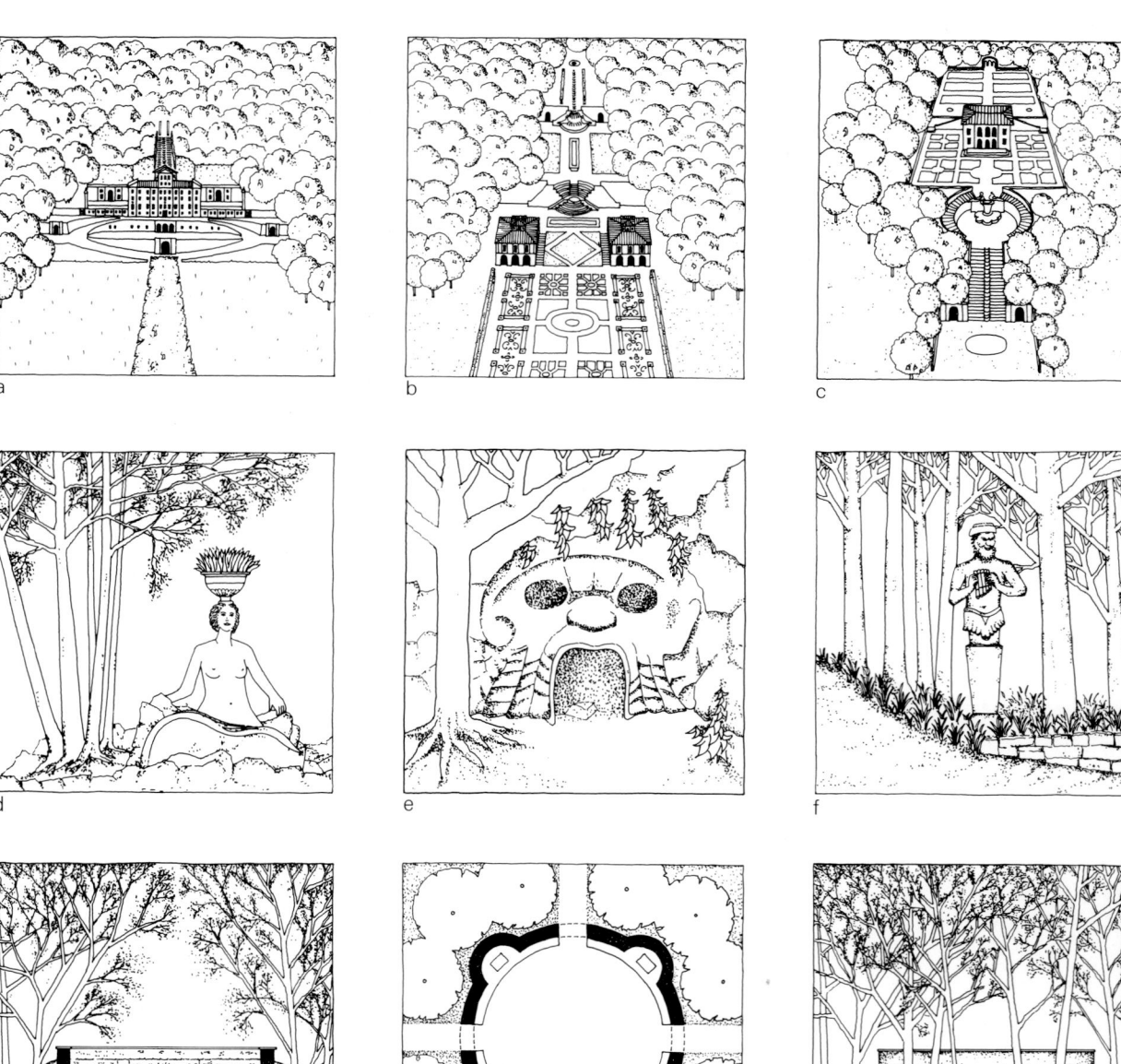

79 Bosco
Raumbildende Waldkanten: a) Villa Aldobrandini in Frascati – b) Villa Lante in Bagnaia – c) Palazzina Farnese in Caprarola – Skulpturen im Bosco: d) *Bosco sacro* in Bomarzo, Natura – e) Villa Aldobrandini in Frascati, Monster (nach dem Vorbild von Bomarzo) – f) Villa Il Bosco di Fontelucente in Fiesole, Pan – Pavillon der Villa Rizzardi in Negrar di Valpolicella: g) Schnitt – h) Grundriß – i) Ansicht

80 Giusto Utens, Villa Pratolino (Ausschnitt); 1598. Öl auf Holz, Ausschnitt: 64 x 64 cm. Florenz, Museo Topografico
Bei dieser gegen Ende des 16. Jahrhunderts entstandenen Villa ist der Bosco das beherrschende Element der Gartengestaltung. Schnurgerade Wege durchziehen den mit Skulpturen und Wasserspielen reich geschmückten Wald. Im Schatten der Bäume liegen Wasserbecken, Teiche und dämmrige Grotten.

81 Zwei Holzschnitte aus der *Hypnerotomachia Poliphili* (1499)
Der weite Weg zur Insel Kythera führt Poliphilo auch durch einen tiefen Wald. Heilige Haine als Wohnstatt der Götter kannte schon das Altertum. Während im orientalischen und mittelmeerischen Kulturbereich vor allem das von guten Geistern beseelte Bild des Waldes auftaucht, ist aus dem nordeuropäischen Kulturkreis eher der von bösen Geistern bewohnte Wald bekannt. Im Süden wurde der Wald als eine positive Kraft erlebt, stand er doch immer mit Wasservorkommen in Verbindung.

nen Insel Kythera wird der Garten ringförmig von Hainen umschlossen.

Genau wie Höhle und Quelle übte auch der Wald als archetypisches Bild eine starke imaginative Kraft auf den Menschen aus. In den *Metamorphosen* des Ovid, dem Buch der wunderbaren und schrecklichen Verwandlungen, wird immer wieder erzählt, wie Menschen durch den Zauber der Götter die Gestalt von Bäumen annehmen mußten. Zu den schönsten und bekanntesten Wandlungen dieser Art zählt gewiß die Geschichte von Philemon und Baucis. Am Ende ihres langewährenden Menschendaseins wird das gottgefällige Paar in zwei nebeneinander stehende ›heilige‹ Bäume verwandelt[51].

Von dem als beseelt und verehrungswürdig empfundenen Wald schreibt der römische Philosoph Seneca[52]: ›Erblickst du einen Hain von dichtstehenden alten über die gewöhnliche Höhe aufragenden Bäumen, wo die Masse des über- und durcheinander sich erstreckenden Gezweiges den Anblick des Himmels ausschließt, dann gibt der riesige Baumwuchs das Geheimnis des Ortes und die Bewunderung des im offenen Felde so dichten und zusammenhängenden Schattendunkels dir das Gefühl von der Gegenwart einer Gottheit.‹

Heilige Haine als Wohnstatt der Götter kannte das Altertum seit Jahrtausenden. Während im vorderasiatischen und mittelmeerischen Bereich vor allem das Bild des von guten Geistern beseelten Waldes auftaucht, ist uns aus dem nordeuropäischen Kulturkreis eher der von bösen Geistern bewohnte Wald bekannt. In einer Vielzahl von Märchen, Sagen und Mythen ist diese Vorstellung noch heute lebendig. Während man im Süden den Wald meist als eine positive Kraft erlebte – stand er doch in Verbindung mit Wasservorkommen –, wurde er im Norden eher als eine übermächtige, feindliche Kraft empfunden.

Gemäß der antiken Mythologie waren die Wälder vor allem von Nymphen bevölkert. Sie wohnten unter hohen alten Bäumen, an Quellen, Bachläufen und Grotten. Ihnen zugesellt waren der Waldgott Pan und die Satyrn, seltsame Mischwesen, die man sich mit dem Unterleib eines Ziegenbocks und dem Oberkörper eines Menschen vorstellte. Im Bosco des Italienischen Gartens wird auf die antiken Vorstellungen Bezug genommen, und diese mythologischen Wesen begegnen uns in Form von Skulpturen. Doch zeigen sie in dieser versteinerten Wirklichkeit, daß die alten, ehemals lebendig imaginativ empfundenen Vorstellungen längst verblaßt sind. Hier stehen die Skulpturen lediglich noch als Erinnerung an eine vormals innere Welt.

Den Bosco als beherrschendes Element der Gartengestaltung zeigt die von Giusto Utens gemalte Lünette der Villa Pratolino (s. Abb. 5). Schnurgerade Wege durchziehen das mit Skulpturen und Wasserspielen reich geschmückte Wäldchen. Im Schatten der Bäume liegen Wasserbecken, Teiche und dämmerige Grotten. Dieser ausgedehnte Bosco wurde zum Vorbild für viele Gartengestaltungen des Barock.

Großen Ruhm besaß der Skulpturenwald von Bomarzo in der Provinz Viterbo, der etwa zur gleichen Zeit entstand. Dieser *Bosco sacro*, der ›Heilige Wald‹, hat nur wenig mit dem Modell des Italienischen Gartens gemeinsam. Obgleich er eine Einzelerscheinung ist, verdient er hier beschrieben zu werden. In dem zwischen 1550 und 1580 von dem Fürsten Vicino Orsini angelegten Wald begegnet man den seltsamsten Skulpturen: exotischen Tier- und Fabelwesen, Nymphen und Ungeheuern, schaurigen Fratzen und Giganten. Zumeist sind die Skulpturen direkt aus dem gewachsenen Fels gestaltet. Über allem liegt die rätselhafte Stimmung eines Traumbildes – Bomarzo gilt als kunstgeschichtlich hochinteressante Vorwegnahme des Surrealismus.

Wenn auch inzwischen durch reichlich vorliegende zeitgenössische Dokumente die Sinngebung und das inhaltliche Programm der Skulpturen entschlüsselt sind, zeigt die Anlage insgesamt kein formales gartengestalterisches Konzept. Ja, es wird sogar die Vermutung ausgesprochen, daß der Erbauer bewußt nach einer Antithese zur damals herrschenden Auffassung von Gartengestaltung suchte[53]. Dennoch ist auch hier unverkennbar ein Bemühen festzustellen, innerhalb des Bosco Räume zu schaffen. Da gibt es mehrere Grottennischen, ein Theater und zwei Plätze: den ›Platz der Persephone‹ und den ›Vasenplatz‹. Gleich den Pfeilerstellungen eines Tempels oder auch gleich den Steinkreisen der Megalithkultur werden hier durch regelmäßig gereihte, übermannshohe steinerne Symbole – in einem Falle Pinienzapfen und Eicheln, im anderen Falle Vasen – Räume angedeutet.

Eine der zauberhaftesten Raumschöpfungen im Bosco eines Italienischen Gartens – und ganz ohne die Schrecken von Bomarzo – zeigt die Villa Rizzardi im Valpolicella-Gebiet. In einem kleinen Ulmenwäldchen hat man hier einen runden Pavillon von etwa 8 Metern Durchmesser aus porösem Stein gemauert. Über vier türgroße Öffnungen betritt man diesen rundum mit einer steinernen Bank ausgestatteten Raum. Vier in Nischen aufgestellte Skulpturen schmücken ihn, doch seinen ganz besonderen Reiz besitzt das Dach dieses Pavillons, denn diesen Raum überwölbt nur die Himmelskuppel. Vor dem Blau des Himmels zeichnet sich malerisch das lichte Blattwerk der hereinragenden Äste und Zweige ab.

Dieser aus dem 18. Jahrhundert stammende Gartenraum ist einzig in seiner Art. Schon früher hatte man in Loggien oft die Decken in illusionistischer Art als Himmel ausgemalt. Hier nun wird dieser konkret gezeigt, und durch die geschickte Rahmung wird er doch wieder zu einem Bild. Welch ein Vergnügen muß es gewesen sein, sich hier, im Schatten, an einem heißen Sommertag in festlich gestimmter Gesellschaft aufzuhalten.

82 *Bosco sacro* in Bomarzo bei Viterbo (Latium)
Eine Lichtung im Wald von Bomarzo, ›Platz der Persephone‹
genannt, zeigt das Bemühen, innerhalb des Bosco Räume zu
schaffen. Durch regelmäßig gereihte steinerne Symbole wird
die rechteckige Freifläche auf drei Seiten räumlich gefaßt.

83 *Bosco sacro* in Bomarzo bei Viterbo (Latium)
Diese Skulptur, eine schlafende Nymphe, wurde aus dem
gewachsenen Fels gehauen. Ihre volle Schönheit entwickeln
die Bildwerke im Freien eigentlich erst, wenn der Stein die
lebendige Patina der Flechten und Moose ansetzt.

84 Villa Rizzardi in Negrar di Valpolicella bei Verona (Venetien)
In einem kleinen Ulmenwäldchen hat man einen runden Pavillon gemauert, der nur von der Himmelskuppel und dem Blattwerk hereinragender Äste und Zweige überwölbt ist.

85 Villa Il Bosco di Fontelucente in Fiesole bei Florenz
Gemäß der antiken Vorstellungswelt waren die Wälder von
Pan sowie Nymphen und Satyrn bevölkert. Bei der Gestaltung
des Bosco im Italienischen Garten wird auf diese antiken Vor-
stellungen Bezug genommen, und diese mythologischen
Wesen begegnen uns in Form von Skulpturen.

86 *Bosco sacro* in Bomarzo bei Viterbo (Latium)
Die vielen eigenartigen Skulpturen, denen man im Wald von
Bomarzo begegnet, sind keineswegs allein der absonderli-
chen Phantasie des Gartengestalters Vicino Orsini entsprungen, sondern sind Darstellungen alter mythologischer Themen. Die hier abgebildete ›Meerfrau mit zwei Fischschwän-
zen‹, als Echidna oder Melusine bekannt, läßt sich als Motiv
über mittelalterliche Holzschnitte und romanische Steinmetz-
arbeiten bis in vorchristliche Jahrhunderte zurückverfolgen.

87 Villa Gamberaia in Settignano bei Florenz
Dieses kleine Steineichenwäldchen, das neben einem herrlichen Parterregarten gelegen ist, wird von einem stimmungsvollen Licht erfüllt. Im Spätsommer, nach dem ersten längeren
Regen, erblühen hier Abertausende wilder Alpenveilchen.

Die Pflanzen

›Wenn die Vielfalt seiner Gewächse in voller Blüte steht, singt dieser Garten das Lob des Schöpfers.‹ Umberto Eco[54]

Der Artenreichtum des Pflanzenbestandes, der im 18. und 19. Jahrhundert in den Gärten des nördlichen Mitteleuropa schließlich ins Unübersehbare geht, ist im Italienischen Garten noch recht begrenzt. Die in der *Hypnerotomachia Poliphili* aufgezählte Vielfalt an Bäumen und Pflanzen – in ihrem Nebeneinander alle geographischen und klimatischen Bedingungen ignorierend – war nie, auch nur annähernd, in einem Italienischen Garten versammelt. Sie kann nur gesehen werden als Summe der im 15. Jahrhundert bekannten Bäume und Gartenpflanzen.

Bäume

Zum Baumbestand des Italienischen Gartens gehören vor allem die mit schlankem, scharfem Umriß wachsende Zypresse, die einen breiten Schirm bildende Pinie, die knorrig-urwüchsige Steineiche, die Platane, der Ahorn und die Ulme. Wenn von den genannten Bäumen auch nur ein Teil in Italien heimisch ist, waren sie doch alle schon zur Römerzeit in Italien eingebürgert und besaßen in der Renaissance wohl kaum noch den Reiz des Exotischen. Besonders beliebt in Italienischen Gärten ist auch die kegelförmig wachsende *Magnolia grandiflora* mit ihren glänzenden Blättern und ihren großen, duftenden weißen Blüten. Allerdings wurde dieser Baum erst Mitte des 18. Jahrhunderts aus dem Südosten Nordamerikas eingeführt.
In den Gärten der Toskana sieht man vereinzelt die im Libanon und in Nordafrika beheimatete Zeder, die aber meist unpassend wirkt, da sie ein typischer Waldbaum ist und ihre übermächtige Größe den vorgegebenen Maßstab sprengt. In den Gärten der weiter südlich gelegenen Provinzen wachsen auch Palmen, die sich mit ihrer prägnanten Form dort, unter südlicher Sonne, sehr gut zur Gartengestaltung eignen. Untrennbar verbunden mit der Vielzahl der Bäume sind die ›rankende Rebe‹ und der ›schmiegfüßige Efeu‹; schon Ovid beschreibt, wie sie, angezogen vom Gesang des Orpheus, den Bäumen folgen[55].
In den Bildern von Giusto Utens sieht man in Teilbereichen des Gartens immer wieder den Typ eines mittelgroßen Laubbaumes; Form der Krone und Größe der Bäume lassen darauf schließen, daß hier Obstbäume dargestellt sind. Man darf annehmen, daß in den frühen Renaissancegärten der Toskana all jene Obstbäume wuchsen, die auch schon zur Römerzeit in Italien gehegt wurden und die, wie wir wissen, fast alle orientalischer Herkunft waren: Kirsche, Pfirsich, Aprikose, Pflaume, Quitte, Birne, Mispel, Granatapfel, Feige und Mandelbaum. Bei de Lorris liest man, daß die in dem Garten wachsenden Bäume ›aus dem Land der Sarazenen‹ gebracht worden seien. In der Tat wurden im Mittelalter erneut Bäume aus dem Orient in die Mittelmeerländer eingeführt.

Orangen- und Zitronenbäume

Ein ganz besonderer Schmuck des Italienischen Gartens sind die Orangen- und Zitronenbäume. Nicht erst für Goethe, der in den Versen ›Kennst Du das Land, wo die Zitronen blühn, im dunklen Laub die Gold-Orangen glühn?‹ alle Schönheit des Südens zusammenfaßte, hatten diese Pflanzen etwas Einzigartiges. Schon mehr als vier Jahrhunderte vorher heißt es in Boccaccios Gartenbeschreibung (s. S. 15): ›Bewundernswerter als alles andere war ein Rasenplatz in der Mitte des Gartens... Er war von leuchtend grünen, kräftig treibenden Zitronen- und Orangenbäumen umstanden, die, neben alten und jungen Früchten gleichzeitig Blüten trugen und ... durch ihren starken Duft die Sinne entzückten.‹
Durch Darstellungen auf Wandmalereien in Pompeji (Casa del Frutteto) wie durch Passagen in den Briefen des Plinius ist nachgewiesen, daß Orangen und Zitronen bereits im Altertum bekannt waren[56]. Allerdings kannte man nur die dickschaligen Zitronat-Zitronen und die zum Verzehr ungeeigneten Bitterorangen oder Pomeranzen. Sie wurden als Zierpflanzen gezogen und zur Gewinnung von Aroma- und Duftstoffen genutzt. Ihre lateinischen Namen *Citrus medica* (Zitrusgewächs aus Medien) und *Malum medicum* (Apfel aus Medien) verweisen auf die orientalische Herkunft beider Pflanzen. Wie von dem griechischen Philosophen und Botaniker Theophrast berichtet, wurden sie schon in den Gärten des persischen Großreiches kultiviert und kamen dann offenbar zur Zeit Alexanders des Großen nach Europa. Doch besaßen sie zunächst nur eine geringe Bedeutung. Im *Roman de la Rose*, der etliche ›Bäume aus dem Land der Sarazenen‹ aufzählt, werden Orangen und Zitronen nicht namentlich genannt. Erst im späten Mittelalter, als die dünnschaligen, saftreichen Sorten der Zitronen und die süßen, schmackhaften Orangen eingeführt wurden, gewannen sie ihre herausragende Stellung. Diese Sorten (*Citrus sinensis*) waren in China und Ostindien heimisch, und ihre Verbreitung im Mittelmeerraum wird den Arabern zugeschrieben[57].
Der Schmuck der Orangen- und Zitronenbäumchen gehört zum festen Bestandteil des Italienischen Gartens. Die Pflanzen werden in großen Terrakottagefäßen gezogen. Entweder werden sie dekorativ im Parterre plaziert, oder sie säumen die Balustraden von Wasserbecken und Stützmauern. In der *Hypnerotomachia Poliphili* werden auch dichte Hecken und Pergolen aus Zitronen- und Orangenbäumen beschrieben, wie sie Andrea Mantegna gemalt hat[58]. Doch muß angenommen

88   Fra Angelico, Verkündigung; 1430–1432. Öl auf Leinwand, 154 x 194 cm. Madrid, Museo del Prado
Dieses von einer lichten, reinen Stimmung gekennzeichnete Altarbild ist im Zusammenhang des vorliegenden Buches vor allem wegen der Vielzahl der dargestellten Bäume, Sträucher und Blumen von Interesse. Im Vordergrund kann man neben verschiedenen Wiesenblumen auch Nelken, Veilchen, Tausendschön, Stiefmütterchen und einen Rosenzweig erkennen. Weiter hinten entdeckt man einen Feigenbaum, einen weißen Fliederbusch und neben der Palme einen Orangen- und einen Kirschbaum. Viele andere Gemälde der Renaissance bieten sich ebenfalls zu botanischen Studien an.

89 Vicobello bei Siena (Toskana)
In großen Terrakottagefäßen wachsende Orangen- und Zitronenbäumchen gehören zum festen Bestandteil des Italienischen Gartens. Sie sind die Verkörperung des alten mythologischen Bildes vom Baum mit den goldenen Früchten, den zu
finden zu den Heldentaten des Herakles gehörte. Zugleich gal-
ten sie aufgrund des gleichzeitigen Blühens und Fruchtens als
Symbol des immerwährenden Frühlings.

werden, daß sowohl das literarische als auch das gemalte Bild nur Wunschbilder sind. Das Klima in Mittel- und Oberitalien läßt die frostempfind-lichen Zitrusgewächse, die eines Winterschutzes bedürfen, kaum in solcher Üppigkeit gedeihen. Ursprünglich wurde in der kalten Jahreszeit jede Pflanze mit einem einfachen Holzverschlag um-mantelt. Seit Beginn des 16. Jahrhunderts brachte man die Bäumchen in eigens für sie gebaute Winterhäuser, die sich mit großen Fenstern nach Süden orientierten. Diese *stanzone* entwickelten sich später zu einem eigenen Gebäudetypus, der Orangerie.

Angesichts des großen Aufwandes, mit dem man sich diesen Pflanzen widmete, taucht die Frage auf, was sie für den Menschen der Renaissance so begehrenswert machte. Einerseits war es wohl vor allem die Freude am Exotischen, an der Pflanze ›aus der anderen Welt‹. Andererseits waren Oran-gen und Zitronen offenbar die Verkörperung eines alten mythologischen Bildes. Die aufmerksame Betrachtung von Renaissancegemälden führt auf diese Spur. Beginnend mit dem 14. Jahrhundert findet sich in den Werken nahezu aller italieni-schen Maler der ›Baum mit den goldenen Früch-ten‹, meist im Zusammenhang mit biblischen Sze-nen als Symbol für das Paradies. Manchmal sehen die abgebildeten Früchte zwar eher Quitten, Gra-natäpfeln oder Pfirsichen ähnlich und mögen auch tatsächlich als solche gemeint sein, aber in einigen Fällen sind sie botanisch zweifelsfrei als Zitrusge-wächse zu erkennen. Als Beispiel sei die 1478 von Botticelli gemalte Allegorie ›Der Frühling‹ genannt. Wenn die Bäume hier auch hinsichtlich Größe und Üppigkeit kaum realistisch wiedergegeben sind, kennzeichnen die neben den orangeroten Früch-ten zu erkennen wachsweißen Blüten mit ihrem fünfblättrigen Stern und fünfblättrigen Kelch die Darstellung doch eindeutig als Orangenbaum. Aufgrund des gleichzeitigen Blühens und Fruch-tens – als Besonderheit schon von Boccaccio angesprochen – wurden die Orangenbäume in

besonderer Weise zum Symbol des immerwäh-renden Frühlings.

Sträucher

Immergrüne Sträucher wie Buchsbaum, Eibe, Wacholder, Ruskus, Myrte, Rosmarin, Lorbeer sowie Kirschlorbeer gehören zum festen Pflanzen-bestand des Italienischen Gartens. Sie sind fast ausnahmslos alle im Mittelmeerraum heimisch. Man findet sie in der Macchia und im Unterholz der Wälder. Im Garten werden sie domestiziert, in Form geschnitten, werden Träger der architekto-nischen Ordnung. Neben den genannten Sträu-chern kannte man in der Renaissance auch bereits Flieder und Jasmin. Diese reichblühenden und wohlduftenden Gehölze, die von den Arabern aus dem Orient eingeführt worden waren, brachten neue Farbtöne in den Garten.

Weiß, rosa oder dunkelrot blühender Oleander, für die Völker nördlich der Alpen der Inbegriff eines südländischen Strauches, ist besonders in den Gärten südlich von Rom allgegenwärtig. Wie Wandmalereien in Pompeji zeigen, war er schon zur Römerzeit als Gartenschmuck beliebt.

Im 18. und 19. Jahrhundert schließlich führten die Engländer zahlreiche Ziersträucher, meist aus Fernost, nach Italien ein (s. S. 26) und bereicherten die Gärten mit neuen, ungewohnten Farben. Zu nennen sind insbesondere Hortensien, Azaleen, Rhododendren, Kamelien und Klettersträucher wie Glyzinien und Bougainvilleen.

Die anpassungsfähige Glyzinie scheint sich so-wohl im milden Klima der Lombardei als auch in der Hitze Siziliens gleichermaßen wohlzufühlen. Hingegen zeigen sich Azaleen und Rhododendren empfindlicher; für ein optimales Gedeihen benöti-gen sie ein ausgeglichenes, feuchtes Klima, wie es an den oberitalienischen Seen herrscht. Zwar sieht man Azaleen gelegentlich auch in den südlichen

Provinzen, doch sehen sie dort stets etwas küm-merlich aus. Lediglich in der Toskana mit ihrem etwas kühleren Klima können sie zu üppigen Sträu-chern heranwachsen, sofern sie im Schatten hoher Bäume stehen und sorgfältig bewässert werden.

Wie die Hortensien der Villa Aldobrandini in Fra-scati zeigen – sie wachsen dort genauso prächtig wie in England oder Irland –, ist auch dieser Strauch sehr anpassungsfähig, sofern er genü-gend Wasser bekommt. Hortensien wurden erst im 18. Jahrhundert aus Fernost nach Europa ein-geführt. Ihr Name geht übrigens nicht, wie man meinen könnte, auf das lateinische Wort *hortus* zurück, sondern bezieht sich auf ›Hortense‹, die Tochter Josephine Beauharnais', der ersten Ge-mahlin Napoleons.

Die Bougainvillea mit ihrer violetten und karmin-roten Pracht kann man erst in den südlich von Neapel gelegenen Gärten, insbesondere auf Ischia und Capri, bewundern. Sie braucht viel Licht und Wärme, wie sie es aus ihrer tropischen Heimat gewohnt ist.

Blumen

Art und Bedeutung des Blumenschmuckes im Renaissancegarten sind umstritten. Heute sind die buchsbaumgefaßten Beete entweder – wohl oft mangels finanzieller Mittel – gänzlich unbepflanzt, oder sie zeigen die auch bei uns üblichen plakativ farbigen Beetpflanzen wie Tagetes, Salvien, Bego-nien und ähnliche – alles pflegeleichte Dauerblü-her, Hochleistungszüchtungen unseres Jahrhun-derts, meist ohne Seele. Mit ihren lauten Reizen werden sie in den historischen Gärten leicht als Störenfriede empfunden. Doch wie sah der Blu-menschmuck ehemals aus? Den Berichten über Italienische Gärten bei Michel de Montaigne oder bei John Evelyn lassen sich keinerlei Hinweise auf

90

91

92

93

100

94

96

95

97

98

Grundzüge der Gestaltung – Die Pflanzen

90–98   Neben Rosen und Schwertlilien, die an anderen Stellen dieses Buches abgebildet sind, gehören vor allem die hier gezeigten Pflanzen zum klassischen Blumenschmuck des Italienischen Gartens. Heute sind sie vielfach aus der Mode gekommen. Man findet sie allerdings auf zahlreichen Renaissancegemälden, und auch Francesco Colonna stellt sie uns in der *Hypnerotomachia Poliphili* als Schmuck des Parterres vor (siehe Abb. 46).

90   Jungfer im Grünen *(Nigella damascena)*
91   Primel *(Primula vulgaris)*
92   Malve *(Althaea rosea)*
93   Madonnenlilie *(Lilium candidum)*
94   Veilchen *(Viola silvestris)*
95   Stiefmütterchen *(Viola tricolor)*
96   Akelei *(Aquilegia alpina)*
97   Maiglöckchen *(Convallaria majalis)*
98   Nelke *(Dianthus caryophyllus)*

Blumen entnehmen. In neueren Abhandlungen liest man sehr oft, daß der Italienische Garten wegen der sengenden Hitze des Sommers gar keinen Blumenschmuck kenne[59]. Und tatsächlich, in vielen Gärten, die nahezu ohne Blumen sind, wird man durchaus nichts vermissen. In den Formen der architektonischen Gestaltung, im Spiel mit dem Wasser, in den Skulpturen wird eine solche Vielfalt entwickelt, daß die dezenten Farbtupfer einiger auf den Balustraden aufgestellter Topfpflanzen als farbliche Akzente völlig ausreichen.

Doch bei der Betrachtung mancher Gemälde der Renaissance können Zweifel auftauchen, ob diese Auffassung immer schon der Konzeption des Italienischen Gartens entsprach. Man denke nur an die beiden vielbewunderten Bilder ›La Primavera‹ (Der Frühling) und ›Natale di Venere‹ (Geburt der Venus) von Botticelli. Mit nahezu wissenschaftlicher Genauigkeit sind hier Dutzende von Pflanzen und Blüten dargestellt. Beide Bilder wurden um 1480 für die Villa di Castello des Lorenzo de' Medici gemalt. Allein aufgrund dieser beiden Werke muß der Gedanke, daß der (frühe) Renaissancegarten keinen Blumenschmuck gekannt habe, verworfen werden. Dürfen diese Gemälde, die in der Villa einen Festsaal schmückten, nicht richtigerweise als ein Hymnus auf das draußen in der Natur und im Garten Geschaute verstanden werden? Sind damit nicht auch Rückschlüsse auf den Blumenbestand des Gartens gestattet?

Auch in der Literatur läßt sich nach Gartenpflanzen forschen. In der Beschreibung Boccaccios wird zwar auf schmückende Blumen verwiesen, doch werden außer Rosen und Jasmin keine einzelnen Pflanzen genannt – sie werden nur pauschal als ›tausenderlei‹ erfaßt. In der *Hypnerotomachia Poliphili* werden Blumen und Pflanzen schließlich zum ersten Mal in großer Zahl genannt, und einige der Illustrationen des Werkes zeigen auch Pflanzpläne mit einer Liste von Gewürz- und Zierpflanzen, die bunt gemischt ein Parterre schmücken

(s. Abb. 46c). Wenn man die hier genannten und die aus der Malerei bekannten Blumen zusammenfaßt, ergibt sich eine kleine Liste, die man vielleicht als die klassische Pflanzensammlung des Italienischen Gartens bezeichnen darf:

Akelei	*(Aquilegia alpina)*
Alpenveilchen	*(Cyclamen europaeum)*
Jungfer im Grünen	*(Nigella damascena)*
Madonnenlilie	*(Lilium candidum)*
Maiglöckchen	*(Convallaria majalis)*
Malve	*(Althaea rosea)*
Nelke	*(Dianthus caryophyllus)*
Primel	*(Primula vulgaris, Primula auricula)*
Schwertlilie	*(Iris germanica, Iris florentina)*
Stiefmütterchen	*(Viola tricolor)*
Tausendschön	*(Bellis perennis)*
Vergißmeinnicht	*(Myosotis palustris)*
Veilchen	*(Viola silvestris, Viola odorata)*

Erstaunlicherweise hat diese Auflistung keineswegs südländischen Charakter, sind die Pflanzen doch alle auch in den Gärten nördlich der Alpen bekannt und zum Teil sogar als wildwachsende Formen verbreitet.

Fast alle genannten Blumen findet man in präziser Darstellung auch auf jenem stimmungsvollen kleinen Gartenbild, dem ›Paradiesgärtlein‹[60], das um 1410 datiert und einem oberrheinischen Meister zugeschrieben wird. Vereinzelt sind sie auch in vielen anderen Bildern des späten Mittelalters und der Renaissance, zum Beispiel in Aquarellen von Albrecht Dürer, anzutreffen. Seit der Zeit der Karolinger (um 800) tauchen sie in Pflanzenlisten, Kräuterbüchern und Illustrationen von Stundenbüchern auf, und man darf sie zum typischen Zierpflanzenbestand der mittelalterlichen Burg- und Klostergärten rechnen. Da die meisten sich als Gartenschmuck bereits zur Römerzeit nachweisen

lassen, ist es wohl nicht allein die klassische Pflanzensammlung des Italienischen Gartens, sondern des abendländischen Gartens schlechthin.

Leider findet man in keinem der historischen Gärten Italiens auch nur den leisesten Ansatz, Denkmalpflege vielleicht auch einmal unter diesem botanischen Aspekt zu verstehen. Wie schön und eigentlich doch recht einfach wäre es, wenn man die traditionellen Pflanzenzusammenstellungen aufgreifen würde. Sind die klassischen Blumen nicht alle neben ihrem feinen Farbreiz auch durch eine ungewöhnliche und schöngestaltete Form der Blüte gekennzeichnet und weit edler als die heute üblichen modernen Beetpflanzen?

Von den traditionellen Blumen haben lediglich Schwertlilie und Rose ihren Platz im Italienischen Garten behaupten können. Die Schwertlilie, die ihren italienischen Namen von der im Regenbogen erscheinenden griechischen Götterbotin Iris hat, findet sich seit der Etruskerzeit auch im Stadtwappen von Florenz. Schon damals sollen die Schwertlilien in großer Zahl im Arno-Tal beheimatet gewesen sein. Eine öffentliche Gartenanlage in Florenz, der *Giardino dell' Iris*[61], ist heute allein dieser Blume gewidmet und zeigt mehr als tausend Züchtungssorten.

Wenn es in der Gartenbeschreibung Boccaccios heißt, daß ›alle Pflanzen, die in unserem Klima gedeihen, hier in reicher Auswahl‹ vertreten sind, wird in diesen Worten auf die für die Renaissance typische Leidenschaft des Sammelns von Pflanzen verwiesen. Im 14. Jahrhundert wurden in Italien die ersten botanischen Gärten angelegt (1330 Salerno, 1333 Venedig). Es waren Heilkräutersammlungen, die auf dem weitentwickelten medizinischen Erfahrungsschatz der Araber aufbauten (s. auch die Etymologie: Medizin von *medicus* = aus Medien, Zweistromland). Standen bei diesen Sammlungen zunächst heilkundliche Belange im Vordergrund, so gewannen im 15. und 16. Jahrhundert Aspekte der ästhetischen Betrachtung an Bedeutung. In vielen Universitätsstädten Europas entstanden große botanische Gärten, so zum Beispiel in Padua (1545) und in Bologna (1568). Überall wurden von interessierten Kaufleuten und Gelehrten Pflanzen gesammelt. Durch die Einfuhr überseeischer Gewächse gewann diese Leidenschaft zusätzlichen Ansporn. Dies war durchaus mehr als eine Mode; es war der Versuch, das durch die Entdeckungsreisen des 15. Jahrhunderts räumlich erweiterte Weltbild als Ganzes zu erfassen.

Rosen

Der Rose gebührt wegen ihrer jahrtausendealten Geschichte eine gesonderte Betrachtung. Schon die Sumerer, Ägypter, Perser, Griechen und Römer verehrten und liebten sie wegen ihrer herrlichen Farben und ihres betörenden Duftes. In allen Kulturkreisen hat die Rose eine mythologisch-symbolische Stellung. Wie keine andere Pflanze ist sie Gegenstand von unzähligen Legenden, Sagen und Mythen.

Den Römern galt sie als die Blume der Venus, der Göttin der Schönheit und der Liebe. In ihren Gärten gab es einen eigens den Rosen gewidmeten Bereich, das *rosarium*. Auch in den Klostergärten des Mittelalters wurde sie gezogen. Hier sah man sie als Blume der Maria, als Symbol Christi an. In der Renaissance schließlich wurde die Rose in großem Stil wieder als Gartenschmuck entdeckt. Dem römischen Vorbild des *rosarium* folgend legte man die *giardini segreti* vielfach als reine Rosengärten an.

Man muß sich allerdings vor Augen führen, daß es damals nicht die unübersehbare Vielfalt der Rosen gab wie heute. In Europa kannte man bis Ende des 18. Jahrhunderts nur drei Rosenarten: die *Rosa gallica (officinalis)*, eine niedrige, duftende Strauchrose, die seit mehr als dreitausend Jahren Kultur-

pflanze war, die Moschuskletterrose oder *Rosa phoenica*, eine weiße, stark duftende Rose aus Kleinasien, und die *Rosa corymbifera*, eine ungefüllte Hundsrose aus dem Nahen Osten. Durch Kreuzungen, Züchtungen und Mutationen entwickelten sich aus diesen drei Wildrosen ungefüllte und gefüllte Sorten, deren Farbspektrum ein leuchtendes Rot, alle Rosatöne und ein reines Weiß umfaßte.

Eine der bekanntesten Züchtungen ist die *Damaszener Rose*, die schon in der Antike verbreitet war. Sie kam im 12. Jahrhundert mit den Arabern nach Spanien und von dort nach Mitteleuropa. Man findet sie häufig auf Gemälden dargestellt, zum Beispiel auf Botticellis ›Geburt der Venus‹.

Die hundertblättrige, stark duftende *Rosa centifolia* wurde erst im 17. Jahrhundert gezüchtet. Sie war so etwas Neues, Besonderes, daß sie auf den Blumenstilleben des 17. und 18. Jahrhunderts nicht fehlen durfte.

Die Entwicklung der Rose nahm eine entscheidende Wende, als Ende des 18. Jahrhunderts die chinesische Gartenrose *Rosa odorata* nach Europa kam. Sie wurde insbesondere wegen ihres zarten Teeduftes und ihrer Fähigkeit, im Sommer unaufhörlich ihre Blüten zu erneuern, geschätzt. Auf sie gehen alle heutigen, in auffälligen Farben blühenden Teehybriden und Floribundarosen, die unsere Gärten beherrschen, zurück.

Einen festen Platz unter den Pflanzen des Italienischen Gartens hat heute auch die aus China stammende dornenlose Kletterrose *Rosa banksiae*. Sie wurde 1796 nach Europa eingeführt und nach dem damaligen Direktor des berühmtesten Botanischen Gartens Englands, des Kew Garden in London, Sir Joseph Banks, benannt. In dem kühlen Klima Großbritanniens mochte sie nicht recht gedeihen. Seit sie jedoch zu Beginn unseres Jahrhunderts in die warmen, frostfreien Regionen Italiens kam, ist sie dort der Schmuck vieler Gärten. Sie klettert an jeder Mauer, an jedem Baum hoch und überwuchert alles mit ihrem dichten Grün, das

sich im Mai mit unzähligen, kleinen weißen oder vanillefarbenen und zartduftenden Blütendolden bedeckt.

Der Töpfegarten

Eine besonders liebenswerte Eigenart des Italienischen Gartens sind die Töpfegärten. In reichverzierten Terrakottagefäßen werden Blumen oder Sträucher während der Blüte in die Nähe des Hauses oder auf die Terrasse gestellt. Sind sie verwelkt, werden sie gegen andere Pflanzen ausgetauscht, die nun in Blüte stehen.

Ein Töpfegarten – zum Beispiel in Form einer langen Reihe von Hibiskussträuchern – kann elegant und großzügig wirken. Er kann aber auch vom kleinen Pflanzenglück künden. Die vielen, dicht beieinanderstehenden Töpfe mit wohlduftenden Kräutern – Basilikum, Thymian, Minze, Salbei und Melisse, dazwischen einige bunte Blumen – zeugen von der Liebe und Pflege, die ihnen täglich zuteil wird. Ein kleine halbrunde Nische, die ein Gefäß mit einer hübschen blühenden Pflanze rahmt, gerät zu einem reizvollen Stilleben.

Töpfegärten gibt es überall, beim Herrenhaus wie beim einfachen Bauernhaus und selbst in den engen Gassen der kleinen Städte, wo die Töpfe neben dem Hauseingang und auf den Balkonen stehen. Wenn keine Keramikgefäße vorhanden sind, behilft man sich manchmal mit Blechdosen oder alten Kanistern – ihre Ungestalt wird bald von üppigem Grün überwuchert.

Einer der Gründe, weswegen so häufig Pflanzen in Töpfen gezogen werden, liegt wohl darin, daß man sich einer Topfpflanze besser widmen und ihr Gedeihen überwachen kann. Nicht zuletzt kann man beim Töpfegarten auch das kostbare Wasser besser dosieren.

103

99 Villa Salviatino in Fiesole bei Florenz
Die Balustraden der Freitreppe sind von cremeweißen zartduftenden Banksrosen *(Rosa banksiae)* umrankt. Die Schönheit solcher Details liegt in der geglückten Verbindung von Stein und Pflanze, von Kunst und Natur.

Die schönsten Gärten Italiens
Eine Auswahl

Vorbemerkung

Die Zusammenstellung der typischen Gestaltungsmerkmale des Italienischen Gartens in den vorangegangenen Kapiteln schafft die Grundlage zum Verständnis der einzelnen Garten-Kunstwerke, die nun vorgestellt werden sollen. Auch wenn uns die beschriebenen Elemente in abgewandelter Form immer wieder begegnen, ist das Zusammenspiel stets ein anderes, ist jeder Garten insgesamt eine eigene Schöpfung und gleicht keiner dem anderen.

Aus der Sicht des Kunsthistorikers drängt sich die Frage auf, inwieweit denn das heute Sichtbare tatsächlich original ist. Sind bei Werken der Bildhauerei und Malerei die im Laufe der Zeit entstehenden Veränderungen meist gering, so bedarf es bei architektonischen Werken schon einiger Mühe, hinter dem Bild der Gegenwart das ursprünglich Geplante aufzuspüren und eine Vorstellung davon zu entwickeln, in welchem Kontext das Gebaute ehemals stand. Was war denn eine heute mit metallenen Kaffeehausstühlen bestandene, mit Scharen von Touristen und bunten Verkaufsständen gefüllte Piazza zum Zeitpunkt ihrer Neugestaltung?

Bei historischen Gärten sind solcherlei Fragen noch weitaus schwieriger zu beantworten. Stellt sich ein Bauwerk bei Abschluß der Arbeiten als vollständige Verwirklichung der Planung dar, so entspricht ein Garten bei seiner Fertigstellung noch keineswegs dem beabsichtigten Bild. Bei der Planung muß der Faktor Zeit mit all seinen Unwägbarkeiten einbezogen werden; das konzipierte Bild muß erst noch wachsen. Doch bis zu seiner Vollendung hat sich oft auch der Zeitgeist wieder gewandelt.

Neue Raumauffassungen, neue Vorlieben, neue Moden hinterlassen ihre Spuren und verändern das Bild. Strenggenommen ist keiner der nun vorgestellten Gärten original erhalten. Immer haben die Folgeepochen den Gärten neue Züge eingeschrieben. Dies empfindet man jedoch nicht unbedingt als störend. Anders als etwa bei einem Bauwerk wächst in einem Garten das Neue schnell mit dem Alten zusammen und wird wieder zur Einheit. Dennoch soll bei den nun folgenden Gartenbeschreibungen gerade auch der geschichtlichen Vielschichtigkeit die notwendige Aufmerksamkeit geschenkt werden.

Doch weit wichtiger als alle kunsthistorischen Aspekte erscheinen den Verfassern die Schönheit und Harmonie dieser Gärten. Und gewiß sind manche von ihnen zu weit größerer Schönheit gereift, als die Erbauer sie sich je vorzustellen vermochten.

Die traditionellen Zentren der Gartenkunst lagen in Italien vor allem in der Toskana, in und um Rom, in Venetien und in der Lombardei. Bei der hier getroffenen Auswahl wird aus jeder dieser Regionen ein Beispiel vorgestellt.

Des weiteren versucht die getroffene Auswahl einen Überblick über die Entwicklung vom frühen toskanischen Garten des 15. Jahrhunderts bis zu den *all'italiana*-Gärten des 18. Jahrhunderts zu schaffen. Mit den beiden letzten Beispielen der Villa I Tatti und der Villa Emo werden zwei Gärten aus unserem Jahrhundert vorgestellt, welche die Prinzipien des Italienischen Gartens in überzeugender Weise fortgeschrieben haben.

Die vorgestellten Gärten wurden alle zwischen 1981 und 1986 von den Verfassern mehrfach besucht – zu unterschiedlichen Jahreszeiten und bei unterschiedlicher Stimmung. Ohne Zweifel zeigen sich die Gärten im Mai in ihrem schönsten Gewande. In den heißen, trockenen Sommermonaten verblaßt ihr Glanz sehr schnell. Der Kontrast zwischen Frühjahr und Sommer ist weit größer als in den Gärten nördlich der Alpen. Und nun erst, wenn man die gewaltige Macht und den Zauber des Frühlings im Mittelmeerraum kennengelernt hat, wird man Botticellis ›Primavera‹ um so mehr verstehen.

Villa Gamberaia in Settignano
Ein toskanischer Villengarten

Am Rande des kleinen Ortes Settignano, wenige Kilometer östlich von Florenz, liegt an einer engen, sich zwischen Olivenhainen und Gemüsegärten windenden Straße die Villa Gamberaia. Man kommt zu einer kleinen halbrunden Vorfahrt und steht vor einem hohen, jegliche Einsicht verwehrenden Eisentor. Welch ein Gefühl, wenn es sich öffnet und man zum ersten Mal diesen wunderbaren Garten betreten darf!

Ein von hohen Zypressenhecken gesäumter Kiesweg führt zur Villa, der man sich von der architektonisch unauffälligen Schmalseite her nähert. An der Villa angekommen, wendet man unwillkürlich den Kopf zur Seite, wo sich ein herrlicher Ausblick über das Arno-Tal bietet. Von diesem Blick angezogen, betritt man eine vor der Hauptfassade der Villa gelegene Rasenterrasse, die von einer rosenberankten Brüstungsmauer eingefaßt ist. Auf ihr stehen Skulpturen von Jagdhunden, die sich gegen die einzigartig schöne Stadtsilhouette von Florenz abzeichnen.

Geht man von dort weiter, kommt man zum sicherlich beeindruckendsten Teil der Gartenanlage, dem Parterre, das sich in der Querachse der Villa aufbaut. Die makellose Frische der sorgfältig in plastischen Formen beschnittenen Buchsbaumhecken, die feinen Kieselsteinmosaiken der Gehwege, die spiegelnden Wasserbecken, die Rosen und die Zitronenbäumchen schaffen höchste Festlichkeit und Eleganz. Der strenge Formalismus erzeugt jedoch keineswegs Distanz, bleibt doch in allem der intime menschliche Maßstab, ja ein nahezu wohnlicher Charakter gewahrt. Man erliegt der Verzauberung dieses Gartens vollends, wenn man auf einer der steinernen Bänke ausruht, die Stille nur durch den Ruf eines Kuckucks unterbrochen wird, kleine Frösche ins Wasser platschen und die sparsam in Töpfen aufgestellten Blumen

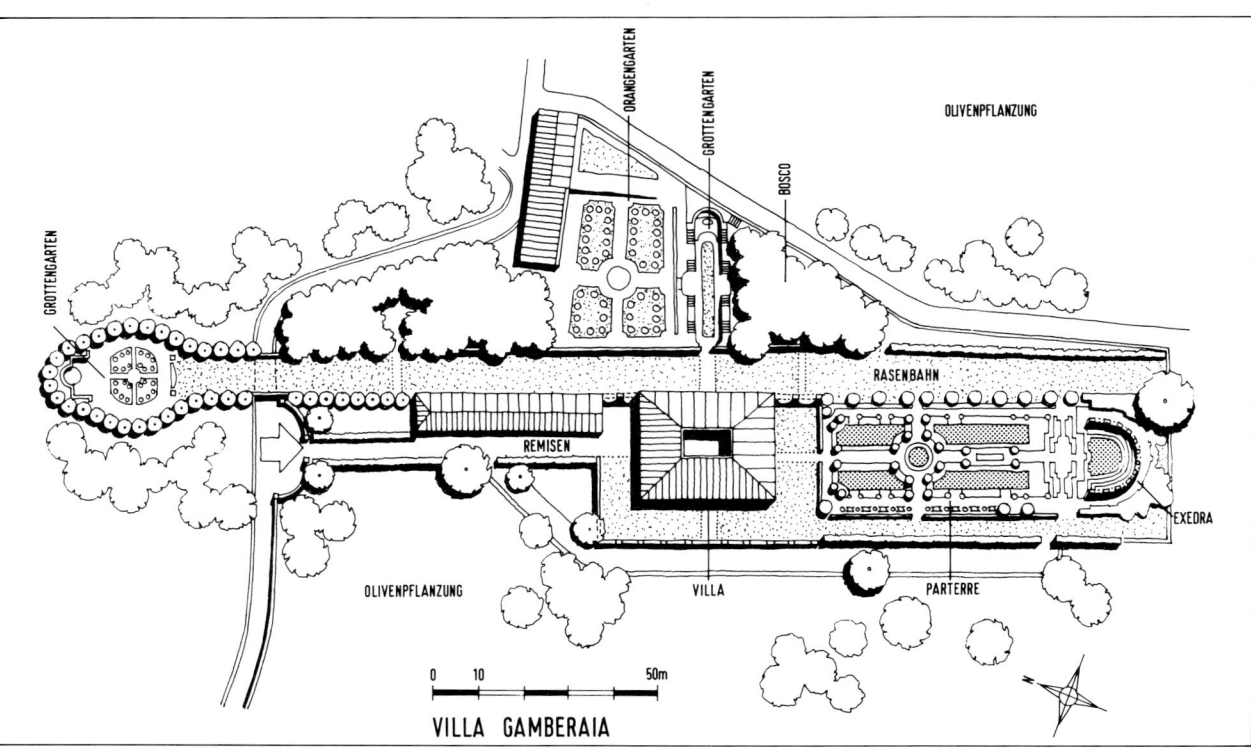

Villa Gamberaia in Settignano

101 Blick von der Villa zurück zum Eingangsportal des Gartens. Durch Hecken aus gestutzten Zypressen wird der Kiesweg zu beiden Seiten eingefaßt. Zwei steinerne Löwen wachen über die Schwelle zum Vorplatz der Villa.

102 Hinter der Villa erstreckt sich eine korridorartig angelegte Rasenbahn über die gesamte Grundstückslänge. Zur einen Seite endet sie bei einem im Schatten alter Zypressen gelegenen Grottengarten, zur anderen an einem balustradengesäumten Aussichtspunkt.

103 Mit ihrer Südwestfront ist die Villa auf den herrlichen Ausblick über das Arno-Tal und die Stadtsilhouette von Florenz ausgerichtet. Wirtschafts- und Lagerräume im Kellergeschoß des Gebäudes sind so angelegt, daß sie, unter der vorgeschobenen Rasenterrasse verborgen, der Villa einen wirkungsvollen Sockel geben.

Villa Gamberaia in Settignano

104   Die Loggia im Obergeschoß der Villa bietet einen zauberhaften Blick über das gepflegte Parterre, seine abschließenden halbrunden Zypressenexedra und darüber hinaus in die Weite der toskanischen Landschaft. Silbrig-grau flimmernde Olivenpflanzungen, bewaldete Hügel und die sich in zarten Farbtönen abstufende Tiefe des Landschaftsraumes erinnern an Perspektiven der großen Renaissancemaler.

105   Zwischen den sauber beschnittenen Buchsbaumsträuchern des Parterres stehen einige Rosen als Farbtupfer.

106   Blick von der Exedra zur Südostseite der Villa mit ihrer kleinen Loggia. Der Parterregarten entfaltet seine Reize nicht nur bei der Betrachtung von oben, sondern auch beim Rundgang zwischen den kubisch und kugelförmig gestutzten Sträuchern, die sich immer wieder zu neuen Räumen zusammenschließen.

111

von den schönsten Schmetterlingen umgaukelt werden.

Den Abschluß des Parterres bildet eine exedraförmige Zypressenhecke, die einen halbrunden Seerosenteich umschließt. Die ausgeschnittenen Portale rahmen Ausblicke in die hügelige Landschaft der Toskana. Silbrig-grau flimmernde Olivenpflanzungen, ockerfarbene, frisch gepflügte Felder und die sich in zarten Grau- und Lilatönen abstufende Tiefe des Landschaftsraumes – Perspektiven, wie wir sie von Leonardo da Vinci, Bellini, Raffael und Verrocchio kennen, in ihrer lichten Farbenskala ein idealer Kontrast zu den dunkellaubigen immergrünen Gehölzen des Gartens.

Die Schönheit dieses Parterres sollte nicht davon ablenken, sich auch den anderen Räumen des Gartens mit Muße zu widmen. Verläßt man also diesen Bereich, gelangt man in einen ungleich schlichteren, aber dennoch sehr eindrucksvollen Gartenraum: eine korridorartig angelegte Rasenbahn, der *prato*, der sich bei einer Breite von etwa 10 Metern und einer Länge von fast 300 Metern über die gesamte Grundstückslänge erstreckt. Talseitig endet er an einer Balustrade, und der Blick öffnet sich in die sonnendurchflutete Landschaft. Bergseitig führt der *prato* zu einer im Schatten mächtiger, dunkler Zypressen gelegenen Brunnengrotte. Hier wird er begleitet von einer langen Reihe üppiger Azaleen in schönen Terrakottagefäßen, dort von einer Reihe Zitronenbäumchen. Auf der einen Seite wird der *prato* durch die Villa und die Nebengebäude begrenzt, auf der anderen Seite durch eine hohe Stützmauer, in der sich eine Pforte zu einem Grottengarten öffnet – auch dieser ein höchst zauberhafter kleiner Gartenraum. Anfang Mai ist er erfüllt von blühenden Glyzinien, Ende Mai von Azaleen, im Juni, Juli von Hortensien. Der überreich mit Sandstein- und Terrakottaskulpturen, mit Kieselsteinmosaiken und Topfpflanzen ausgeschmückte Raum atmet mit seinen

bemoosten Wänden und tröpfelnden Grottennischen erfrischende Kühle. Auf beiden Seiten dieses Gartenraumes wird man von doppelläufigen Treppen nach oben geleitet. Auf der einen Seite kommt man in einen kleinen Bosco, ein Wäldchen mit uralten knorrigen Steineichen. Im September, nach dem ersten längeren Regen, ist der Boden hier mit einem Teppich dunkelrosafarbener wilder Alpenveilchen bedeckt.

Auf der anderen Seite führt die Treppe zu einem kleinen Zitronengarten; das alte Bild wie bei Boccaccio: ›ein Rasenplatz ..., von leuchtend grünen, kräftig treibenden Zitronen- und Orangenbäumchen umstanden‹ (s. S. 15). Dieser luftig gelegene Garten besitzt zwar nicht die Eleganz des Parterres, doch gefällt er durch seinen eher ländlichen Liebreiz. Die Fenster und das große Tor der schlicht gehaltenen Orangerie stehen weit geöffnet. In den Frühbeeten werden Sommerblumen vorgezogen, in Hunderten von Blumentöpfen sind Stecklinge gesetzt, gedeihen Küchenkräuter und werden allerlei Blumen gehegt.

Wer nun auch noch den letzten Winkel des Gartens aufspüren will, geht an der Orangerie vorbei und gelangt in ein kleines, ›vergessenes‹ Steineichenwäldchen, dessen Halbdunkel von einigen Terrakottaskulpturen belebt wird.

Erst wenn man nach diesem Rundgang auch einen Streifzug durch die umgebenden Felder und Olivenhaine unternimmt, vermag man die Gesamtanlage des Gartens zu erfassen. Man sieht, wie er sich, von hohen Stützmauern gefaßt, als Terrasse weit in die Landschaft hinausschiebt.

Wenn die Villa Gamberaia hier an erster Stelle steht und als Beispiel eines toskanischen Villengartens angeführt wird, mag dies auf Kritik des Historikers stoßen, da diese Villa erst im Jahre 1610 erbaut wurde und einige Partien des Gartens noch weitaus jünger sind. Eine Rechtfertigung dieser Hervorhebung möchten die Verfasser einerseits

darin sehen, daß dieser Garten heute vorbehaltlos zu den schönsten und gepflegtesten ganz Europas gezählt werden darf, andererseits darin, daß hier die Ideale des toskanischen Gartens viel eher nachvollziehbar sind als in den leider nur bruchstückhaft erhaltenen und zudem recht lieblos betreuten Gärten der Medici-Villen.

Zu den Idealen des toskanischen Gartens gehören die klaren Formen, die Beschränkung in den Stilmitteln und vor allem das überschaubare Maß. Da die Villa Gamberaia auch heute noch wie ein Landgut von Olivenhainen und Ländereien umgeben ist, Kelter, Ölpresse und Wirtschaftsräume erhalten sind, ist in ihr der Typ der alten toskanischen Villa noch am ehesten erkennbar. Nicht zuletzt ist es auch die Privatheit und Intimität des Gartens, die ihn den toskanischen Villen des 15. und 16. Jahrhunderts vergleichbar macht.

Wie durch einen aus dem 17. Jahrhundert erhaltenen Lageplan der Villa nachgewiesen, ist die Grundriß- und Raumbildung weitgehend im ursprünglichen Zustand erhalten. Die Zufahrtsallee, die Terrassen, das Parterre, die Rasenbahn, der Grottengarten, der Bosco und der Zitronengarten sind als Bereiche alle schon ausgewiesen. Im Detail hat sich freilich manches verändert. So ist der auf den ersten Blick gewiß faszinierendste Teil des Gartens, das Parterre, eine erst Ende des vergangenen Jahrhunderts zu datierende Neuanlage. Zwar zeigt der alte Lageplan dort auch einen Parterregarten, aber in anderer Form, als Broderie-Parterre, ohne die vier Wasserbecken und ohne die abschließende halbrunde Zypressenhecke. Der 1905 von Charles Latham verfaßte Bildband *The Gardens of Italy* enthält Photos der Villa Gamberaia, die das Parterre im gerade neu angelegten Zustand zeigen – die heute raumbildend hohen Buchsbaumhecken sind hier noch kleine Pflänzchen. Man sieht, auch dieser Garten mußte zu dem, was er heute ist, erst langsam wachsen.

Villa Gamberaia in Settignano

107 Der Rückseite der Villa gegenüber liegt ein kleiner Grottengarten. Der mit Sandstein- und Terrakottaskulpturen, mit Mosaiken und Topfpflanzen ausgeschmückte Raum atmet mit seinen bemoosten Wänden und seiner Grottennische erfrischende Kühle. Auf beiden Seiten dieses Gartenraumes wird man von zwei Doppeltreppen nach oben in andere Gartenbereiche geleitet.

Villa Gamberaia in Settignano

108 Über die alten Mauern des Grottengartens ergießt sich im Mai eine Flut weißer und blaulilafarbener Glyzinien. Die Verbindung von Stein und Pflanze, von bildhauerischer Gestaltung und Blütenpracht ergibt ein großartiges Bild.

109 Ende Mai blühen prächtige Azaleen in diesem Gartenraum, im Juni und Juli ist er von Hortensien geschmückt.

Villa Gamberaia in Settignano

110 In einem vergessenen Steineichenwäldchen hinter der Orangerie stehen an schattigen Kieswegen träumende Terrakottaskulpturen.

111 Der amorphe Stein der gemauerten Nische, die weichen, glatten Formen der Skulpturen, das schön gezeichnete Blattwerk der Hortensien und deren blaßrosafarbenen Blüten verbinden sich zu einem harmonischen Bild.

112 Verläßt man die Kühle des Grottengartens und steigt eine der Treppen hinauf, gelangt man zu einem sonnigen, schlicht gestalteten Zitronengarten, der vor einer schützenden Orangerie angelegt ist. Der ländliche Liebreiz dieses Bereiches wird durch einen kleinen, daran anschließenden Wirtschaftsgarten erhöht. Hier gedeihen in Hunderten von Blumentöpfen Küchenkräuter, sind Stecklinge gesetzt und werden allerlei Blumen gehegt.

Villa Capponi in Florenz-Arcetri
Ein Garten auf den Hügeln von Florenz

Man mag Florenz lieben wegen seiner kostbaren Gemäldesammlungen, seiner bezaubernden Fresken, seiner prächtigen Bauwerke oder auch wegen der verlockenden Läden, der vorzüglichen Küche und der erlesenen Weine. Doch eine der liebenswertesten Seiten der Stadt ist die Art und Weise, wie sie in ihren landschaftlichen Rahmen eingebettet ist, der harmonische Übergang zwischen Stadt und Landschaft. Welche andere Stadt dieser Größenordnung kann so makellose Stadtränder zeigen? Auf beiden Seiten des Arno-Tales ziehen sich von Gärten und üppigem Baumbestand umgebene Villen die Hügel hinauf.

Verläßt man die von Alleen gesäumten Hauptstraßen, kommt man schnell auf jene typischen engen Sträßchen, die in abenteuerlichen Windungen bergauf und bergab führen. Vorbei an schönen alten Palazzi und Villen, vorbei an endlos langen, mit Glyzinien berankten Bruchsteinmauern. Dahinter hohe Zypressen, Steineichen und mächtige Kastanien. Manchmal bieten sich Ausblicke auf kleine Gemüsegärten, Olivenhaine und Weinberge. Im Hintergrund sieht man immer die Domkuppel, die zeigt, wie nahe man noch dem Stadtzentrum ist.

An einer dieser Gassen, im Stadtteil Arcetri, liegt die Villa Capponi. So schlicht und bescheiden, wie sie sich darstellt, würde man gewiß an ihr vorbeifahren, wüßte man nicht, daß hier hinter hohen Mauern einer der schönsten Gärten von Florenz verborgen liegt. Er ist, ebenso wie die Villa Gamberaia, noch heute in Privatbesitz, und es bedarf der Vermittlung, um hier eingelassen zu werden.

Wem das schwere Portal geöffnet wird, der betritt eine Eingangshalle von schlichter Schönheit und wird dann durch einen breiten Gang mit alten Cotto-Fliesen in einen großzügigen hellen und hohen Salon geführt. Schließlich gelangt man auf die

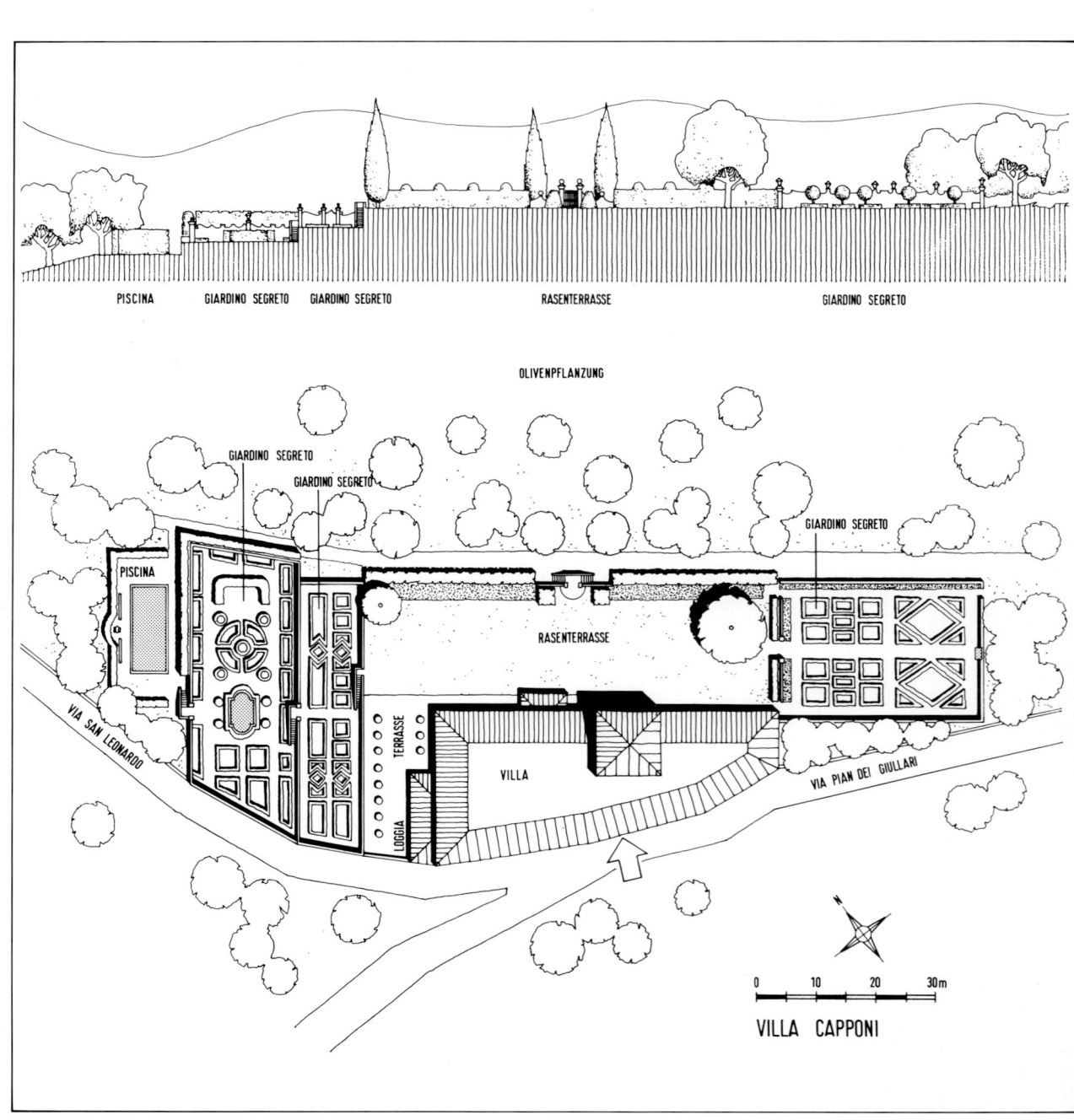

113 Geländeschnitt und Lageplan

Villa Capponi in Florenz-Arcetri

114   Die Loggia vor dem großzügigen Salon der Villa bietet einen unvergleichlich schönen Ausblick auf Florenz und die umgebenden Hügel. Vor den Fenstern stehen einige alte Azaleen, die im Mai ihre Blütenpracht entfalten.

115   Unterhalb der Terrasse liegt ein allseitig von Mauern umschlossener *giardino segreto*. Ursprünglich war er nur vom Keller des Hauses über dieses Tor zugänglich. Heute kann man auch über eine schmale, steile Treppe von der Terrasse in diesen Gartenraum hinabsteigen.

Loggia der Villa, wo sich ein unvergleichlich schöner Ausblick auf Florenz und seine Hügel bietet. Auf der Terrasse vor der Loggia stehen große Terrakottagefäße, die mit tiefrot blühendem Hibiskus und dicht belaubten Jasminsträuchern bepflanzt sind. Die unscheinbaren weißen Blütensterne des Jasmin verströmen einen intensiven Duft, der die ganze Terrasse erfüllt. Doch der bezauberndste Anblick dieses Gartens eröffnet sich erst, wenn man einige Schritte weitergeht und an die Brüstungsmauer der Terrasse herantritt. Etwa 5 Meter tiefer liegt ein allseitig von hohen Mauern umschlossener Gartenraum, ein *giardino segreto*. Über eine schmale Treppe kann man hinabsteigen. Zwischen den von Rosen und Glyzinien berankten, mit schön geschwungenen Zinnen und alten Keramikurnen gekrönten Umfassungsmauern ist ein hübsches kleines Buchsparterre angelegt. Im Frühjahr ist es mit rosa Lichtnelken, im Sommer mit weißen Fleißigen Lieschen bepflanzt.

Durchquert man diesen *giardino segreto* und öffnet ein schmiedeeisernes Tor, blickt man hinab auf einen zweiten, etwas größeren Gartenraum. Er hat zwar nicht die formale Strenge und raffinierte Proportion des ersten, doch wirkt er besonders einladend, weil es hier einen kleinen sonnigen Sitzplatz gibt, der von einer schützenden U-förmigen Hecke eingefaßt ist. Davor liegen ein Buchsparterre mit einigen Orangenbäumchen und ein mit Seerosen bepflanztes Goldfischbecken. Am Rande, vor den hohen Stützmauern und alten Eibenhecken, sind breite Blumenrabatten angelegt. Im Frühjahr blühen hier gelbe Calendula, und im Sommer entfalten kräftig rosafarbene Zinnien ihre Pracht.

Wieder öffnet man ein schmiedeeisernes Tor. Man steigt eine schmale Treppe hinab und gelangt in einen von hohen Zypressenhecken eingefaßten Gartenraum, der erst vor einigen Jahrzehnten entstand. Hier wurde ein rechteckiger Swimmingpool angelegt – eine Konzession an die moderne Auffassung vom Leben im Garten. Verläßt man diesen untersten Gartenraum und tritt zwischen der Zypressenhecke hindurch ins Gelände, steht man auch schon am Rande der Olivenpflanzung, die den Garten umgibt.

Wenn man nun den Weg zurück zur Villa nicht durch den Garten wählt, sondern es vorzieht, draußen, am Rande der Olivenpflanzung entlangzugehen, kommt man an einem Nutzgarten, einigen Blumen- und Rosenbeeten vorbei. Hier wachsen Schnittblumen und frisches Gemüse für die Villa. Weiter oben tritt man durch eine von alten Zypressen und zwei gemauerten Pfeilern gerahmte Pforte wieder in den Garten und steht auf einer großzügigen Rasenfläche, die an der gesamten Nordfassade der Villa verläuft und von einer mächtigen Linde beschattet wird. An der Hauswand rankt eine wunderschöne alte Glyzinie, deren Flut von blaulilafarbenen Dolden die schlichte Fassade im Mai für einige Wochen aufs prachtvollste schmückt.

Dort, in einem etwas versteckten Teil des Gartens, ist ein weiterer hübscher, quadratischer *giardino segreto* angelegt, der sich mit einer Eibenhecke zum übrigen Garten hin abschließt und dessen Zugang von zwei auf Säulen stehenden Terrakotta-Greifen bewacht wird. Geharkte weiße Kieswege führen zwischen buchsgerahmten Beeten hindurch, die im Frühling im lichten Blau der Vergißmeinnicht erstrahlen. In den Beetgevierten sind Orangen- und Zitronenbäumchen aufgestellt, deren ›goldene‹ Früchte mit den winzigen blauen Blüten in reizender Harmonie stehen. Jenseits dieses *giardino segreto* liegt der Wirtschaftsbereich, wo sich ein Hühner- und Kaninchenstall befindet und im Treibhaus nebenan der Gärtner seine Blumen und das Gemüse vorzieht.

Auch bei dem Garten der Villa Capponi stellt sich die Frage, inwieweit er original ist. Einen alten Plan oder einen Stich, der uns dies prüfen ließe, gibt es nicht. Es ist lediglich ein Dokument bekannt, das besagt, daß der Kaufmann Gino Capponi im Jahre 1572 hier in Arcetri ein Anwesen erwarb und es als Villa ausbauen ließ[62]. Da es keinerlei Hinweise auf spätere Veränderungen gibt, darf man annehmen, daß die Grundkonzeption des Gartens mit seiner herrlichen Aussichtsterrasse, seinen hübschen *giardini segreti*, den umgebenden Olivenpflanzungen und vielleicht sogar dem Rasenplatz seit dem 16. Jahrhundert im wesentlichen unverändert erhalten ist. Zudem ist er auch sehr gut mit einigen der von Giusto Utens gemalten Gartenanlagen vergleichbar und in seiner Schlichtheit und Intimität typisch toskanisch.

Es ist eine besondere Freude, beim Besuch dieses Gartens zu sehen, wie ihn die kunstsinnige und geschichtsbewußte Eigentümer-Familie bewohnt, mit welcher Liebe man sich seiner Pflege widmet und mit welch sicherem Farbgefühl die Bepflanzung des Gartens gewählt wird.

Aber auch dieser Garten birgt seinen Wermutstropfen. Die erst vor wenigen Jahren neu gearbeiteten Fenstersimse und Säulen aus *pietra serena*, dem für Florenz typischen, in warmen Ockertönen leuchtenden Sandstein, beginnen, angegriffen vom sauren Regen, schon wieder zu zerbröseln. Und auch die kranken Zypressen wird man nicht übersehen. Ist es nur der gefürchtete Pilz, der alle Zypressen der Toskana bedroht, oder wirken auch hier schädigende Umwelteinflüsse? Ist die Natur überfordert, all die Emissionen zu verkraften, die von der Stadt und den Industrien des unteren Arno-Tals ausgehen?

116　In diesem *giardino segreto*, dessen geschwungene, von
Zinnen und alten Keramikurnen gekrönte Umfassungsmauern
mit Rosen und Glyzinien berankt sind, ist ein herrliches Buchsparterre angelegt. Im Frühjahr ist es mit rosa Lichtnelken, im
Sommer mit weißen Fleißigen Lieschen bepflanzt.

Villa Capponi in Florenz-Arcetri

117 Blick über das mit Lichtnelken bepflanzte Parterre zur Loggia und zur Aussichtsterrasse der Villa. Die hohe Mauer ist von Glyzinien sowie weißen und vanillegelben Banksrosen *(Rosa banksiae)* berankt.

Villa Capponi in Florenz-Arcetri

118 Im Sommer stehen auf der Terrasse vor der Loggia große Terrakottagefäße mit tiefrot blühendem Hibiskus und duftenden Jasminsträuchern. Etwa fünf Meter unterhalb der Terrasse liegt der hübsche *giardino segreto*.

119 Man steigt weiter hinab in einen etwas größeren, ebenfalls von Mauern eingefaßten Gartenraum. Hier blickt man von einem sonnigen, durch eine U-förmige Hecke geschützten Sitzplatz auf ein Buchsparterre mit einigen Orangenbäumchen und auf ein mit Seerosen bepflanztes Goldfischbecken.

120   Die Nordostseite der Villa ist im Mai für einige Wochen aufs prachtvollste mit rankenden Glyzinien und Rosen geschmückt. Die Abbildung zeigt eine zartgelbe Banksrose *(Rosa banksiae)* und eine leuchtendrote Floribunda-Kletterrose.

121   In einem etwas abgelegenen Teil des Gartens ist ein weiterer kleiner *giardino segreto* angelegt, der sich zum übrigen Garten hin durch eine Hecke abschließt. Sein Zugang wird von zwei Terrakottagreifen bewacht. Geharkte weiße Kieswege führen zwischen buchsgerahmten Beeten hindurch, wo im Frühling das lichte Blau der Vergißmeinnicht leuchtet.

Villa Lante in Bagnaia
Ein klassischer Renaissancegarten

Die Villa Lante liegt in dem kleinen, von ausgedehnten Wäldern umgebenen Ort Bagnaia, etwa 70 Kilometer nördlich von Rom. Sie wurde im Jahre 1566 von dem Architekten Giacomo Barozzi da Vignola als Sommersitz für Kardinal Giovanni Gambara geplant, der im nahegelegenen Viterbo residierte.

In seinem meisterlichen kompositorischen Aufbau ist der Garten der Villa Lante ein klassischer Renaissancegarten und gehört zu den größten Werken europäischer Gartenkunst überhaupt.

Der französische Philosoph und Essayist Michel de Montaigne besuchte die Villa Lante im Jahre 1580. In seinem Reisebericht lobte er insbesondere das in diesem Garten im ›Überfluß‹ vorhandene Wasser und den Erfindungsreichtum der ›tausend Wasserkünste‹, die seiner Meinung nach denen der weitaus berühmteren der Villa d'Este in Tivoli und der Villa Pratolino bei Florenz noch überlegen waren[63]. Von Montaigne erfahren wir auch, daß die Wasserspiele von dem gleichen Messer Tomaso da Siena ausgeführt wurden, der diese Arbeiten auch in der Villa d'Este geleitet hatte.

Ein Blick auf den Grundriß läßt sehr schnell erkennen, wie der Gartenplan aus einer streng geometrischen Ordnung entwickelt ist. Daß dadurch keineswegs Steifheit und Langeweile erzeugt werden, beweist diese Anlage mehr als jede andere. Man merkt hier mit aller Deutlichkeit, daß die straffe geometrische Ordnung das notwendige Gerüst für die mannigfaltigen Raumbildungen und für die reichen bildhauerischen Ausgestaltungen liefert.

Der Garten ist in drei gleich große Zonen verschiedenen Niveaus und unterschiedlicher Stimmung gegliedert. Jeder Bereich liegt in einem anderen Licht: Schatten, Halbschatten, Sonne. Während der obere, schattige Bereich als wilde Natur ange-

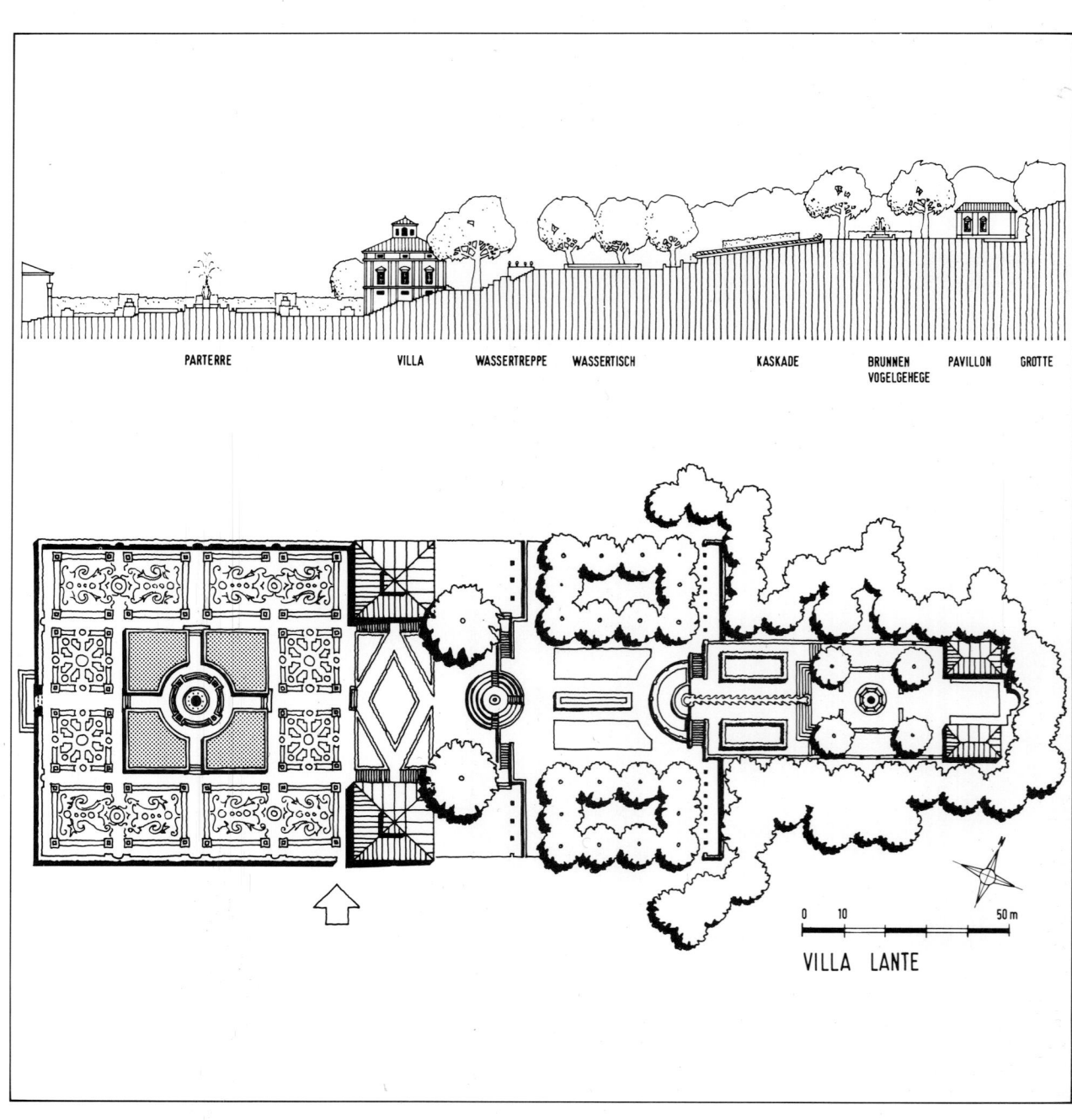

PARTERRE   VILLA   WASSERTREPPE   WASSERTISCH   KASKADE   BRUNNEN VOGELGEHEGE   PAVILLON   GROTTE

VILLA LANTE

Villa Lante in Bagnaia

123 Luftbild der Villa Lante. Der Architekt wagte den Geniestreich, statt einer großen Villa zwei kleine identische Gebäude zu errichten, und konnte dadurch die Achse freihalten. Der Garten wurde somit zur selbständigen Einheit erhoben, er war nicht mehr Ergänzung zur Villa, sondern das eigentliche Kunstwerk.

legt ist, zeigt der untere, sonnige Bereich geordnete Natur, der mittlere schafft die Verbindung zwischen beiden Polen.

Eine den ganzen Garten durchziehende Mittelachse verbindet diese drei Zonen. Ihre formale Dominanz gewinnt sie vor allem dadurch, daß sie von keinem Gebäude unterbrochen wird. Der Architekt wagte den Geniestreich, statt einer großen Villa zwei kleine identische Gebäude zu errichten, und konnte dadurch die Achse freihalten. Der Garten wurde somit zur selbständigen Einheit erhoben, er war nicht mehr Ergänzung der Villa, sondern das eigentliche Kunstwerk.

Gleichsam als Lebensader durchzieht den Garten eine Folge von Wasserspielen. Das Wasser entspringt in einer Grottennische, dort wo eine schroffe Felswand und undurchdringliches Dickicht den oberen Abschluß des Gartens bilden. Es sammelt sich in einem von dunklem Moos bewachsenen hufeisenförmigen Becken, das von zwei großen gemauerten Pavillons, den *logge delle muse*, den ›Loggien der Musen‹, flankiert wird. Das Wasser wird von dem Becken unterirdisch weitergeleitet und sprudelt dann aus einem Brunnen im Mittelpunkt der oberen Gartenzone wieder hervor. Im Schatten majestätischer Platanen und schwarzgrüner Steineichen standen hier früher rechts und links zwei riesige Volieren. Als letzte Relikte sieht man heute nur noch die hoch aufragenden schlanken Säulen, die wohl einst die leichte Gitterkonstruktion der Vogelhäuser trugen. Das Wasser setzt seinen Weg fort, strömt hervor aus dem Maul eines Flußkrebses, eines *gambero* (eine Anspielung auf die im Wappen des Kardinals Gambara enthaltene Tierdarstellung), und fließt in dem glitzernd-quirligen Wasserlauf einer zierlichen Kaskade weiter. Diese endet zwischen zwei kleinen Obelisken und ergießt sich als Wasserfall in ein halbrundes, von zwei Flußgötterstatuen gerahmtes Wasserbecken. Ein beeindruckendes Ensemble: die beiden rechts und links aufsteigenden Treppen, die mit Moosen und kleinen Farnen

bewachsenen Skulpturen, die hellschäumenden Fluten und das in tiefem Blaugrün schimmernde Wasserbecken.

Einige Meter weiter tritt das Wasser in einem langen steinernen Tisch hervor und durchfließt ihn in einer breiten Rinne. War sie gedacht zum Kühlen von Weinflaschen und Getränkekrügen oder war dieser aufsehenerregende ›Wassertisch‹ nur eine unterhaltsame Spielerei für die verwöhnten Gäste des Kardinals? Ob und wie oft er tatsächlich als Tisch benutzt wurde, sei dahingestellt. Zeitgenössische Genrebilder zeigen jedenfalls, daß man den besonderen Reiz einer im Garten festlich gedeckten Tafel sehr wohl zu schätzen wußte.

Wieder fließt das Wasser unterirdisch weiter und erscheint nach einigen Metern als Wasserspiel, das eine Treppe begleitet. Aus kleinen Speiern plätschert es in stufenförmig gestaffelte Rinnen, die zunächst eine halbrund-konkave und dann, nach einem kreisrunden Zwischenpodest, eine halbrund-konvexe Form beschreiben.

Noch einmal wird das Wasser unterirdisch weitergeleitet und kommt erst im Zentrum des Parterres, in einem quadratischen Wasserbecken, zur Ruhe. Seine Mitte wird von einem kreisrunden, balustradengesäumten *isolotto*, einer kleinen Insel, eingenommen, die von allen vier Seiten über schmale Stege zugänglich ist und von einem Springbrunnen gekrönt wird.

Der Weg des Wassers von der im Dunkel des Bosco verborgenen Quelle zum ruhigen glatten Wasserspiegel des lichten, kunstvollen Parterres erschließt eine faszinierende Raumfolge. Sie besitzt den Gestaltungsreichtum einer Symphonie und gewinnt durch die elementare Ausdruckskraft des Wassers eine symbolhafte Bedeutung. Ist sie nicht Gleichnis des von der Quelle zum Meer fließenden und dort wieder aufsteigenden Wassers, vielleicht auch Gleichnis des aus mittelalterlich mystischem Denken zur Bewußtseinshelle gekommenen Menschen der Renaissance und Gleichnis individuellen Lebenslaufes schlechthin?

124 Der Vergleich mit dem hier im Ausschnitt gezeigten Stich von Giacomo Laurus, der 1614 entstanden ist, zeigt, daß dieser Renaissancegarten in seiner ursprünglichen Form nahezu unverändert erhalten ist.

Villa Lante in Bagnaia

125 Gleichsam als Lebensader durchzieht den Garten eine Folge von Wasserspielen. Das Wasser entspringt in einer Grottennische, dort wo eine schroffe Felswand und undurchdringliches Dickicht den oberen Abschluß des Gartens bilden.

126 Das Wasser sammelt sich in einem von dunklem Moos bewachsenen Becken, das von zwei Pavillons, den ›Loggien der Musen‹, flankiert wird. Sie stehen im kühlen Schatten mächtiger alter Platanen.

Gerade die Vielfalt der Interpretationsmöglichkeiten ist Beweis der künstlerischen Qualität und Vielschichtigkeit des hier gestalteten Motivs.

Ein Vergleich mit dem 1614 veröffentlichten Stich von Giacomo Laurus[64] zeigt, daß dieser Renaissancegarten in seiner ursprünglichen Form nahezu unverändert erhalten ist. Am oberen Ende des Gartens erkennt man die Quellgrotte, daneben die ›Loggien der Musen‹ und die Vogelhäuser. Wie der Stich zeigt, war über dem dann folgenden Brunnen wohl einmal ein Brunnenhaus errichtet, von dem allerdings nichts mehr erhalten ist. Die Kaskade ist angedeutet, ebenso der Brunnen mit den beiden Flußgöttern, der Wassertisch und die nachfolgende Wassertreppe. Man sieht die beiden Villengebäude und in der untersten Zone des Gartens das Parterre. Hier hat sich freilich einiges verändert.

Auf dem Stich erkennt man im Zentrum des *isolotto* eine einfache Brunnenschale mit Fontäne. Heute befindet sich an dieser Stelle eine Skulpturengruppe, die im 17. Jahrhundert unter dem Nachfolgebesitzer, Kardinal Montalto, dort aufgestellt wurde. Vier Jünglinge halten das von einem wassersprühenden Stern gekrönte Wappen des Kardinals empor. Dort, wo heute sauber beschnittene Buchsbaum- und Eibenhecken stehen, die sich im Frühjahr in herrlich frischem Grün zeigen, waren ehemals einfache, mit hölzernen Flechtzäunen eingefaßte quadratische Beete. In einer dem heutigen Zustand vergleichbaren Form wird das Parterre erst auf einigen Stichen des 17. und 18. Jahrhunderts dargestellt.

Damals waren die Beete jedoch gewiß nicht mit orangegelben Tagetes und blaßroten Salvien bepflanzt, wie dies bei einigen der Parterrefelder heute der Fall ist – ein Bild, das sich mit dem großen klassischen Schema des Gartens nicht recht vertragen will. Ein überzeugender klassischer Schmuck hingegen sind die in großen Terrakottagefäßen aufgestellten Orangen- und Zitronenbäumchen. Auch die in manchen Parterrefeldern

127   Der Stich von Francesco Pannini zeigt den Garten, wie er sich im 18. Jahrhundert präsentierte. Im Vergleich mit der Darstellung von Giacomo Laurus (Abb. 124) ist zu erkennen, daß die Parterregestaltung verfeinert wurde. Abgesehen von den Springbrunnen inmitten der Parterrefelder entspricht die hier wiedergegebene Form weitgehend dem heutigen Zustand.

gepflanzten Rosen und die im Halbschatten unter den Platanen blühenden Hortensien entsprechen der klassischen Strenge des Gartens. Doch schon die Azaleen, die sich in anderen Italienischen Gärten nahtlos einfügen, wirken hier, neben dem vielen Steinernen, neben den Treppen, Balustraden und Bildwerken zu zart und zu exotisch.

Wie der Stich von Giacomo Laurus zeigt, gehörte auch das seitlich angrenzende, von Mauern umschlossene Bosco-Areal mit zur Gesamtanlage der Villa Lante. Dieses von Alleen durchzogene, ausgedehnte Wäldchen bot noch einige verborgene Anziehungspunkte: einige Wasserspiele, ein Labyrinth, eine Pergola und direkt nach dem Eingangstor den Pegasus-Brunnen, der noch heute erhalten ist und erst vor wenigen Jahren restauriert wurde.

Die Villa Lante, deren Name Bezug nimmt auf die Herzöge von Lante, welche die Villa im 17. Jahrhundert erwarben, ist in Privatbesitz, jedoch für die Öffentlichkeit zugänglich. Als eines der bedeutendsten Werke italienischer Gartenkunst wird sie mit staatlicher Hilfe gepflegt und ist heute in einem vorzeigbaren, wengleich nicht idealen Zustand. Die Anlage ist gut erhalten, die Wasserspiele sind fast alle funktionstüchtig, und in den letzten Jahren sind auch etliche, mit hohen Kosten verbundene Restaurierungsarbeiten vorgenommen worden. Doch fehlt dem Garten der beseelende Geist eines geschichtsbewußten, feinfühligen Hausherrn. Die beiden Villengebäude sind verwaist, die schönen Loggien im Erdgeschoß als Gerümpelkammern zweckentfremdet. Der Garten ist nur noch Schaustück und nicht mehr – wie bei den beiden ersten hier vorgestellten Gartenanlagen – Lebensraum einer Familie. Noch Anfang unseres Jahrhunderts war dies anders. In der 1905 verfaßten Gartenbeschreibung von Charles Latham heißt es, der Garten sei erfüllt vom Leben einer großen Familie mit vielen Kindern. Und tatsächlich, bei dem wohnlichen Format der Villa Lante fällt es nicht schwer, sich dieses vorzustellen.

Villa Lante in Bagnaia

128 Der lange steinerne Tisch wird in einer breiten Rinne von Wasser durchflossen. Wahrscheinlich war sie zum Kühlen von Weinflaschen und Getränkekrügen gedacht, vielleicht war dieser aufsehenerregende Wassertisch aber auch nur eine unterhaltsame Spielerei für die verwöhnten Gäste des Kardinals.

129 Das Wasser fließt hinab in einer glitzernden Kaskade, die zwischen zwei kleinen Obelisken endet und sich dann als Wasserfall in ein halbrundes Becken ergießt.

130   Erst im Zentrum des Parterres kommt das Wasser in einem quadratischen Becken zur Ruhe. In seiner Mitte erhebt sich eine kleine kreisrunde, balustradengesäumte Insel, ein *isolotto*, der von einem Springbrunnen gekrönt wird. Vier schmale Stege verbinden ihn mit dem Ufer.

131   Wo ursprünglich eine einfache Brunnenschale mit Fontänen stand, befindet sich heute eine Skulpturengruppe, die im 17. Jahrhundert von Kardinal Montalto dort aufgestellt wurde. Vier Jünglinge halten das von einem wassersprühenden Stern gekrönte Wappen des Kardinals empor.

Villa Lante in Bagnaia

132 Aus dem Maul eines Flußkrebses strömt das Wasser hervor und fließt weiter in dem glitzernd-quirligen Wasserlauf einer Kaskade. Sie wird zu beiden Seiten von schmalen getreppten Wegen begleitet, die seitlich durch hohe Hecken eingefaßt sind, so daß die ganze Aufmerksamkeit des Gartenbesuchers dem plätschernden Wasser zugewandt ist.

133 Besonders hübsch ist das auf Höhe der beiden Gebäude gelegene Wasserspiel. Aus kleinen Speiern plätschert es in stufenförmig gestaffelten Rinnen, die zunächst eine halbrund-konkave und dann, nach einem kreisrunden Zwischenpodest, eine halbrund-konvexe Form beschreiben (vgl. auch Abb. 31g).

134 Die Kaskade endet zwischen zwei kleinen Obelisken und ergießt sich als Wasserfall in ein halbrundes, von zwei Flußgötterstatuen gerahmtes Becken. Die mit Moosen und kleinen Farnen bewachsenen Skulpturen, die hellschäumenden Fluten und das in tiefem Blaugrün schimmernde Wasser des Beckens bilden ein beeindruckendes Ensemble.

Palazzina Farnese in Caprarola
Sommerhaus eines Kardinals

Etwa 20 Kilometer von der Villa Lante entfernt liegt inmitten eines bergigen Waldgebietes die kleine Stadt Caprarola. Schon von weitem ist sie an ihrer unverwechselbaren Silhouette zu erkennen: Kleine, dicht gestaffelte Häuser ziehen sich einen steilen Hang hinauf bis zu dem sich mächtig erhebenden fünfeckigen Palazzo Farnese. Seit seiner Restaurierung vor einigen Jahren leuchtet er in einem milden Orangeton. Mit seiner strengen, klaren Architektur besitzt er einerseits etwas Anziehendes, andererseits hat er etwas Bedrohliches – zu groß ist der Gegensatz zwischen diesem über allem thronenden Herrschaftsbau und den ärmlich wirkenden Häusern des Ortes.

Der Palast hatte bereits eine fünfundzwanzigjährige Baugeschichte, als Kardinal Alessandro II. Farnese um 1540 den Architekten Vignola mit der Vollendung des Bauwerkes beauftragte. Vignola verstand es, dem festungsartigen Gebäude eine Ausstrahlung zu verleihen, die seine Bedeutung als Zentrum des mächtigen Hauses Farnese zum Ausdruck brachte.

Zu dem Palazzo gehören zwei von hohen Mauern umschlossene Parterregärten, die man über Brükken betritt, da sie vom Palazzo durch einen tiefen Burggraben getrennt sind. Doch sollen hier nicht diese Parterregärten, die nur als uninteressante Reste erhalten sind, und auch nicht der Palazzo Gegenstand der Betrachtung sein, sondern die Palazzina Farnese. Dies ist eine kleine, oberhalb im Bosco versteckte Anlage, die eine selbständige architektonische Einheit bildet.

Hat man die Parterregärten des Palazzo durchschritten, führt der Weg durch einen lichten, mit ungewöhnlich hohen alten Bäumen bestandenen Wald – darunter besonders viele Eßkastanien, Zedern und Föhren. Auf weichem Gras steigt man bergan und erreicht schließlich einen quadrati-

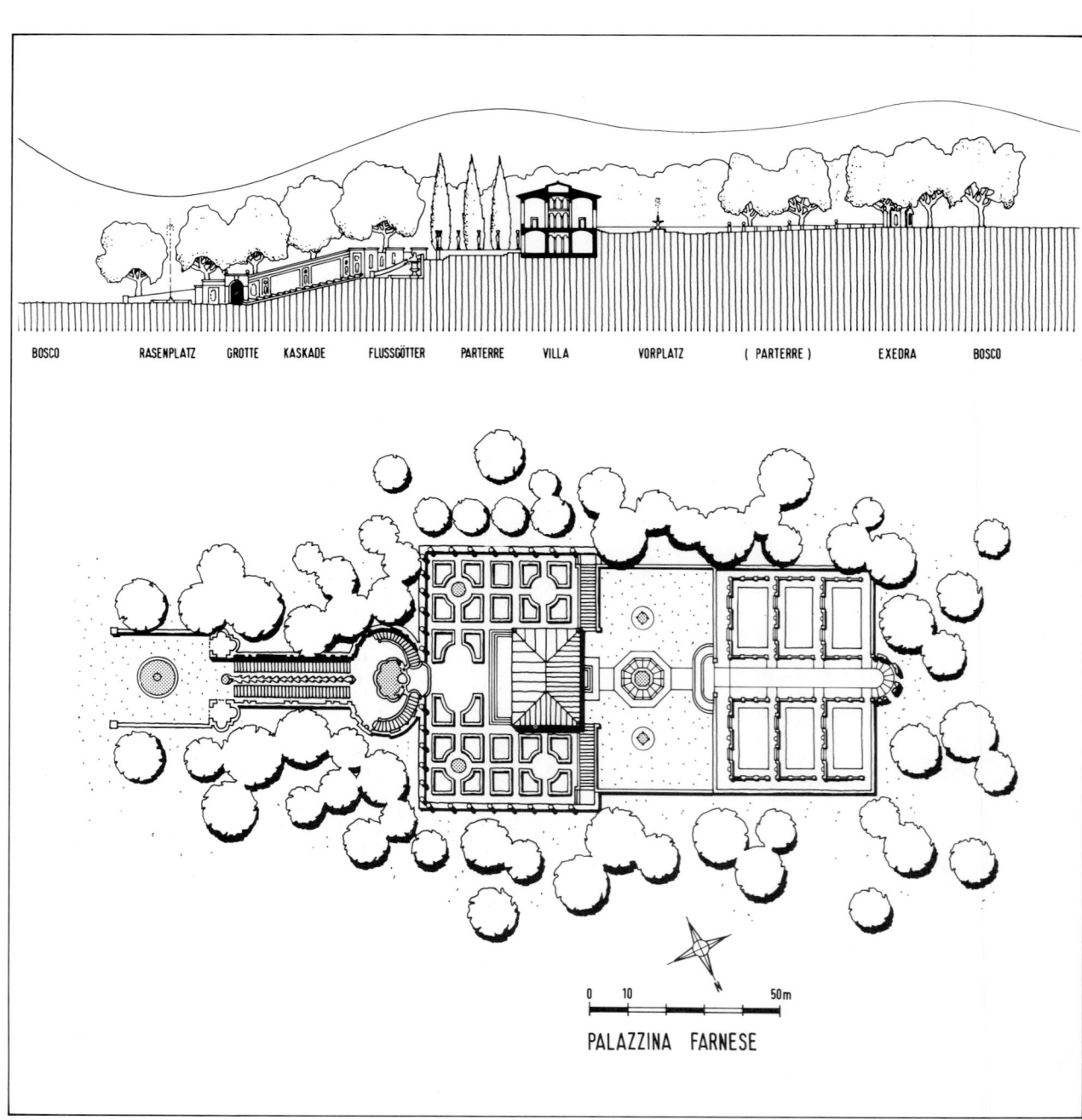

BOSCO RASENPLATZ GROTTE KASKADE FLUSSGÖTTER PARTERRE VILLA VORPLATZ (PARTERRE) EXEDRA BOSCO

0 10 50m

PALAZZINA FARNESE

Palazzina Farnese in Caprarola

136 Nach dem Gang durch einen mit hohen alten Bäumen
bestandenen Wald erreicht man einen quadratischen Rasenplatz und schaut von dort hinauf über eine faszinierende, von
Wasserspielen und Skulpturen begleitete Raumfolge bis zur
Loggia des schön proportionierten Bauwerkes.

Palazzina Farnese in Caprarola

137 Blick von der Höhe des Parterregartens zurück zur untersten Gartenebene, von der man gekommen ist. Das Bild zeigt das dichte Grün, das den Garten umgibt, und man spürt, daß diese architektonische Zauberwelt ein Ort der Stille ist.

138 Der Wasserlauf der Kaskade, der von girlandenartig gewundenen steinernen Delphinen gefaßt wird, endet in einer muschelförmigen Schale und fließt weiter in ein rundes Becken.

139 Die Brüstungsmauern der Treppen, die vom Parterregarten zur Palazzina ansteigen, werden von einer originellen Folge wasserspeiender Delphine begleitet.

140 Zwei wilde Flußgöttergestalten mit schweren Füllhörnern auf ihren Schultern lagern seitlich eines steinernen Kelches und wachen über den Wasserlauf.

schen Rasenplatz mit einem runden Wasserbek-
ken, aus dem eine Fontäne emporschießt. Von hier
wird der Blick über eine faszinierende, von Wasserspielen und Skulpturen begleitete Raumfolge
zu dem schön proportionierten Baukörper der
Palazzina hinaufgelenkt. In dieser um 1560 von
Vignola begonnenen Anlage – also etwa gleichzeitig mit der Villa Lante – konnte der Architekt
seine neuen Raumvorstellungen weit besser zum
Ausdruck bringen als beim Umbau des Palazzo,
der nur einen geringen Gestaltungsspielraum zuließ. Die hier im Bosco so unerwartet vorgefun-
dene architektonische Zauberwelt gehört in der
Tat zu den schönsten Raumfolgen des 16. Jahrhunderts, zu den schönsten Gartenräumen ohne-
hin.
In der Mitte des von hohen Mauern flankierten
Weges, der zur Palazzina hinaufführt, plätschert
munter eine kleine Kaskade, deren Wasserlauf girlandenartig von steinernen Delphinen gefaßt wird.
Am Ende der Kaskade erreicht man einen außerordentlich schön gestalteten ovalen Gartenraum,
der vom Rauschen herabstürzenden Wassers erfüllt ist. Es ergießt sich aus einem riesigen steinernen Kelch in ein muschelförmiges flaches Becken.
Zwei wilde Flußgöttergestalten mit schweren Füllhörnern auf ihren Schultern lagern seitlich des Kelches und wachen über den Wasserlauf.
Den kühnen Schwung der Begrenzungsmauern
nachzeichnend, führen rechts und links zwei flach-
gestufte Treppen weiter hinauf. Man betritt einen
als Terrasse angelegten Parterregarten, dessen
hüfthohe Begrenzungsmauern als Sitzbänke ausgeformt sind und etwa alle fünf Meter von mächtigen vasentragenden Hermen und Karyatiden
geschmückt werden. Diese insgesamt 28 Figuren
sind alle unterschiedlich gestaltet. Durch ihre
Gestik und Mimik wirken sie außerordentlich
lebendig, und man fühlt sich fast wie unter den
Gästen einer heiteren, sinnesfrohen Gesellschaft.

Hier sind die verschiedensten Charaktergestalten
voll amüsanter Anspielungen aufgereiht: allesamt
in ihrer Art liebenswürdige Erscheinungen. Der
fröhliche Landmann steht neben der jungen Schönen, die Matrone neben dem Kavalier. Die zwei in
den Ecken stehenden Statuen – aus formalen
Gründen sind sie enger aneinandergerückt –
tuscheln miteinander und werden dabei von einer
dritten beäugt.
Diese auf allen drei Seiten gereihten Statuen sind
eines der schönsten Beispiele dafür, wie durch
Skulpturenschmuck ein Raum gebildet werden
kann. Das helle Grau des Steins steht in kräftigem
Kontrast zum dichten Grün des Hintergrundes,
und die Skulpturen bezeichnen so eine deutliche
Raumgrenze.
Wendet man sich nun dem Gebäude zu, so sieht
man seitlich rechts und links zwei flach ansteigende Treppen. Die gestuften Brüstungsmauern
werden von einer originellen Folge wasserspeiender Delphine begleitet. Hat man das Ende der
Treppe erreicht, kommt man auf eine weite Freifläche, in deren Mitte sich auf einem kostbaren Kie-
selsteinmosaik eine Brunnenschale mit Springbrunnen erhebt. Zur einen Seite wird die Freifläche
vom Baukörper der Palazzina begrenzt, zur gegen-
überliegenden Seite schließt sich eine in drei flachen Stufen leicht ansteigende Gartenpartie an,
die früher vielleicht einmal ein blumengeschmück-
tes Parterre war.
Heute ist diese Zone etwas verwildert, und nur die
steinernen Bänke und kleinen Wasserspiele zeugen von der alten Pracht. Trotzdem entbehrt auch
dieser Bereich nicht eines gewissen Reizes. Vor
allem das von den Seiten herantretende dichte
Grün des Waldes schafft einen wunderbaren Rahmen. Man fühlt sich wie auf einer großartigen
Bühne – doch ein wenig verlassen, da man
vergeblich auf die Akteure wartet, welche die
Szenerie bevölkern.

Wer nun das Glück hat, auch die Palazzina selbst
betreten zu dürfen, dem wird sich von der reich mit
Fresken ausgemalten Loggia im ersten Obergeschoß ein herrlicher Rückblick bieten über den
Weg, den er hinangestiegen ist: unten, vor dem
Hintergrund des Waldes, das Wasserbecken mit
der Fontäne, dann die Kaskade, das Becken mit
dem Flußgötterpaar und der Parterregarten mit
den Skulpturen – eine straffe Raumfolge, wie sie
wohl nur Vignola hat konzipieren können.
Der Glanz des Palazzo und der Palazzina Farnese
war nur von kurzer Dauer. Nach dem Tod des
Erbauers wurde die Anlage bis gegen Ende des
16. Jahrhunderts noch einige Jahre von seinem
Nachfolger Odoardo Farnese bewohnt und unter-
halten.
Nach dessen Tod wurde der Sitz des Hauses Farnese nach Parma verlegt. Die Besitzungen in
Caprarola wurden vernachlässigt, bis sie 1731
durch Erbschaft an das in Spanien und Neapel
herrschende Haus Bourbon kamen und man sie
restaurierte. Die Königin stellte sie dem Kardinal
Acquaviva zur Verfügung, der seinerseits weitrei-
chende Restaurierungsarbeiten vornehmen ließ.
Nach der Mitte des 18. Jahrhunderts geriet die
Anlage dann bis in unser Jahrhundert wieder in
Vergessenheit.
Obgleich die Palazzina Farnese nun seit mehr als
200 Jahren leersteht, hat der Garten wenig von
seinen Reizen eingebüßt. Auch die Skulpturen,
offenbar aus einem sehr widerstandsfähigen
Stein, zeigen kaum Spuren der Verwitterung. Zwar
wurden in den vergangenen Jahren einige Restaurierungsarbeiten vorgenommen, doch sehr
zurückhaltend und ohne daß dabei die schöne
Patina der Jahrhunderte verletzt worden ist. Da
dieser Garten von Touristen weitgehend unent-
deckt ist, kann man ihn heute nicht nur als architektonisches Meisterwerk, sondern auch als Ort der
Stille genießen.

Palazzina Farnese in Caprarola

141–143 Die Begrenzungsmauern des Parterregartens sind
von mächtigen vasentragenden Hermen und Karyatiden geschmückt. Durch ihre Gestik und Mimik wirken die Figuren
außerordentlich lebendig, und man fühlt sich fast wie unter
den Gästen einer heiteren Gesellschaft. Hier sind die verschiedensten Charaktergestalten voll amüsanter Anspielungen aufgereiht – allesamt in ihrer Art liebenswürdige Erscheinungen.
Der fröhliche Landmann steht neben der jungen Schönen, die
Matrone neben dem Kavalier.

Villa d'Este in Tivoli
Der berühmteste Garten Italiens

An den Ausläufern der Albaner Berge, etwa 25 Kilometer östlich von Rom, am Rande der kleinen Stadt Tivoli, liegt die Villa d'Este, deren Garten gewiß der berühmteste ganz Italiens ist.

In einem anschaulichen Stich von Etienne Dupérac aus dem Jahre 1573 ist wiedergegeben, wie sich der Garten kurz nach seiner Fertigstellung präsentierte. Die Darstellung zeigt die Anlage in einer vogelperspektivischen Gesamtschau, anhand derer sich in hervorragender Weise ein Rundgang nachvollziehen läßt.

Man betrat den an einem steilen Hang gelegenen Garten nicht wie heute von oben, durch die Villa, sondern auf der untersten Ebene. An einem Abzweig der Via Tiburtina, der alten Verbindungsstraße zwischen Rom und Tivoli, dem antiken Tibur, lag das mächtige, von zwei Brunnen gerahmte Eingangstor des Gartens (außerhalb des vom Stich erfaßten Ausschnittes). In Blickrichtung der den Garten durchziehenden Mittelachse lag hoch oben die Villa. Der Weg dort hinauf führte durch die schönsten und vielgestaltigsten Gartenräume. Als erstes betrat man einen weitläufigen, ebenen Bereich, der durch eine kreuzförmige Pergola viergeteilt war. Hier waren Kräuter- und Blumenbeete angelegt, und kleine Pavillons luden zum Verweilen ein. Rechts und links schlossen sich je zwei große Heckenlabyrinthe an. Hatte man die Pergola durchschritten, betrat man einen Bereich, der von vier großen rechteckigen Fischbassins beherrscht wurde.

Dieser sich quer zur Mittelachse erstreckende Gartenraum fand seinen Abschluß talseitig in einer exedraförmigen Aussichtsterrasse, bergseitig in zwei Rampen, die zu der berühmten ›Wasserorgel‹ führten, neben dem ›Vogelbrunnen‹ eines der vielbestaunten technischen Wunderwerke des Gartens. Beides waren raffiniert konstruierte Automa-

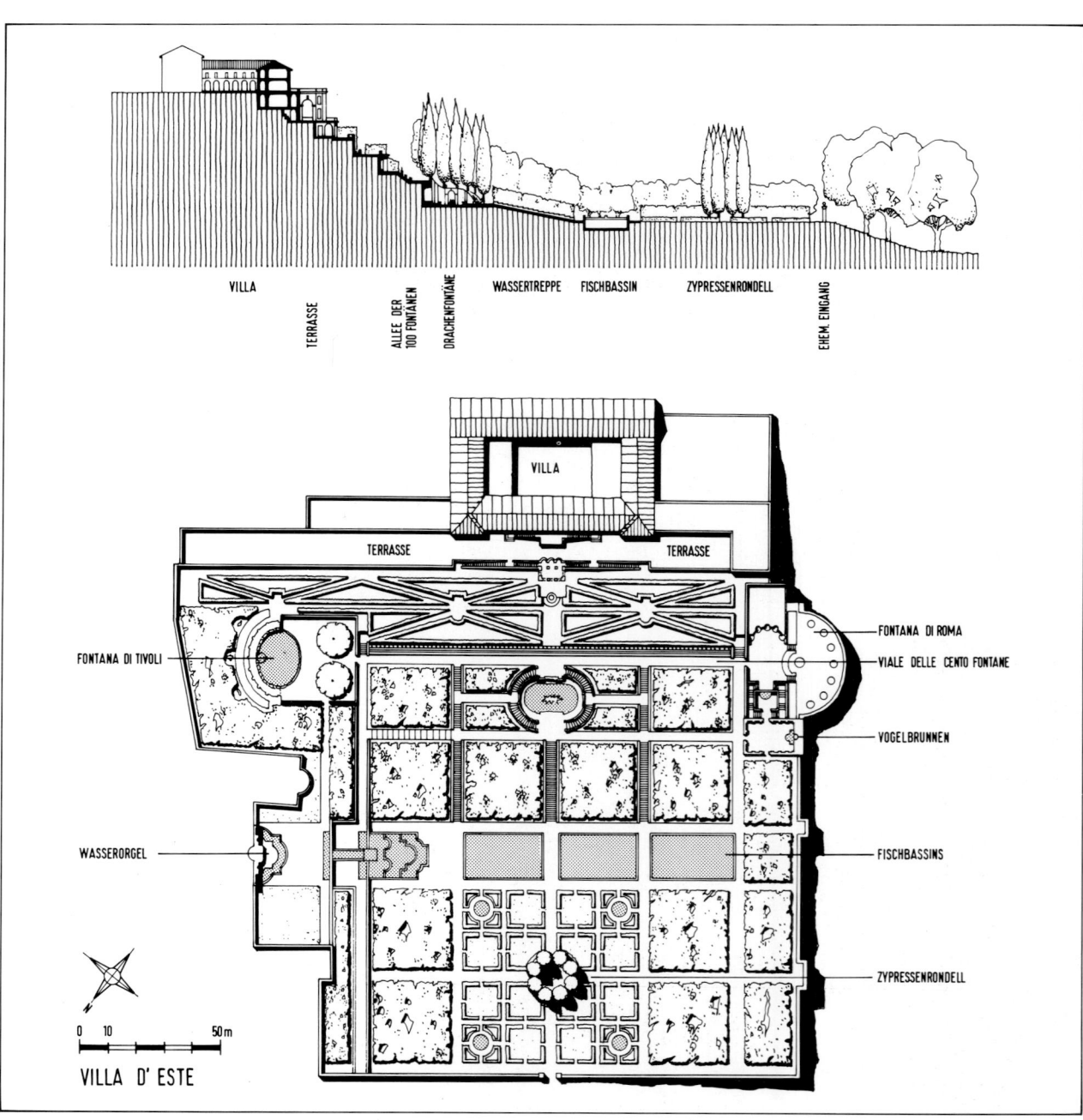

145 Die *Viale delle cento Fontane*, die ›Allee der hundert Fontänen‹, gehört ohne Zweifel zu den faszinierendsten Schöpfungen dieses Gartens, ja der europäischen Gartenkunst insgesamt. Auf einer Länge von fast 150 Metern spritzt aus einer schier unendlich erscheinenden Zahl von steinernen Obelisken, Adlern, Lilien und Barken Wasser empor, das sich in eine trogartige Rinne ergießt, um dann aus kleinen Chimärenköpfen in eine zweite, tiefergelegene Rinne zu strömen.

Villa d'Este in Tivoli

146, 147 Im Jahre 1685 fertigte Giovanni Venturini einen fast dreißig Blätter umfassenden Stichezyklus der Villa d'Este. Die Abbildung rechts zeigt eine Ansicht der *Viale delle cento Fontane* in Blickrichtung zur *Fontana di Roma*. Die Breite des Weges ist aus graphischen Gründen nicht realistisch wiedergegeben; sie entspricht nur etwa einem Drittel des hier angesetzten Maßes, wodurch der Weg mehr Intimität besitzt, als die Darstellung vermuten läßt. Die Abbildung links zeigt die unterste Gartenebene mit den vier Fischbassins. Wie man sieht, waren die Beckenränder ehemals mit Orangenbäumchen und kleinen Wasserspielen geschmückt.

148 In dieser anschaulichen Vogelperspektive von Etienne Dupérac aus dem Jahre 1573 ist uns überliefert, wie der Garten kurz nach seiner Fertigstellung aussah. Dieser Stich, den der Künstler der Königin von Frankreich, Katharina von Medici, gewidmet hat, trug sehr zum Ruhm der Villa d'Este bei. Man darf davon ausgehen, daß der Druck und die ihn ergänzende Beschreibung bald an allen Höfen Europas verbreitet war, und er so für eine ganze Epoche der Gartenkunst eine wichtige Quelle der Inspiration wurde.

ten, die mittels Wasserkraft aus Orgelpfeifen Töne hervorbrachten und verschiedene Figuren in Bewegung setzten.

Von den Fischteichen führten drei von Wasserspielen begleitete Treppen durch ein Wäldchen weiter nach oben zur Villa. Der mittlere Treppenlauf teilte sich und umschloß das ovale Wasserbecken der ›Drachenfontäne‹.

Diese Treppen mündeten in der *Viale delle cento Fontane*, der ›Allee der hundert Fontänen‹, deren Endpunkte auf der einen Seite der Brunnenhof der *Fontana di Tivoli* und auf der anderen Seite die *Fontana di Roma* waren, bei der die wichtigsten Bauwerke des antiken Rom, in Nachbildungen zu einer Miniaturstadt zusammengestellt, die Kulisse eines Theaterpodiums formten.

Das letzte Stück bis hinauf zur Terrasse der Villa führte über langgezogene Rampen, die den steilen Hang mit einem Netz sich kreuzender Wege überzogen.

Bauherr dieser im Jahre 1550 begonnenen Anlage war Kardinal Ippolito d'Este aus dem Hause der Herzöge von Ferrara. Aufgewachsen an einem Hof, der als einer der politischen und künstlerischen Mittelpunkte Italiens galt, welterfahren durch langjährige Aufenthalte in Frankreich am Hofe Franz' I., gehörte Ippolito d'Este zu den gebildetsten und politisch einflußreichsten Größen seiner Zeit. Er war Kunstliebhaber und – dem humanistischen Ideal folgend – leidenschaftlich mit Altertumsforschung befaßt, war er Sammler antiker Schriften und Skulpturen.

Als Architekt der Anlage, auch wenn durch keinerlei Dokumente ausdrücklich überliefert, gilt der in den Diensten des Kardinals stehende Künstler Pirro Ligorio. Wie urkundlich nachgewiesen, war er zunächst als Freskenmaler für Ippolito d'Este tätig und stand später als *antiquario* – als Archäologe – in dessen Diensten. Sein Auftrag war die Erforschung der nahegelegenen Ruinenstätte der Villa Hadriana, jener riesigen, prachtvollen Villenanlage aus der römischen Kaiserzeit.

Da bekannt ist, daß Pirro Ligorio gegen 1560 die Fertigstellung des Belvedere-Gartens im Vatikan (s. S. 23) übernommen hatte und auch für die hinter der Peterskirche gelegene Villa Pia als verantwortlicher Architekt zeichnete, wird angenommen, daß die Konzeption der Villa d'Este im wesentlichen sein Werk ist. Seine archäologischen Untersuchungen an der Villa Hadriana hatten ihm offenbar entscheidende Anregungen geliefert. Diese lassen sich vor allem darin erkennen, wie die Gartenebenen in die Topographie eingefügt sind, wie sie talseitig mit künstlichen Terrassen in die Landschaft hervortreten und bergseitig sich in das Gelände hineinschieben. Auch die immer wieder verwendeten halbrunden Exedraformen und die großen rechteckigen Wasserbecken sprechen vom antiken Vorbild. Die ›Verwertung‹ der Villa Hadriana ging so weit, daß sogar zahlreiche dort ausgegrabene Skulpturen in der Villa d'Este neu aufgestellt wurden.

Die Orientierung an der Antike wird auch von Dupérac deutlich hervorgehoben, wenn er betont, daß der Garten eine ›in ihrer Art vollkommene und mit jeglichem Werk der Antike vergleichbare Sache‹ sei[65].

Der Garten der Villa d'Este darf wohl als der seit Jahrhunderten bekannteste Italienische Garten bezeichnet werden. Gerade Dupéracs Stich hatte sehr zum Ruhm der Anlage beigetragen. Der Künstler, der bereits für Kaiser Maximilian in Wien eine Zeichnung des Gartens gefertigt hatte, widmete den Stich der Königin von Frankreich, Katharina von Medici. Man darf davon ausgehen, daß dieser Druck und die ihn ergänzenden Beschreibungen bald an allen Höfen Europas verbreitet und so für eine ganze Epoche der Gartenkunst eine wichtige Quelle der Inspiration waren. Von der Kunde dieses Gartens angezogen, kamen Abgesandte der Herrscherhäuser, Gelehrte und Künstler. Der französische Essayist Michel de Montaigne besuchte die Anlage im Jahre 1580, der englische Gelehrte John Evelyn war hier im Jahr 1660 zu

Gast. 1685 fertigte Giovanni Francesco Venturini einen fast dreißig Blätter umfassenden Stiche-Zyklus des Gartens.

Im Jahre 1760 hielten sich die jungen Maler Jean-Honoré Fragonard und Hubert Robert in der Villa d'Este auf und zeichneten dort die von wucherndem Grün gerahmten Brunnen und Wasserspiele, die Treppen, Balustraden und Bildwerke[66]. Die Skizzen wurden später in Gemälde und Drucke umgesetzt, die einen entscheidenden Teil des Gesamtœuvre beider Maler darstellen. Gegen Ende des 18. Jahrhunderts ging die Villa durch Heirat in den Besitz des Hauses Habsburg über. Bald wurde sie vernachlässigt, vieler Statuen beraubt und verfiel zum Teil.

Im Jahre 1831 entstand ein Gemälde des Biedermeier-Künstlers und Romantikers Carl Blechen[67]: Auf den Terrassen und in den schattigen Alleen sieht man in roten Roben wandelnde Kirchenfürsten. Hatte der Maler es tatsächlich so gesehen oder wollte er das vergangene Bild der Villa aus der Zeit des Kardinals Ippolito d'Este noch einmal wachrufen?

Zwischen 1850 und 1896 kam der Garten noch einmal zu neuem Glanz. Kardinal Gustav von Hohenlohe hatte das Anwesen gepachtet und ließ dringend gebotene Restaurierungen vornehmen. Ein seit 1864 mehrfach wiederkehrender Gast des Kardinals war Franz Liszt, der dem Garten zwei Klavierstücke widmete: ›Die Wasserspiele der Villa d'Este‹ und ›Zypressen der Villa d'Este‹.

Noch heute übt der Garten eine magische Anziehungskraft auf Künstler aus. Wo immer ein Bildhauer sich mit der Gestaltung eines Brunnens oder eines Wasserspieles befaßt, wird er hier nach Anregungen suchen.

Was jedoch ist von der alten Pracht geblieben? Wie erlebt man heute einen Gang durch diesen berühmten Garten?

Hat man die in luftiger Höhe über der tiburtinischen Tiefebene gelegene kleine Stadt Tivoli erreicht, merkt man schon recht bald, daß die Villa

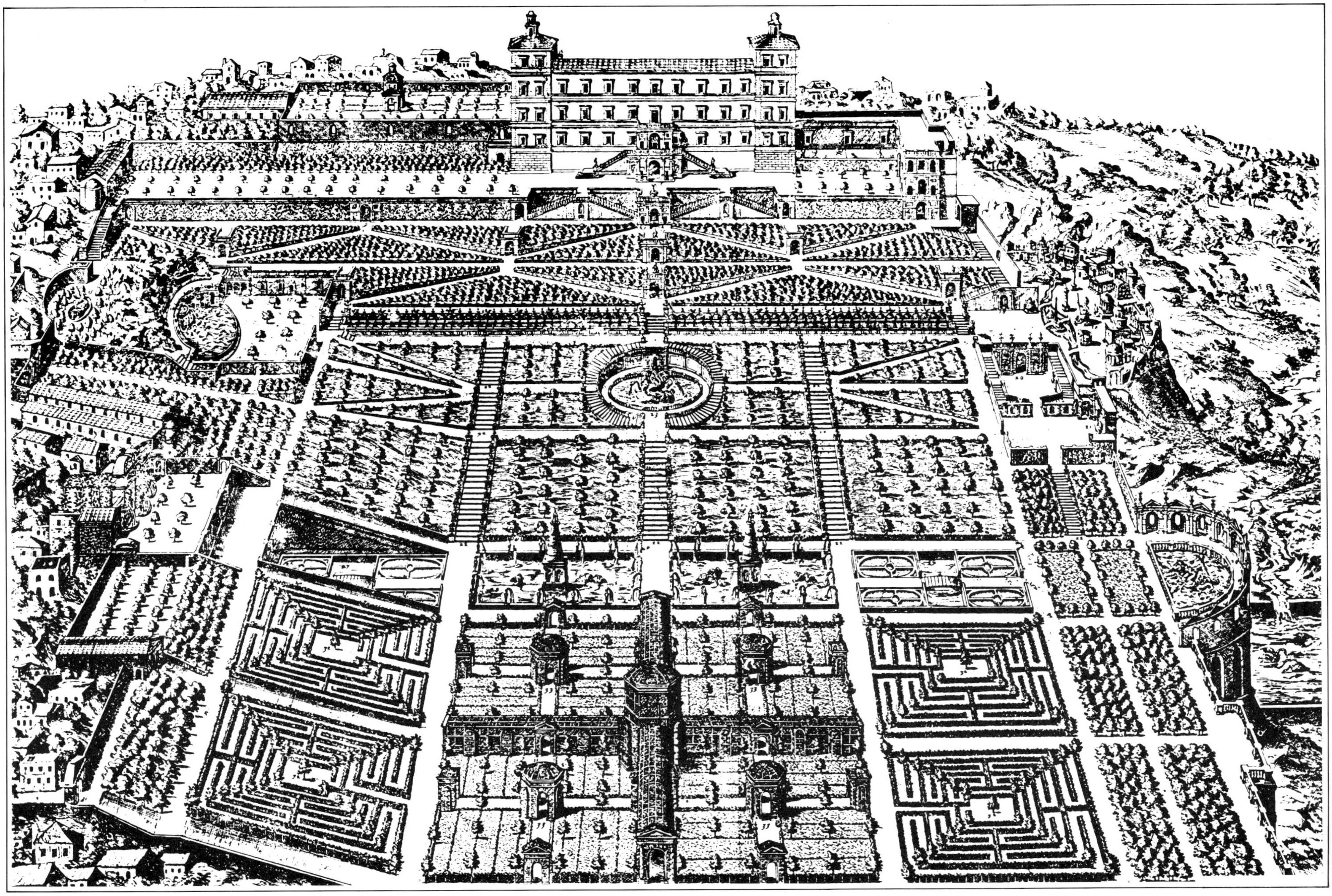

Villa d'Este in Tivoli

149, 150 Details der *Fontana di Tivoli*. Diese Wasserspiele gehörten zu den großartigsten Inszenierungen der Villa d'Este. Der Raum ist erfüllt vom Tosen des Wassers und vom Schleier zerstäubender Tropfen.

151 Der ›Vogelsang-Brunnen‹ besaß früher einen raffiniert konstruierten Automaten, der mit Hilfe von wasserbetriebenen Orgelpfeifen Vogelstimmen erzeugte. Doch auch ohne diesen Mechanismus bietet der Brunnen ein imposantes Schauspiel. Aus dem Gewölbe einer Grottennische stürzt ein tosender Wasserfall herab und ergießt seine Fluten über einige Stufen in ein halbrundes Becken.

152 In der Hauptachse des Gartens, direkt unterhalb der *Viale delle cento Fontane*, liegt in einem ovalen Becken die *Fontana del Dragone*, der ›Drachenbrunnen‹, dessen mächtige Fontäne hoch emporschießt. In kühnem Schwung zu beiden Seiten hinaufführende Freitreppen umschließen das dramatische Schauspiel.

Villa d'Este in Tivoli

153, 154 Zwei der unendlich vielen, stets andersartig gestalteten wasserspeienden Chimärenköpfe an der *Viale delle cento Fontane*.

155 Diese flach aufsteigende Treppe wird zu beiden Seiten von einem originellen Wasserspiel begleitet. Gleich einer Metamorphose fließt das Wasser von Becken zu Becken durch immer neue Masken.

156 Bei der *Fontana di Tivoli* ergießt sich ein aus wildem Grün hervorstürzender Wasserfall als rauschender Vorhang über eine steinerne Schale in ein ovales Becken.

d'Este hier die große Touristenattraktion ist. Der ausgeschilderte Weg führt durch eine vom Rummel der Andenkenbuden erfüllte Gasse. Durch eine kleine Seitentür und einen kurzen Gang kommt man in einen Hof, ohne zuvor auch nur irgendeinen Eindruck der Villa als Ganzes gewonnen zu haben. Über dunkle Treppen, verstaubte Korridore und Säle wird man hinabgeführt auf die Terrasse, von der sich weite Ausblicke eröffnen: fern im Dunst des Horizonts die Metropole Rom, im Vordergrund schöne Olivenhaine, einige, vielleicht antike alte Gemäuer, mohnblumenübersäte Felder und der von wucherndem Grün umschlungene Wasserlauf des Aniene-Flusses, etwas weiter im Hintergrund eine Zementfabrik mit rauchenden Schloten, wilde Mülldeponien, Autowracks – jene schmerzende Mischung, die heute vielerorts das Bild der Campagna prägt.

Unterhalb, direkt zu Füßen, der Garten. Die Luft ist erfüllt vom Rauschen der Wasserspiele. Vielleicht hatte man das Glück und traf erst am späten Nachmittag ein, dann nämlich sind die Touristenströme merklich schwächer, und der Garten liegt bald in seinem schönsten Licht. Ohne recht zu wissen, wohin der Weg führt und was es am Ziel zu sehen gibt, steigt man durch ein kleines Wäldchen hinab und erreicht als erstes die *Viale delle cento Fontane*. Sie gehört ohne Zweifel zu den faszinierendsten Schöpfungen dieses Gartens, ja der europäischen Gartenkunst insgesamt. Auf einer Länge von etwa 150 Metern spritzen aus einer schier unendlichen Reihe von steinernen Obelisken, Adlern, Lilien und Barken Wasserstrahlen, ergießen sich in eine trogartige Rinne und sprudeln aus kleinen Chimärenköpfen in eine zweite, tiefergelegene Rinne. Das glitzernde Wasser zwischen den dicken Polstern von Moos und Tüpfelfarn, das Geplätscher und die in der Luft zerstäubenden Wassertröpfchen – ein wahrhaft königliches Schauspiel!

Welch ein Vergnügen, hier an einem heißen Tag im kühlen Schatten entlangzugehen!

An dem einen Ende des Weges kommt man zu einem von alten Platanen bestandenen Brunnenhof mit der *Fontana di Tivoli*. Ein aus wildem Grün hervortretender Wasserfall ergießt sich als ein rauschender Wasservorhang über eine steinerne Schale in ein ovales Becken. Der Raum ist erfüllt vom Tosen des Wassers und dem Schleier zerstäubender Tropfen. Geht man nun durch den im Halbdunkel liegenden Grottengang, der hinter dem Becken herumführt, atmet man erdfeuchte Kühle, und tritt man schließlich hinter den von gleißendem Licht durchdrungenen Wasservorhang, so werden die Sinne aufs äußerste angeregt, erlebt man eine phantastische Inszenierung.

Am anderen Ende der *Viale delle cento Fontane*, in Blickrichtung Rom, liegt die *Fontana di Roma*. Doch von jener Miniaturstadt, die auf dem Stich von Dupérac zu sehen ist, finden sich nur noch letzte zusammenhanglose Relikte.

Um weiter in den Garten hinabzusteigen, kann man nun entweder den Weg über eine auf beiden Seiten von kleinen Wasserspielen begleitete Treppe wählen oder über jene halbrund geschwungene Treppe, die das ovale Wasserbecken der ›Drachenfontäne‹ mit ihrem hoch emporschießenden Strahl umschließt. Auch diese Treppen sind in ihrer Verbindung mit dem Wasser höchst kunstvolle Inszenierungen.

Noch einen weiteren langen Treppenlauf hinab, und man steht vor den Fischbassins, die man auch auf den alten Stichen sieht. Doch welch ein Unterschied! Auf dem Stich von Venturini sind die Beckenränder mit einer Vielzahl üppiger Topfpflanzen und mit kleinen sprudelnden Wasserspielen geschmückt. Die an den Becken entlangführenden Wege sind von sauber beschnittenen Hecken gesäumt.

Heute zeigt sich dieser Gartenbereich in einer recht verödeten Form. Nur noch die nackten Becken sind erhalten; auf ihrem Wasser schwimmen einsam zwei Schwäne. Vielleicht wird diese Tristesse nur von den wenigsten Besuchern wahrgenommen, denn alle Aufmerksamkeit wird hier dem monumentalen Wasserfall des Neptun-Brunnens geschenkt. Seine heutige Form erhielt er erst in unserem Jahrhundert. Wie den Darstellungen des 17. und 18. Jahrhunderts zu entnehmen, ergoß sich hier früher eine *Fontana rustica*, ein quasinatürlich gestalteter Wasserfall, der zur Gesamtstimmung des Gartens gewiß besser paßte als die heutige, recht übertriebene Form.

Der unbefangene Besucher wird nun sehr schnell erkennen, daß der anschließende Gartenbereich nichts mehr zu bieten hat, und ihn gar nicht weiter beachten. Derjenige, der noch den Stich von Dupérac vor Augen hat, wird die Pergola, den Kräutergarten und die Labyrinthe suchen. Vergeblich, nichts davon ist mehr erhalten. Und auch das von Venturini dargestellte großartige Zypressenrondell, das im 17. Jahrhundert statt der Pergola angelegt wurde, bietet inzwischen ein trauriges Bild: ein jämmerlicher Rest verstümmelter, kranker alter Zypressen. Auch wenn da und dort noch einige beachtenswerte Brunnen stehen, präsentiert sich die gesamte untere Ebene des Gartens in einem äußerst glanzlosen, dem Ruhm der Villa d'Este gänzlich unangemessenen Zustand.

Bei aller Bewunderung für die gut restaurierten Wasserspiele, die – sofern vom Aniene-Fluß ausreichend gespeist – fast alle wieder ihre raffinierte Kunst entfalten, gewinnt man insgesamt sehr stark den Eindruck, daß der Garten heute nur noch verwaltet wird und es an fachkundigen, leidenschaftlich engagierten Köpfen und fleißigen Händen fehlt, die ihm die atemberaubende Schönheit zurückgeben, die er gewiß einmal besessen hat.

Villa Aldobrandini in Frascati
Ein Garten an den Hängen der Albaner Berge

Wenn man im mörderischen Verkehr auf dem *Raccordo annulare*, der großen Ringstraße um Rom, steckt und in der Ferne die Höhenrücken der Albaner Berge sieht, ahnt man, daß dort vielleicht ein Ort zu finden ist, wo man von der Hektik der Metropole ein wenig entspannen und Luft schöpfen kann. Dort am Hang der Berge wird man neben anderen Ortschaften auch unschwer die kleine Stadt Frascati ausmachen können. Schon in der Antike hatten hier, in der Nähe des Ortes Tusculum, viele wohlhabende römische Familien ihre Landhäuser. Für das aufstrebende Rom des 16. und 17. Jahrhunderts war Frascati mit seiner reichen Geschichte und seinem angenehmen Klima gleichfalls höchst begehrt. Auf zeitgenössischen Stichen ist zu sehen, wie sehr das Landschaftsbild von prächtigen Villen und Gärten geprägt war.

Goethe, der sich auf seiner Italienischen Reise 1786 und 1787 in Frascati aufhielt, notierte in sein Tagebuch[68]: ›In Frascati, wo ich vergangene Woche drei Tage zubrachte, ist eine immer heitere reine Luft... Die Gegend ist sehr angenehm, der Ort liegt auf einem Hügel, vielmehr an einem Berge... In dieser lustigen Gegend sind Landhäuser recht zur Lust angelegt, und wie die alten Römer schon hier ihre Villen hatten, so haben vor hundert Jahren und mehr reiche und übermütige Römer ihre Landhäuser auch auf die schönsten Flecken gepflanzt.‹

Die gewiß eindrucksvollste der vielen Villen von Frascati ist die Villa Aldobrandini. In der Entwicklungsgeschichte des Italienischen Gartens stellt sie einen Höhepunkt dar. Doch hat sie den Maßstab und die Überschaubarkeit des Renaissancegartens hinter sich gelassen und ist in ihrer gesamten Auffassung und immensen Prachtentfaltung bereits eine Barockanlage. So entspricht denn auch das Gebäude weniger unseren Vorstellungen

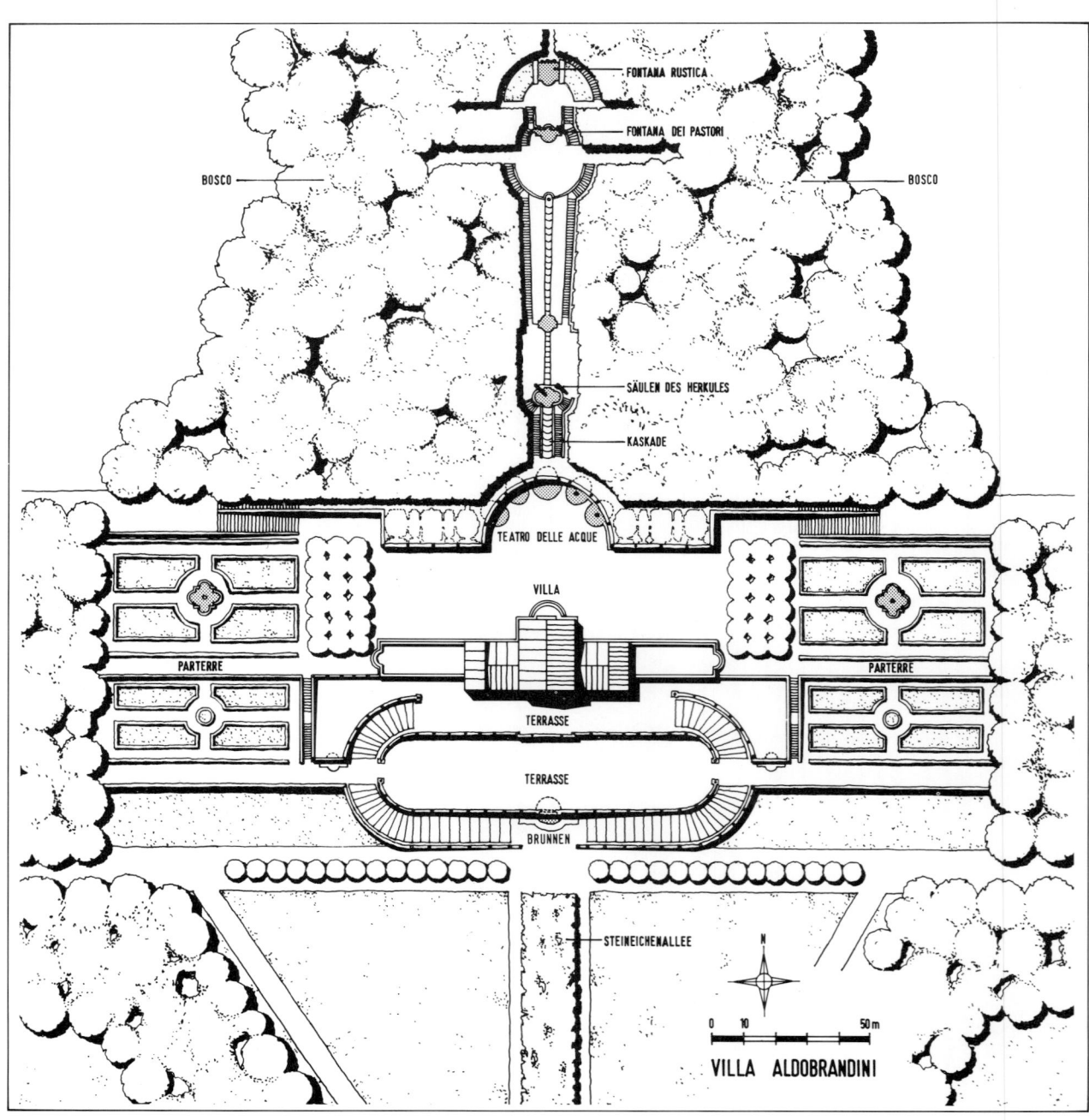

Villa Aldobrandini in Frascati

159 Luftbild der Villa Aldobrandini. Diese Anlage hat den Maßstab und die Überschaubarkeit des Renaissancegartens hinter sich gelassen und ist in ihrer gesamten Auffassung und immensen Prachtentfaltung bereits ein Barockgarten. So entspricht denn auch das Gebäude weniger einer Villa denn einem Schloß.

von einer Villa als vielmehr denen von einem Schloß.

Die Villa entstand zwischen 1598 und 1604 als Sommersitz des Kardinals Pietro Aldobrandini. Das Werk wurde von dem Architekten Giacomo della Porta, einem Schüler Michelangelos, begonnen und nach seinem Tode von Carlo Maderno und Giovanni Fontana vollendet. Der Bauplatz hatte Geschichte; schon in römischer Zeit lag hier ein Landhaus, und als der Kardinal in den Besitz des Geländes kam, stand darauf eine kleine Villa aus dem 16. Jahrhundert. Zunächst sollte diese nur umgebaut werden. Doch der Architekt überzeugte den Bauherrn von einer umfassenderen Konzeption, die den Abbruch der alten Villa und den Bau einer neuen, grandiosen Anlage vorsah. Das Werk erlangte einzigartigen Ruhm und war im 17. und 18. Jahrhundert für ganz Europa eines der architektonischen Vorbilder.

Um die Konzeption dieses Gartens zu verstehen, muß man sich vielleicht gedanklich um einige Jahrhunderte zurückversetzen und sich vorstellen, wie man von Rom auf der Via Tusculana mit der Kutsche aufs Land hinausfuhr. Schon bald, nachdem man die Stadt hinter sich gelassen hatte, konnte man in der Ferne, am Hang der Albaner Berge, sein Ziel erkennen. Nach einer Stunde Fahrt durch die staubige Hitze der Campagna ging die Straße leicht hügelan. Man tauchte in den kühlen Schatten hoher Bäume ein, und je weiter man hinauf kam, desto angenehmer wurde die Luft. Die Umrisse der Villa Aldobrandini, die als markanteste Erscheinung in der Silhouette von Frascati schon von weither sichtbar war, wurden immer deutlicher. Die prächtige breite Fassade des sich majestätisch erhebenden Palastes glänzte im strahlenden Sonnenlicht.

War man schließlich am Portal angelangt, führte eine schattige Steineichenallee geradewegs hinan zu einem mit kostbaren Mosaiken verzierten Brunnen, wo ein herrlich frisches Wasser floß. Zu beiden Seiten führten nun breite Rampentreppen auf

160   Stich von Alessandro Specchi, um 1700. Vom Eingangsportal des Gartens führt eine Steineichenallee geradewegs hinan zu einem Brunnen und dann über breite Rampentreppen und großzügige Terrassen mit reich geschmückten Balustraden hinauf zur Villa. Der anschauliche Stich ist in der Wiedergabe der Allee nicht realistisch. Sie ist um ein Vielfaches länger, als die Darstellung es wiedergibt.

161   Stich von Giovanni Battista Falda, um 1660. Zwischen zwei hochaufragenden, girlandenumwundenen Säulen stürzt eine mächtige Kaskade zu Tal. Sie ist noch heute fast so wie in der hier dargestellten Form erhalten.

eine großzügige Terrasse hinauf. Ihre Balustraden waren mit Orangen- und Zitronenbäumchen geschmückt. Abermals stiegen zu beiden Seiten Rampentreppen hinan. Sie führten zu einer zweiten Terrasse und zum Eingangsportal der Villa.

Wem nun, so wie Goethe, das Glück zuteil wurde, in die Villa eingelassen zu werden, der konnte vielleicht von ähnlichen Eindrücken berichten wie er[69]. ›Eine herrliche, obgleich nicht unerwartete Aussicht ward uns aus den Fenstern der Villa des Fürsten Aldobrandini... Es läßt sich denken, daß man das Schloß dergestalt angelegt hat, die Herrlichkeit der Hügel und des flachen Landes mit *einem* Blick übersehen zu können.‹

Leider scheint der Hausherr seinem Gast Goethe den hinter der Villa gelegenen Teil der Anlage nicht gezeigt zu haben. Mit seinen phantastisch inszenierten Wasserspielen wäre er gewiß auch Goethe der Erwähnung wert gewesen.

Zu beiden Seiten der Villa war ein Parterregarten angelegt. Heute ist er nur noch auf einer Seite erhalten und präsentiert sich in sehr bescheidener Form. Dafür ist jedoch in den vergangenen Jahrhunderten hier ein Bosco mit mächtigen Platanen herangewachsen. Dieser gehört heute gewiß zu den eindrucksvollsten Gartenräumen der Villa Aldobrandini. Die uralten, in schönem Regelmaß gepflanzten Bäume stehen alle in kreisrunden, mit Staudengras eingefaßten Beeten, die mit üppigen, großgewachsenen Hortensien bepflanzt sind.

Direkt hinter der Villa, deren nordgewandte Rückfassade stets in kühlem Schatten liegt, weitet sich eine Freifläche, die vom Halbrund einer pathetischen Exedra, dem *Teatro delle acque*, dem ›Wassertheater‹, gerahmt wird. In fünf großen Nischen sind hier mit Skulpturen und Wasserspielen mythologische Szenen dargestellt. Am beeindruckendsten ist gewiß die mittlere, die ›Atlas mit der Weltkugel‹ zeigt. Aus der Kugel spritzen Hunderte von Wasserstrahlen hervor, und hinter der Figur ergießt sich ein Schwall schäumenden Wassers über rohe, bemooste Felsbrocken in ein Becken.

Oberhalb der Exedra, in Achse der Villa, lenkt eine in den Steineichenwald geschnittene Schneise den Blick auf sich. Sie wird betont von zwei hochaufragenden, girlandenumwundenen Säulen, zwischen denen eine aus dem Dunkel des Waldes kommende mächtige Kaskade zu Tale stürzt. Geht man nun hinauf zu diesen ›Säulen des Herkules‹, kommt man in einen schattigen Bosco. Von hier führt der Weg, von Wasserspielen begleitet, weiter bergan. Zunächst gelangt man zu einem kleinen Platz mit einem reichgestalteten Brunnen, der *Fontana dei Pastori*, dem ›Hirtenbrunnen‹, der nach den zwei hier in Nischen aufgestellten Hirtenfiguren benannt wurde.

Auf beiden Seiten des Brunnens führen Treppen weiter hinauf. Und auch hier begleitet eine Kaskade den Weg, bis man schließlich den Endpunkt dieser langen Wasserachse erreicht, ein in Tuffstein sehr naturnah gestaltetes Wasserspiel, eine *Fontana rustica*. Hier schüttet ein mächtiger Wasserfall seine klaren Fluten in ein weitgefaßtes Bekken. Es liegt ganz im wuchernden Dickicht des Bosco und ist ein höchst eindrucksvoller Platz. Dieses inszenierte Naturschauspiel ist mehr als nur ein unterhaltsames Spiel mit dem Wasser. Es macht das Wunder der hier aus den Albaner Bergen quellenden Wasser, welche die ganze weite Ebene befruchten, sichtbar.

Der Gesamtentwurf der Villa Aldobrandini entspricht in seiner axialen Ordnung, seiner strengen Symmetrie und seiner ausgeprägten Motivfolge dem klassischen Schema der Villa Lante. Es wurden jedoch eine sehr viel pathetischere Sprache und ein größerer Maßstab gewählt. Die lange Achse, die am Portal mit der Steineichenallee beginnt und bei der Quelle im Bosco endet, ist in ihrer Vielgestalt und Pracht einzigartig.

Die Villa Aldobrandini hätte das Format, hier in der Nähe von Rom ein Kulturdenkmal ersten Ranges zu sein. Wenn man sie in denkmalpflegerischem Sinne zu neuem Glanz bringen würde, könnte sie eine Bedeutung gewinnen wie die großen Barock-

162   Stich von Giovanni Battista Falda, um 1660. Im Schatten eines Bosco kam man zu einem kleinen Platz mit einem reichgestalteten Brunnen, der *Fontana dei Pastori*, dem ›Hirtenbrunnen‹, der nach den beiden hier in Nischen aufgestellten Hirtenfiguren benannt war. Dieser Brunnen ist heute nur noch als Fragment erhalten.

163   Stich von Giovanni Battista Falda, um 1660. Die Balustrade der Terrasse ist mit einem reichgestalteten Wasserspiel geschmückt.

gärten in Frankreich, Deutschland oder Österreich. Aber derartige Ambitionen scheinen nicht zu bestehen. Es gibt keine Institution, die es sich zur Aufgabe gemacht hätte, dieses Gartenkunstwerk zu pflegen und in würdigem Zustand zu bewahren. Die Villa ist zwar noch immer in Privatbesitz, doch da der gewaltige Bau heute weder den Wohnwünschen noch dem Selbstverständnis der Eigentümer entspricht, wird er nicht mehr bewohnt. Nur einige Bedienstete, die den Unterhalt der Villa und des Gartens besorgen, leben in den Seitentrakten. Der riesige Garten ist der Öffentlichkeit zugänglich. Die Tatsache, daß die Villa nicht als Kulturdenkmal restauriert und nicht als touristisches Ziel angepriesen wird, birgt freilich den Vorteil, daß man sich hier alleine umschauen und der erloschenen Pracht nachspüren kann.

Man betritt die Anlage heute durch einen Nebeneingang auf Höhe der Villa. Das Tor zu Beginn der herrlichen Steineichenallee ist offenbar seit Jahrzehnten nicht mehr geöffnet worden, und seit gewiß ebenso langer Zeit hat hier niemand mehr für Ordnung gesorgt. Der herumliegende Unrat ist nicht zu übersehen, selbst wenn er an den meisten Stellen von Brennesseln gnädig überwuchert wird. Am Ende der Allee, die einer der schönsten Spazierwege von Frascati sein könnte, lagert im Schatten der Bäume eine Herde Kühe – eine etwas eigenartige Idylle. Der reichgestaltete Brunnen, der die Ankommenden schon bald vor 400 Jahren hier empfing, ist zwar in gutem Zustand erhalten, doch wer sieht ihn schon? Wer steigt über die glanzlosen Terrassen und die meterhoch mit Unkraut bewachsenen Rampen dort hinab? Von den Terrassen hat man zwar noch einen herrlichen Ausblick, aber von der alten Festlichkeit ist nichts mehr geblieben.

Wenn auch einige Teilbereiche des Gartens, so etwa das ›Wassertheater‹, die Kaskade und das Platanenwäldchen in tadellosem Zustand sind, so präsentiert sich die Villa Aldobrandini insgesamt doch als ein eher enttäuschendes Bild.

164 Am Endpunkt der langen Wasserachse liegt ein in Tuffstein sehr naturnah gestaltetes Wasserspiel, eine *Fontana
rustica*. Ein Wasserfall ergießt seine klaren Fluten in ein weitgefaßtes Becken. Erst durch dieses inszenierte Naturschauspiel wird das Wunder der hier aus den Albaner Bergen quellenden Wasser sichtbar gemacht.

165 Der von der Figur des Atlas mit der Weltkugel herabfal-
lende Schwall hell schäumenden Wassers ergießt sich über
rohe bemooste Felsbrocken und sammelt sich in einem grün-
schimmernden Becken.

Villa Aldobrandini in Frascati

166 François-Marius Granet, Kardinal Pietro Aldobrandini empfängt den Maler Domenichino in seiner Villa in Frascati; 1822–1823. Öl auf Leinwand. Frascati, Villa Aldobrandini Das Bild stellt eine Szene aus dem 17. Jahrhundert nach und befindet sich heute noch an seinem ursprünglichen Ort.

167 Direkt hinter der Villa weitet sich eine Freifläche zum Halbrund einer pathetischen Exedra, die von dem *Teatro delle acque*, dem ›Wassertheater‹, gerahmt wird. In fünf großen Nischen sind hier mit Skulpturen und Wasserspielen mythologische Szenen dargestellt. Am beeindruckendsten ist gewiß die mittlere, die Atlas mit der Weltkugel zeigt.

Villa Carlotta in Tremezzo
Ein Garten „all' italiana"

Die Villa Carlotta, etwa hundert Jahre nach der Villa Aldobrandini entstanden, soll hier als einer der vielen im 18. und 19. Jahrhundert angelegten Villengärten *all' italiana* vorgestellt werden, die ganz nach den Schemata des Italienischen Gartens aufgebaut sind, im Detail individuelle Interpretationen finden, aber insgesamt keine neuen Gestaltungsformen mehr entwickeln.

Eigentlich müßte man sich diesem am Westufer des Comer Sees gelegenen Garten in einem Boot nähern. Schon von weitem erblickte man die stolze Villa inmitten eines fast tropisch üppigen Baumbestandes. Die hohen Berge im Hintergrund sind im Frühling vielleicht noch mit Schnee bedeckt, während der Garten unten am See bereits in Blüte steht. Man würde an der prächtigen Anlegestelle direkt vor dem Garten festmachen und an Land gehen. Doch ist es wohl schon lange her, daß hier ein Boot anlegte und einem Besucher das reich gestaltete große Tor zum Garten geöffnet wurde.

Heute erreicht man die Villa wohl meistens auf der stark befahrenen Uferstraße. Hier zwischen Cadenabbia und Tremezzo ist das Landschaftsbild so schön wie nirgends sonst am Comer See: Die Straße ist gesäumt von ausgedehnten Parkanlagen mit herrlichen alten Villen, und der Blick auf das gegenüberliegende Ufer der Halbinsel von Bellagio ist von einzigartiger Schönheit.

Die Villa Carlotta repräsentiert hier das Beispiel eines lombardischen Gartens. In der Lombardei, im angenehmen gemäßigten Klima der oberitalienischen Seen, gab es schon in der Antike prächtige Landsitze. Und auch im 17. und 18. Jahrhundert entstanden zahlreiche Villen, insbesondere am Comer See, der von Mailand am ehesten erreichbar war. Von allen Gärten am Comer See möchte man den der Villa Carlotta als den stilrein-

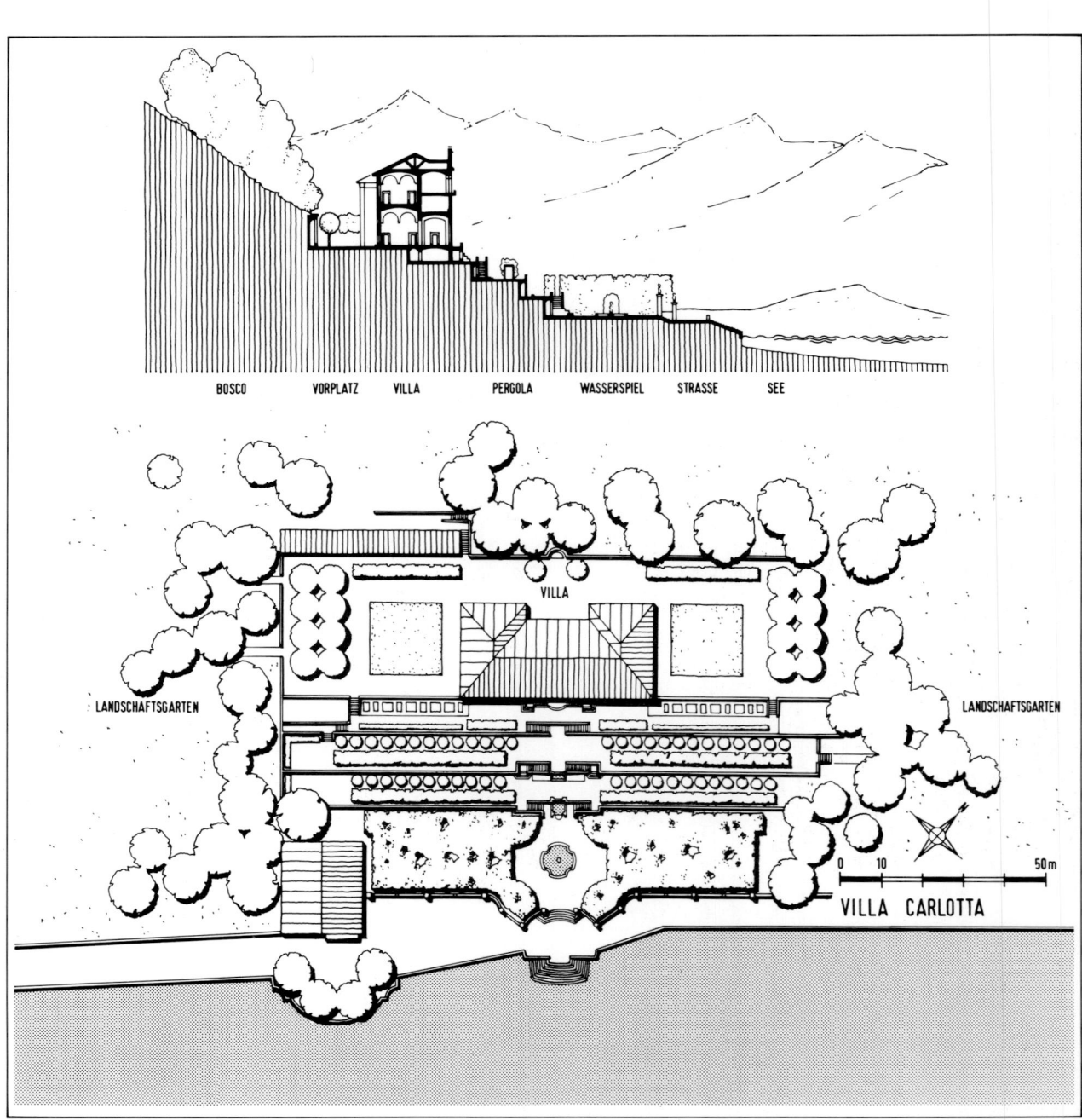

BOSCO   VORPLATZ   VILLA   PERGOLA   WASSERSPIEL   STRASSE   SEE

LANDSCHAFTSGARTEN

VILLA

LANDSCHAFTSGARTEN

0   10   50 m

VILLA CARLOTTA

169 Zwischen Cadenabbia und Tremezzo ist das Landschaftsbild so schön wie nirgends sonst am Comer See. Die Straße ist von Parkanlagen und herrlichen alten Villen gesäumt. Hier liegt auch die Villa Carlotta, die wohl jeder besucht hat, der sich je für einige Tage am Westufer des Comer Sees aufhielt.

Villa Carlotta in Tremezzo

170   Der Stich von Marc' Antonio dal Re, 1743, zeigt, wie die
Folge von Terrassenstufen und die zentrale Freitreppe zu den
Hauptmotiven der Gestaltung dieses Gartens werden.

sten und ausgewogensten bezeichnen. Bei etlichen anderen sind die Stilmittel allzu überzogen eingesetzt, und es mangelt an dem notwendigen, straffen Gerüst.

Der Garten der Villa Carlotta ist als Folge von fünf langgestreckten Terrassenebenen gestaltet, die sich vom See zur Villa hinaufstaffeln und über eine kunstvolle Treppenanlage miteinander verbunden sind. Die unterste, recht breit angelegte Ebene ist ganz mit dichtbelaubtem Kirschlorbeer bepflanzt. Die kompakte Masse dieser baumhohen Sträucher bildet eine ideale Abschirmung des Gartens zur Straße und schafft einen wohltuenden Schwerpunkt in der Gesamtkomposition. In Achse der Villa, gleich hinter dem Eingangsportal, umrahmt das üppige Grün einen kleinen kiesbedeckten Platz, dessen Mitte von einem Wasserbecken mit einer Springbrunnenskulptur eingenommen wird.

Die zweite, nur einige Meter breite Terrassenebene ist mit langen Hecken aus Kamelienbüschen und Kirschlorbeer bepflanzt, die hier einen kühlen schattigen Wandelpfad säumen.

Auf der dritten Terrassenebene ist eine leichte hölzerne Pergola angelegt, an der Zitronen- und Orangenbäumchen hochgezogen werden – ein Bild, wie es in der *Hypnerotomachia Poliphili* beschrieben wird. Wann diese Pergola angelegt wurde, ist ungewiß. Auf einem Stich aus dem 18. Jahrhundert ist sie noch nicht zu erkennen. Einen Hinweis auf die Zitronenpergola findet man erst auf einem Anfang des 19. Jahrhunderts entstandenen Ölgemälde, das den Garten in spätherbstlicher Stimmung zeigt [70]. Man kann deutlich erkennen, daß eine der Terrassen über ihre gesamte Länge mit verglasten Rahmen abgedeckt ist. Hier wurde wohl im Winterhalbjahr ein schützendes Glashaus für die empfindlichen Pflanzen aufgeschlagen. Wie alte Photos zeigen, verfuhr man noch bis vor einigen Jahren in dieser Art; heute wird eine leichte, mit Folie bespannte Metallkonstruktion als Winterschutz der Pergola errichtet.

171   Für die Villa Carlotta hat der Blick über den See die
gleiche Bedeutung wie für die toskanischen Gärten der Blick
über die fruchtbaren Hügel oder auf die Stadtsilhouette von
Florenz. Das im Jahre 1819 entstandene Ölgemälde von Jean
Xavier Bidault zeigt sehr schön, wie der Garten sich vom See
zur Villa hinaufstaffelt und wie er in den Landschaftsrahmen
eingebettet ist. Das Bild ist in der Villa Carlotta ausgestellt.

Villa Carlotta in Tremezzo

172 An den Seitenwänden der Treppen werden Kletterrosen hochgezogen. Zum Grau des Steines stehen sie in wirkungsvollem Kontrast.

173 Erst wenn die Gartenskulpturen so wie hier von grünem Blattwerk oder rankenden Rosen umspielt werden, wird ihre Schönheit vollkommen.

Villa Carlotta in Tremezzo

174 Auf der dritten Terrassenebene ist eine leichte hölzerne Pergola angelegt, an der Zitronen- und Orangenbäumchen hochgezogen werden. Leider ist diesen Pflanzen hier kein so üppiges Gedeihen und Fruchten beschieden, wie man es sich wünschen möchte.

175 Das alte Motiv der Gartentreppe wurde hier noch einmal in einer recht pathetischen, aber durchaus überzeugenden Form ausgearbeitet. Jeder Treppenlauf eröffnet neue Perspektiven, führt vorbei an tröpfelnden, bemoosten Grottennischen und lenkt dann den Blick wieder in die Weite zur glatten, ruhigen Wasserfläche des Sees.

Der Aufwand, mit dem man sich dieser Pergola widmet, ist beachtlich. Er lohnt sich, ist es doch tatsächlich ein Genuß, hier entlangzugehen: die perspektivische Flucht der Rankgerüste, die gerahmten Ausblicke über Garten und See und der intensive frische Duft der kleinen weißen Blüten. Nur leider sind kaum je Früchte zu sehen. Ist das Klima zu ungeeignet, oder werden die Früchte, kaum zur Reife angesetzt, von rabiaten und unverständigen Gartenbesuchern abgeerntet? Es wäre bedauerlich, wenn sie geplündert würden, denn sie sind erst zwölf Monate nach der Befruchtung ausgereift und wären ein über Monate dauerhafter Schmuck. Vielleicht besteht ein nahezu magischer Reiz, die Früchte zu pflücken, und wie schon in jenem biblischen Garten helfen auch hier die – auf Schildern deutlich ausgesprochenen – strengen Verbote nicht weiter.

Auf der vierten Terrassenebene ist ein kleiner, bunt bepflanzter Parterregarten angelegt, und die fünfte Ebene schließlich wird von der Villa und zwei großen, sie rechts und links flankierenden Terrassen eingenommen. Bevor man die Villa betritt, wird man gewiß den Blick zurückwenden, die herrliche Aussicht genießen und den Weg, den man gekommen ist, von oben zurückverfolgen.

Das alte Motiv der Treppe wurde hier noch einmal in überzeugender Form ausgearbeitet. Jeder Treppenlauf eröffnet neue Raumperspektiven, führt vorbei an tröpfelnden, bemoosten Grottennischen und lenkt dann den Blick in rascher Folge wieder in die Weite, zur glatten ruhigen Wasserfläche des Sees. In den Morgenstunden, wenn der Garten sein schönstes Licht hat, weht der Duft vieler frisch erblühter Rosen über die Treppe.

Für die meisten Besucher ist der im 19. Jahrhundert seitlich neben der Villa angelegte Park die Hauptsehenswürdigkeit der Villa Carlotta. In der Tat ist es faszinierend zu sehen, welche Üppigkeit die Azaleen erlangt haben, zu welcher Größe die Rhododendren herangewachsen sind und welche Vielzahl exotischer Bäume hier gedeiht. Beeindruckend ist gewiß auch das kleine Flußtal, wo während der Sommermonate in Kübeln aufgestellte Baumfarne das üppig grüne Tal in einen tropischen Regenwald verwandeln.

Hier steht allerdings nicht mehr die Idee des italienischen Bosco im Hintergrund, sondern das in der englischen Gartenkunst des 19. Jahrhunderts entwickelte Motiv des Dschungeltales, inszeniert als Nachbildung der berauschend reichen Natur in den fernöstlichen Kolonien.

Für einen Liebhaber des klassisch strengen Gartens ist der Park der Villa Carlotta vielleicht ein wenig zu vielgestaltig. Gerade im Mai, wenn die Azaleen voll erblüht sind, empfindet man sie in ihrem Überschwang und ihrer unkontrollierten Buntheit, in der sie hier nebeneinanderstehen, leicht als zu aufdringlich. Ohne Zweifel wird durch die freien Formen der Wegeführung, der Sträucher- und Baumgruppen ein gelungener Landschaftsbezug erreicht, doch wäre etwas Beschränkung für die Qualität des Gesamtbildes gewiß von Vorteil.

Die Villa Carlotta wurde gegen Ende des 17. Jahrhunderts für die in Mailand ansässige Bankiersfamilie Clerici gebaut. Das genaue Baujahr und der Name des Architekten sind nicht überliefert. Das älteste Zeugnis der Villa ist ein von Marc' Antonio dal Re im Jahre 1743 gefertigter Stich, der in dem Zyklus *Ville di Delizia* erschien. Abgesehen von Kleinigkeiten ist die Villa und der Italienische Garten hier schon in seiner noch heute bestehenden Form dargestellt.

Durch Heirat kam die Villa im Jahr 1801 in Besitz der Familie Sommariva, die in der Folgezeit einige Veränderungen vornehmen ließ. So erhielt das Gebäude zum Beispiel erst jetzt seinen charakteristischen kleinen halbrunden Giebel mit der Uhr. In jener Zeit kamen auch beachtliche Kunstschätze in die Villa, die zum Teil noch heute dort ausgestellt sind. Neben Werken, die der aktuellen klassizistisch-romantischen Mode entsprachen – so etwa Skulpturen von Antonio Canova und Bertel Thorvaldsen, Gemälde von Francesco Hayez und Andrea Appiani d. Ä. –, befanden sich auch Kunstschätze vergangener Epochen in der Sammlung, unter anderem Werke von Anthonis van Dyck und Peter Paul Rubens.

Wie schon die ebenfalls kunstsammelnden Medici ihre Villen malen ließen, so wurden auch von der Familie Sommariva Bilder der Villa in Auftrag gegeben. Eine der schönsten Darstellungen ist gewiß das im Jahre 1819 gefertigte Ölgemälde von Jean Xavier Bidault. Es zeigt sehr schön, wie der Garten sich vom See zur Villa hinaufstaffelt und wie er eingebettet ist in eine liebliche Landschaft, vor dem Hintergrund hoher Berge.

Im Jahre 1847 wurde die Villa an die niederländische Prinzessin Marianne von Nassau verkauft, die sie ihrer Tochter Charlotte anläßlich deren Heirat mit Kronprinz Georg von Sachsen-Meiningen als Brautgeschenk übereignete; daher der Name Villa Carlotta. Erst unter diesen Besitzern wurde der englische Park seitlich des Italienischen Gartens angelegt. Bis 1915 blieb die Villa in Händen der Familie Sachsen-Meiningen, sie wurde während des Ersten Weltkrieges beschlagnahmt und kam schließlich in Besitz des italienischen Staates.

Die Villa Carlotta ist heute öffentlich zugänglich und in optimal gepflegtem Zustand, freilich um den Preis, daß sie ein touristischer Anziehungspunkt ersten Ranges ist. Wer hätte sie nicht gesehen, der sich je einige Tage hier, am Westufer des Comer Sees, aufhielt? Für die meisten dürfte der Comer See in der Erinnerung untrennbar verbunden sein mit der Villa Carlotta.

176   Die unterste Gartenebene ist mit hohen, dichtbelaubten Kirschlorbeerhecken bepflanzt; sie umrahmen unmittelbar hinter dem Eingangsportal einen kleinen Platz, in dessen Mitte ein Wasserbecken mit einer Springbrunnenskulptur angelegt ist.

Villa I Tatti in Settignano
Ein Garten aus dem Jahre 1910

Im Nordosten von Florenz sind die Berghänge von dichten Zypressenwäldern bedeckt. Erst dort, wo diese von Olivenpflanzungen und Weingärten abgelöst werden, sind wieder Villen und Bauernhäuser in das Landschaftsbild eingestreut. Auch wenn man weit draußen auf dem Lande zu sein scheint, ist man doch von der Großstadt nicht allzuweit entfernt, wie die stets gut sichtbare Domkuppel von Florenz beweist.

Hier, zwischen Fiesole und Settignano, ist altes Siedlungsland; die Hänge sind nach Süden gewandt, der Boden ist fruchtbar, und von den Bergen kommt Wasser. Einer der kleinen Bäche, die sich zwischen grünen Wiesen zu Tale schlängeln, heißt Mensola. In seiner Nähe steht die kleine Kirche San Martino a Mensola, berühmt wegen ihrer stimmungsvollen Altarbilder, die dem Renaissancemaler Fra Angelico zugeschrieben werden. Ist man von der Kirche ein kurzes Stück Wegs weitergegangen, überquert man den Mensola-Bach und kommt zu einem alten schmiedeeisernen Tor, hinter dem eine Zypressenallee beginnt. Früher war dies der Haupteingang zur Villa I Tatti, zumal für denjenigen, der von Florenz hierher kam. Der Eingang wird zwar seit Jahren nicht mehr benutzt, doch hinter dem Tor hat sich nichts verändert: Der Weg zwischen den Zypressen führt leicht bergan zu einer kleinen kunstvollen Treppenanlage. Schon von weitem zieht sie mit ihrer blumengeschmückten halbrunden Nische und der sie krönenden Skulptur den Blick auf sich. Ist man die Treppe hinaufgestiegen, steht man in einem Gartenhof, von dem aus früher die Villa erschlossen wurde. Heute wird dieser Zugangsweg nicht mehr benutzt, da

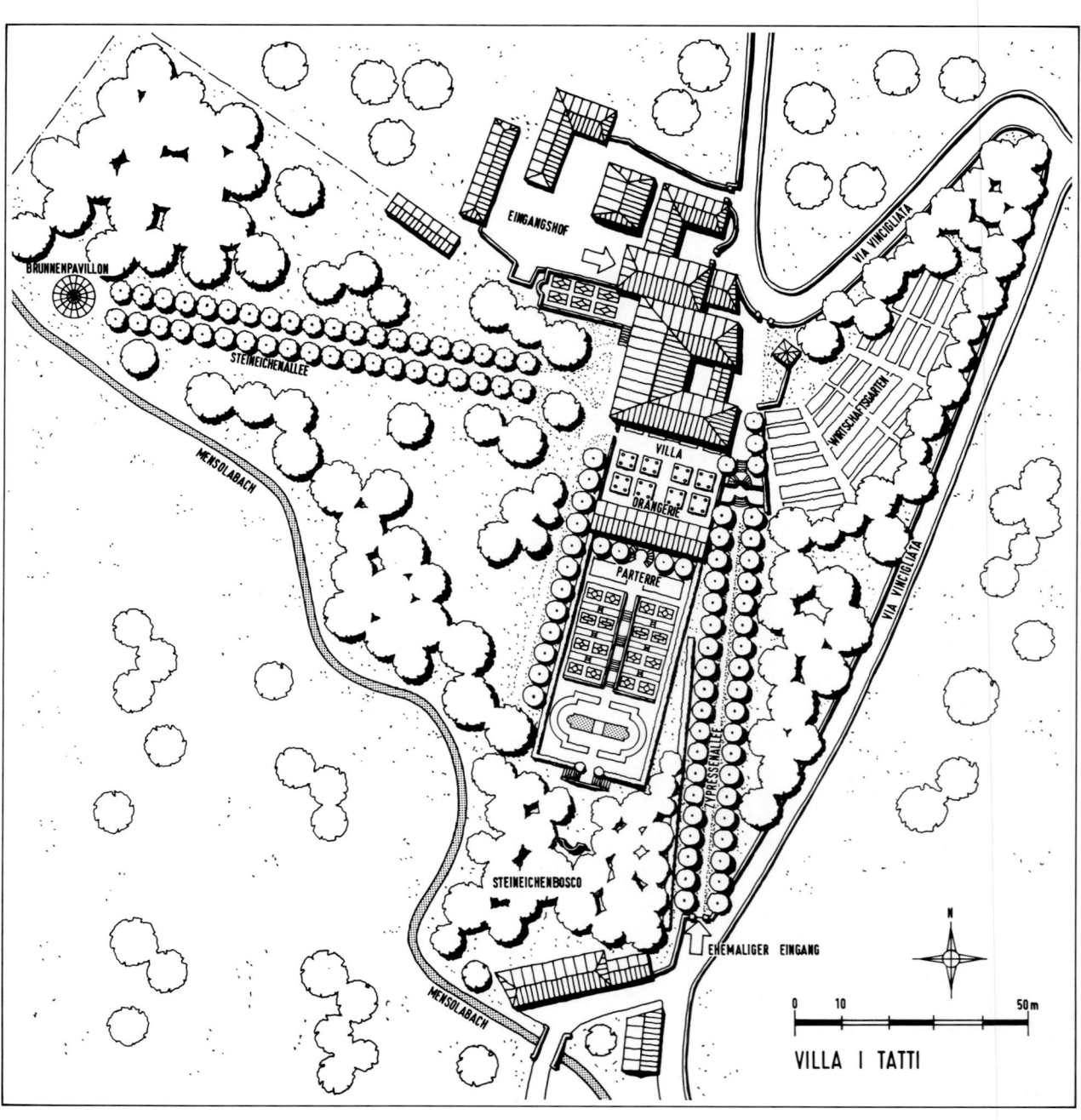

177 Lageplan

178 Vor der Westfassade der Villa stehen in großen Terrakottagefäßen prächtige alte Azaleenbüsche, die im Mai herrlich blühen. Gerade in der Toskana erfreuen sich Azaleen großer Beliebtheit und sind in fast allen alten Villengärten zu finden.

man die Villa von der anderen Seite über einen als Parkplatz angelegten Hof erreicht und der Garten nur von dort aus betreten werden kann.

Die Villa wurde 1563 erstmals urkundlich erwähnt und zwar als Besitz einer Familie Zatti. Im Laufe der Jahrhunderte wechselte sie oft ihre Eigentümer, bis sie 1905 von Bernard Berenson[71] erworben wurde, der als Kunstgeschichtler, Sammler und Kenner der Italienischen Renaissance internationalen Ruf genoß. Damals war die Villa sehr vernachlässigt, mußte umgebaut und gründlich restauriert werden. Außer einem kleinen Orangerieparterre an der Südseite des Gebäudes gab es keine gestalteten Gartenbereiche. Im Jahre 1908 beauftragte Berenson die englischen Gartenarchitekten Cecil Pinsent und Geoffrey Scott, das weitläufige Areal der Villa im Stil des Italienischen Gartens neu zu gestalten (vgl. auch S. 192). Die Arbeiten wurden etwa 1915 abgeschlossen.

In seinem *Entwurf zu einem Selbstbildnis*[72] kann man lesen, daß Bernard Berenson mit Edith Wharton gut befreundet war, die im Jahre 1903 das Buch *Italian Villas and their Gardens* verfaßt hatte. Ihre profunden Betrachtungen über den italienischen Renaissancegarten müssen Berenson und seinen Architekten also bestens vertraut gewesen sein, und so ist es nicht verwunderlich, daß er als Historiker sich für die Wiederentdeckung des Italienischen Gartens einsetzte.

Im Jahre 1959, nach dem Tode von Bernard Berenson, ging die Villa durch Stiftung als Studienzentrum in den Besitz der Harvard University über, wo Berenson studiert hatte. Die Villa enthält noch heute seine wertvolle Kunstsammlung mit Meisterwerken des 14. und 15. Jahrhunderts und seine unvergleichliche Bibliothek, in der Kunstwissenschaftler aus aller Welt ihre Studien betreiben. Zugleich ist die Villa Gästehaus für Stipendiaten und Tagungsort der Harvard University.

Die Gartenanlage betritt man über einen auf der Westseite der Villa gelegenen *giardino segreto*. Dann kommt man in einen von hohen Bäumen beschatteten Bereich, der mit vielen Topfpflanzen geschmückt ist: prächtige Exemplare alter Azaleen und hübsch arrangierte Gruppen von Clivien und Callas. Von hier führt eine Steineichenallee in sanftem Geländeschwung bergab zu einem Wasserbecken, das im Schatten eines Bosco liegt.

Alleen sind zwar ein Gestaltungselement des Italienischen Gartens, vor allem als Zufahrtsweg zur Villa, doch hier bei der Villa I Tatti scheinen nicht nur die italienischen *viale* (Allee), sondern auch der in den englischen Gärten des frühen 20. Jahrhunderts so beliebte *walk* Vorbild gewesen zu sein. Während die *viale* fest in ein geometrisches Bezugssystem eingebunden wird, ist der *walk* eine frei in den Landschaftsraum hinausgreifende Achse von geringer Länge. Er steht als Einladung zu einem kleinen Spaziergang. Während eine *viale* so angelegt ist, daß sie kontinuierlich linear ansteigt, folgt der *walk* der natürlichen Topographie und unterstreicht deren Eigenheit.

Ist man am Endpunkt der Steineichenallee angelangt, kann man ein Stück Wegs am Ufer des Mensola entlanggehen, der das Grundstück nach Süden und Westen begrenzt, und kommt dann über eine besonnte Wiese zurück zum Ausgangspunkt des kleinen Spaziergangs.

Durch ein kleines Tor in einer glyzinienberankten Mauer tritt man in einen intimen, mit Sommerblumen bepflanzten Gartenhof, der vor der Südseite der Villa gelegen ist. Dies ist der älteste Teil des Gartens. Wie schon zu früheren Zeiten sind hier Orangen- und Zitronenbäumchen in Terrakottagefäßen aufgestellt. Seitlich wird der Hof durch hohe Mauern gefaßt. Nach Süden, der Villa gegenüber, begrenzt ihn die Front einer langgestreckten Orangerie, die bereits bestand, als Villa und Garten neu gestaltet wurden. Den wohl beeindruckendsten Bereich betritt man, wenn man die Orangerie durchquert. Gerahmt von hohen Zypressenhecken liegt hier ein herrlicher Parterregarten. Ein zentraler Weg, der mit schönen Kieselsteinmosaiken ausgelegt ist, führt zwischen mannshohen, geome-

trisch beschnittenen Buchsbaumsträuchern über verschiedene Ebenen hinab zu einem Rasenplatz mit einem seerosenbewachsenen Wasserbecken. Dort laden einige steinerne Sitzbänke zum Verweilen ein. Beim Blick zurück bietet sich ein faszinierendes Bild, das allein von den Reizen der Geometrie, den unterschiedlichen Grüntönen und dem kräftigen Goldocker der Villa lebt.

Da sich das Parterre in verschiedenen Ebenen entwickelt, entspricht seine Gestaltung nicht in jeder Hinsicht den traditionellen Vorbildern. Doch ist die Gestaltung durchaus von klassischem Geist getragen, und die Verbindung zur historischen Villa ist ohne Zweifel außerordentlich gut gelungen.

Unterhalb des Parterres und des Rasenplatzes endet der Garten mit einem Steineichenwäldchen, zu dem eine doppelläufige Treppe hinabführt.

Bernard Berenson, der alle Nuancen der Renaissancemalerei von Giotto bis Caravaggio aufs beste kannte, schrieb im Jahre 1941 als fast Achtzigjähriger in seinem *Entwurf zu einem Selbstbildnis*[73]: ›Ich besitze auch einen Garten, und wenn es nicht gerade in Strömen regnet, ergehe ich mich täglich darin, schmecke seine Luft...

Ich frage mich, ob die höchste Aufgabe der Kunst nicht darin besteht, unser Gefühl und unser Verständnis für die Natur in ihrer künstlerischen Bedeutung und schließlich auch unsere Freude daran zu wecken. So durchwandere ich denn meinen Garten und schaue Blumen, Bäume und Sträucher an. In der Feinheit ihrer Umrißzeichnung, im lebendigen Schwung ihrer Formen, in der Wucht ihrer Triebe und der unendlichen Vielfalt ihrer Farben übertreffen sie alles, was mir im Verlauf von sechzig Jahren auf dem Gebiet der bildenden Kunst vor Augen kam... Tag für Tag, wenn ich um mich blicke, frage ich mich von neuem, wo ich denn gestern meine Augen hatte, wie mir die Schönheit dieses von Flechten geschmückten Baumstumpfes entgehen konnte oder dieses smaragdhelle Moos, das den Augen so wohl tut wie das Grün von Giorgione oder Bonifazio.‹

Villa I Tatti in Settignano

179 Eine lange Zypressenallee, früher der Hauptzugang der Villa, endet bei einer kleinen Treppenanlage. Rechts und links von dem Podest mit der halbrunden Nische, die mit weißen Calla bepflanzt ist, steigt der Treppenlauf in leichtem Schwung weiter hinan.

Villa I Tatti in Settignano

180   Der Parterregarten unterhalb des alten Orangeriegebäudes gehört zu den beeindruckendsten Bereichen des Gartens. Die unterschiedlichen Grüntöne von Buchsbaum und Zypresse, von Lorbeer und Efeu verbinden sich mit den Reizen der Geometrie und Perspektive zu einem sehr harmonischen Bild.

181   Ebenso wie das nebenstehende Bild entstand auch diese Aufnahme am späten Nachmittag eines Septembertages. Sie zeigt den Blick von der Orangerie über den Parterregarten zum weiter unterhalb gelegenen Steineichenwäldchen. Feine Kieselsteinmosaiken, die hier wie kostbare Teppiche ausgelegt sind, gehören zur traditionellen Dekoration des Italienischen Gartens. Leider sind sie nur noch vereinzelt erhalten. Die hier abgebildeten Mosaiken wurden erst von wenigen Jahren restauriert.

Villa I Tatti in Settignano

182 Eines der beliebtesten Dekorationsmotive des Italienischen Gartens ist das Früchte- oder Blumenkörbchen. Die in
Stein nachgebildeten Äpfel, Melonen, Granatäpfel und Wein-
trauben symbolisieren die reichen Geschenke der Natur.

183 Von dem Parterregarten steigt man über eine Doppeltreppe in ein schattiges Steineichenwäldchen hinab.

Villa I Tatti in Settignano

184, 185 Eine Steineichenallee führt in sanftem Geländeschwung bergab zu einem im Schatten eines Wäldchens gelegenen Wasserbecken, das von dem nahen Mensola-Bach
gespeist wird. Ein leichtes Metallgerüst überwölbt das Bekken. Das feine geometrische Linienspiel schafft einen reizvollen Kontrast zu den vegetativen Strukturen des umgebenden Grüns.

Villa Emo in Monselice
Ein Blumengarten in Venetien

Es ist heute nicht anders als vor zweihundert Jahren, zu Zeiten von Goethes Italienischer Reise: Wer die Provinz Venetien bereist, besucht die berühmten Villen des Renaissancearchitekten Andrea Palladio. In ihrer klassischen Architektursprache, ihren harmonischen Proportionen und rhythmisch gegliederten Fassaden sind sie heute so faszinierend wie damals. Wer jedoch hofft, beim Besuch der Palladio-Villen auch schöne alte Gärten kennenlernen zu können, wird enttäuscht sein, denn keine der Villen besitzt noch einen Garten, der es wert wäre, als Italienischer Garten bezeichnet zu werden. Im besten Falle findet man eine kurzgeschorene Rasenfläche und einige bunte Beetchen am Rande.

Das war nicht immer so. Auch die Provinz Venetien kannte einmal eine hochentwickelte Gartenkunst, boten doch gerade hier das feuchtwarme Klima und das reichlich vorhandene Wasser besonders günstige Voraussetzungen. Und noch Goethe, im Jahre 1786 mit dem Schiff auf der Brenta von Padua nach Venedig unterwegs, schwärmte davon, daß in dieser ›Welt voll Fruchtbarkeit‹ die Ufer mit ›Gärten und Lusthäusern geschmückt‹ waren[74]. Doch von den beschriebenen ›herrlichen Gärten‹ ist kaum etwas, von den ›herrlichen Palästen‹ nur wenig geblieben.

Venetien gehört heute zu den hochindustrialisierten Provinzen Italiens. Gerade das geschichtsträchtige alte Kernland Venetiens, der Raum Verona, Padua und Venedig ist sehr stark verstädtert: verwahrloste Stadtränder, zersiedelte, von verkehrsreichen Schnellstraßen und Autobahnen durchzogene Landschaft, daneben Obstbaumplantagen, Gemüsefelder und Weinberge, die freilich immer noch von der Fruchtbarkeit dieses Landstriches künden. Nur auf einigen Nebenstrecken findet man noch etwas vom alten Bild Vene-

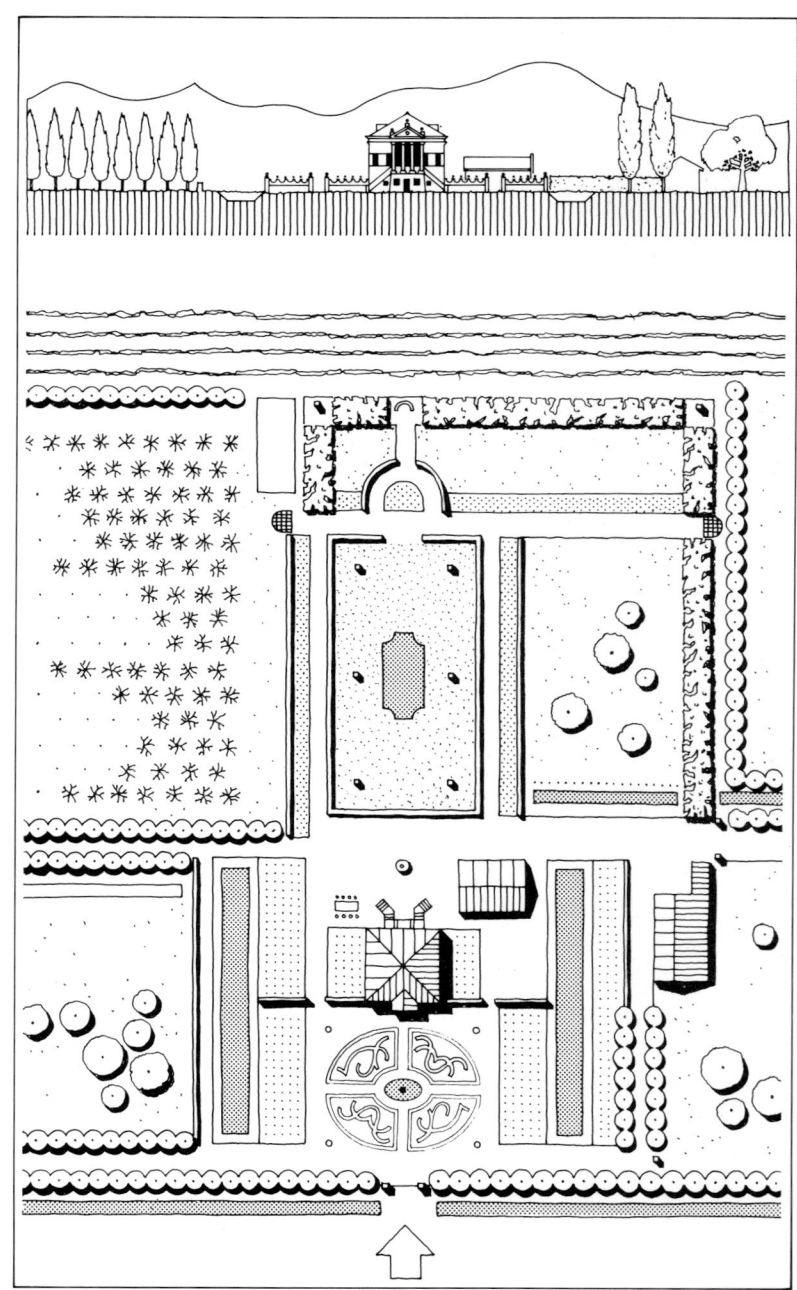

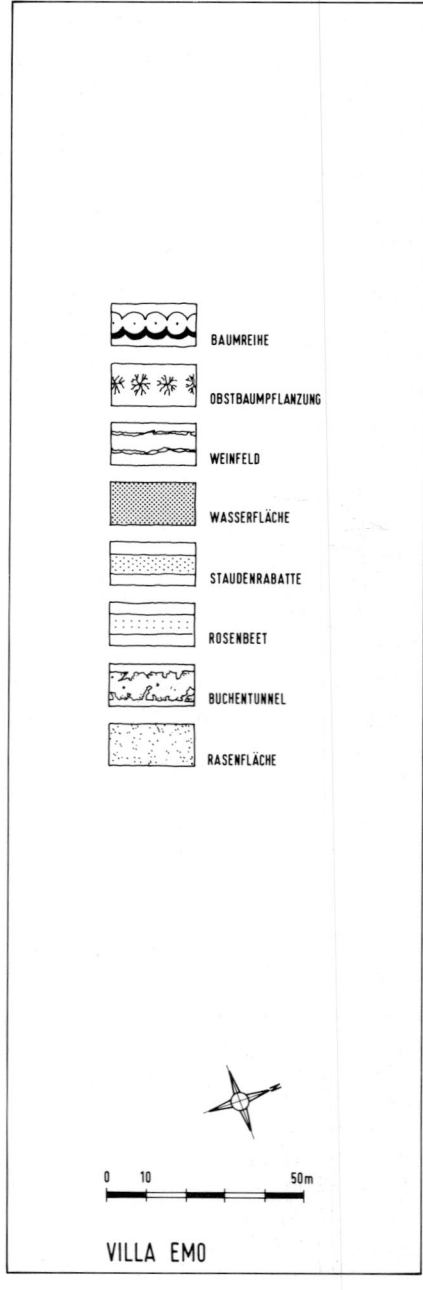

BAUMREIHE

OBSTBAUMPFLANZUNG

WEINFELD

WASSERFLÄCHE

STAUDENRABATTE

ROSENBEET

BUCHENTUNNEL

RASENFLÄCHE

0   10   50m

VILLA EMO

187   Der kompakte, im Stil Palladios gestaltete Bau stammt aus dem Jahre 1588 und wurde von dem Architekten Vincenzo Scamozzi entworfen.

Villa Emo in Monselice

tiens. Wären nicht die Berge im Hintergrund, man fühlte sich ein wenig wie in Holland oder Flandern: Das fruchtbare flache Land, die langen Pappelreihen, die vielen Kanäle und das diffuse Licht erinnern an Polderlandschaften.

Auch in Monselice, einige Kilometer südlich des Kurortes Abano Terme, nahe den Colli Euganei, den Euganeischen Bergen, sind noch Reste dieses Landschaftsbildes erhalten. In der kleinen Ortschaft Rivella liegt die Villa Emo Capodilista, deren Garten für all das entschädigt, was man bei den Palladio-Villen vermißt.

Schon der Blick durch das schmiedeeiserne Tor ist von bezaubernder Schönheit. Jenseits eines äußerst gepflegten Parterres erhebt sich der kompakte, im Stile Palladios gestaltete Baukörper, der seitlich in girlandenartig geformten Mauern ausschwingt. Die Villa stammt aus dem Jahre 1588 und wurde von dem Architekten Vincenzo Scamozzi, einem Zeitgenossen Palladios, entworfen. Doch der Garten in seiner heutigen Form ist eine Neuanlage. Er entstand im Jahr 1966 nach den Plänen der Besitzerin, Contessa Giuseppina Emo, einer begnadeten Gärtnerin.

Geht man auf die Villa zu und hat das frische grüne Parterre etwa zur Hälfte durchschritten, steht man vor einem kleinen Wasserbecken und wird innehalten, um diesen herrlichen Gartenraum ganz zu erfassen: In Blickrichtung erhebt sich die Villa mit ihrer stolzen Hauptfassade. Gegenüber schließt eine endlos lange Pappelreihe den Raum. Rechts und links, am Rande des Parterres, sind zwei großzügige Rosenbeete angelegt. Beide werden durch grasbewachsene Böschungen begrenzt, die zu langgestreckten Teichen hin abfallen.

Ursprünglich waren es Karpfenteiche; wie einem alten Lageplan zu entnehmen, bestanden sie schon im 17. Jahrhundert. In ihrer klaren linearen Form haben sie eine starke ordnende Wirkung, und die zartfarbenen Seerosen mit ihren glänzendgrünen Blättern auf dem dunklen Wasser haben einen außerordentlich dekorativen Reiz. Jenseits

der Teiche umschließt eine halbhohe Hecke den Garten. Dahinter sieht man das frische Grün eines Maisfeldes und, weit in der Ferne, die im Dunst blaugrau erscheinenden Höhenrücken der Euganeischen Berge.

Unwillkürlich fühlt man sich durch diese Perspektive angezogen und strebt dem Tor in der so schön geschwungenen Mauer zu. Tritt man dort hindurch, eröffnet sich ein Gartenraum, der ganz von der Pracht edler Rosen erfüllt ist.

Hier möchte man die Verantwortlichen hinführen, die jenen städtischen Rosengarten von Rom einrichteten, den *Giardino delle rose*, wo auf einer etwa zwei Hektar großen Rasenfläche einige tausend unterschiedlicher Rosensorten ›hingekleckst‹ sind. Nein! wenn so viele Rosen nebeneinander gepflanzt werden, muß man sich zugunsten der Gesamtwirkung in Farbe und Sorte beschränken. Der Garten der Villa Emo ist eine Lektion im gestalterischen Umgang mit Rosen. Es gibt ein riesiges Beet nur mit weißen Rosen, gegenüber ein anderes, wo sie von weiß über rosa bis dunkelrot reihenweise farblich abgestuft sind. Nebenan bei dem Wirtschaftsgebäude ist eine Mauer von einer zinnoberfarbenen Rose völlig zugerankt, und an anderer Stelle erobert sich eine weiße Kletterrose das Rankgerüst eines Pavillons. Immer sind sie gezielt und mit sicherem Farbempfinden eingesetzt. Einmal werden raffinierte Kontraste durch die Farbtöne von benachbarten Stauden, etwa Iris, Lavendel oder Ziersalbei, geschaffen, ein andermal setzt das Hellgrau einer Mauer oder das Graugrün einer Blattpflanze einen gezielten Kontrast.

Der Freund sogenannter alter Rosen wird hier allerdings kaum beglückt werden. Alle Rosen sind sogenannte Teehybriden, die vielleicht eine Spur zu perfekt sind und strenggenommen zu einer Renaissancevilla nicht passen, da sie doch erst im 19. Jahrhundert gezüchtet worden sind, doch bestechen sie nun einmal durch ihren fast ein halbes Jahr währenden üppigen Flor.

Hinter der Villa erstreckt sich eine große Rasenfläche, die durch halbhohe Hecken und die in Reihen aufgestellten riesigen steinernen Amphoren gefaßt wird. In der Mitte dieser Rasenfläche liegt ein rechteckiges, mit Seerosen bepflanztes Wasserbecken. Wie man meint. In Wirklichkeit ist es ein ganz mit Bergenien bepflanztes Becken, das in überzeugender Weise einen mit Seerosen zugewachsenen Teich vorgibt. Die Besitzerin wählte diese Täuschung, weil der Unterhalt eines Wasserbeckens ihr zu aufwendig erschien. Der angestrebte Kontrasteffekt kommt jedoch auch so aufgrund des unterschiedlichen Pflanzencharakters hervorragend zur Geltung.

Jenseits der Hecken verlaufen auf beiden Seiten breite Kieswege, die von gepflegten Staudenrabatten begleitet werden. Und tatsächlich, da wachsen sie alle, die Blumen, die Francesco Colonna in der *Hypnerotomachia Poliphili* aufgezählt hat: Iris, Akelei, Jungfer im Grünen, Malven, Nelken. Daneben noch viele andere: Rittersporn, Eisenhut, Phlox, Lupinen, Pfingstrosen, Mohn und Lavendel. Doch diese, vorne von einem breiten Streifen Bergenien und hinten durch eine Ligusterhecke eingefaßten, Staudenrabatten sind in der Konzeption dem ornamentalen Pflanzplan der *Hypnerotomachia Poliphili* kaum vergleichbar. Sie sind nach dem Vorbild der englischen *mixed borders* angelegt, in denen die Pflanzen nach wohlüberlegten, malerisch-kompositorischen Gesichtspunkten gruppiert werden. Den Endpunkt der Staudenrabatten bilden ein Rosenpavillon zur einen Seite und zur anderen ein Glyzinienpavillon. Von dort geht der Ziergarten nahtlos über in einen Nutzgarten und eine Obstbaumpflanzung. Weingärten und Felder schließen sich an. Die Villa Emo wird noch heute als ein Landgut bewirtschaftet, ist eine *azienda agricola*, wie es hier in Venetien heißt. Sie produziert vor allem Mais, Wein und Äpfel. Einer der besonderen Reize dieses Gartens liegt darin, daß er mit dem umgebenden Landschaftsraum so eng verknüpft ist. Hier in der weiten vene-

188 Über ein gepflegtes Parterre, das rechts und links von Rosenbeeten begrenzt ist, blickt man auf die stolze Villa. Der wohlproportionierte Baukörper schwingt zu beiden Seiten in girlandenartig gestalteten Mauern aus und wird so räumlich gefaßt. In der Ferne sieht man die Höhenzüge der Euganeischen Berge.

Villa Emo in Monselice

189 Nach Osten wird der Garten durch eine lange Reihe
hoher Pappeln abgeschlossen. Um die zu beiden Seiten der
Villa angelegten rechteckigen Teiche sind auf einem breiten
Streifen Iris gepflanzt. Im Mai leuchten die langen Reihen der
hellen Blüten wie ein festlicher Fackelzug.

190 Die breiten Kieswege werden von gepflegten Staudenrabatten begleitet. Da wachsen sie alle, die Blumen, die in der
Hypnerotomachia Poliphili aufgezählt werden: Iris, Akelei,
Jungfer im Grünen, Malven, Nelken, Primeln. Daneben noch
viele andere: Rittersporn, Eisenhut, Phlox, Lupinen, Pfingstrosen, Mohn und Lavendel. Doch diese Staudenrabatten sind
in der Konzeption dem ornamentalen Pflanzplan der *Hypnerotomachia Poliphili* kaum vergleichbar; sie sind nach dem Vorbild der englischen *mixed borders* angelegt.

Villa Emo in Monselice

191   An der Nordseite der Villa stehen große rosablühende
Hortensien. Ihre doldenförmigen Scheinblüten sind im reichen
Farbenspiel des Verblühens besonders reizvoll.

192   Die den Garten im Nordwesten begrenzenden Buchen-
tunnels – eine Abwandlung der Pergola – laden zu einem
kleinen Spaziergang ein. Zielpunkt des in grün-goldenes Licht
getauchten Weges ist auch hier, wie im traditionellen Italienischen Garten, eine helle Marmorstatue.

179

Villa Emo in Monselice

193 Der Garten der Villa Emo ist wie kaum ein anderer Garten Italiens eine Hommage an die Rose. Hier, vor der Südseite der Villa, ist ein breites Beet ganz mit weißen Rosen bepflanzt, und nur vor der hellgrauen Begrenzungsmauer setzt eine rote Kletterrose einen Farbakzent.

194 Blick von Süden über den Karpfenteich und die Rosenbeete hinweg auf die Villa. Die Hauptfassade ist durch einen klassischen, über zwei Geschosse aufragenden Portikus und eine Doppeltreppe betont. So erhält das sonst sehr schlichte, auf einem quadratischen Grundriß errichtete Bauwerk ein herrschaftliches Aussehen.

195 Blick vom Portikus der Villa über das Buchsbaumparterre mit seinem Springbrunnen zurück zum Eingangsportal. Das Parterre wurde in dieser Form erst im Jahre 1966 angelegt, doch das Wasserbecken und die Brunnenskulptur sind noch aus dem 17. Jahrhundert erhalten.

zianischen Ebene waren die über Terrassen hergestellten Blickbezüge als Mittel der Verbindung nicht möglich. Die Verknüpfung von Garten und Landschaft wurde hier durch die langen Baumreihen und Alleen erreicht, die bis in den Garten hineingeführt werden. Die noch weit in der Ferne sichtbaren Pappelreihen wirken wie ein Nachklang des Gartens. Man spürt, daß die Gartenanlage nicht Fremdkörper, sondern lediglich ein feineres und edleres Muster im Gewebe des Landschaftsbildes ist.

Wie schon in der Antike zu einem wahren *locus amoenus* immer auch hübsch anzusehende, singende Vögel gehörten, fehlt dem Garten der Villa Emo Capodilista auch in dieser Beziehung nichts an Vollkommenheit. In den hohen Pappeln zwitschern Tausende von Vögeln, und auf den Kieswegen vor den Staudenrabatten stolziert eine Schar schöngefiederter Perlhühner.

Es wird sich die Frage stellen, inwieweit dieser Garten denn nun ›italienisch‹ ist. Diese Frage ist mehr als berechtigt, denn ganz offensichtlich orientierte man sich bei der Gestaltung nicht allein am Modell des Italienischen Gartens, sondern bediente sich vielfältiger Stilanleihen, ohne daß dadurch der harmonische Gesamteindruck beeinträchtigt wäre. Der nahtlose Übergang in die Landschaft entspricht eher barockem Gartenstil, die fein komponierten Staudenrabatten einem erst gegen Ende des 19. Jahrhunderts in England entstandenen Stilverständnis. Etliche Charakteristika des Italienischen Gartens fehlen, so die Terrassen, die Freitreppen, die Wasserspiele und Grotten. Nun, darin unterschieden sich die venezianischen Gärten – bedingt durch die ebene Landschaft – schon immer von denen des übrigen Italien. Deshalb widmete man der Flächengestaltung und auch den Blumen die größere Aufmerksamkeit. So wundert es nicht, wenn in den venezianischen Gärten die im 17. Jahrhundert in Frankreich entstandene Mode des ornamentalen Broderieparterres aufgenommen wurde.

›Italienisch‹ am Garten der Villa Emo ist die architektonische Auffassung der Anlage: die klare geometrische Grundrißbildung und die deutliche Ausformung von räumlichen Einheiten. In italienischer Tradition steht natürlich auch die Verknüpfung von Herrenhaus und Landwirtschaft. Und so fühlt man sich schließlich auch beim Gang durch diesen Garten in die von Giusto Utens gemalten Villengärten der Medici zurückversetzt.

Die Weiterentwicklung
des Italienischen Gartens

Die Verbreitung des Renaissancegartens in Europa

Die italienische Gartenkunst gewann erstmals einen über die Grenzen hinausreichenden Einfluß, als König Karl VIII. von Frankreich (1483–1498) auf seinem Feldzug nach Neapel 1494/95 durch Italien zog und hier einer Kultur begegnete, die einen ihm unbekannten Grad der Verfeinerung aufwies. Besonders beeindruckt waren der König und sein Gefolge von den unvergleichlich schönen Gärten. Aus Neapel schrieb Karl VIII. dem Herzog von Bourbon[75]: ›Übrigens können Sie nicht glauben, welch schöne Gärten ich in dieser Stadt habe; denn auf mein Wort, es scheint, daß nur Adam und Eva fehlen, um daraus ein irdisches Paradies zu machen, so schön sind sie und voll von allen guten und seltsamen Dingen.‹ Auch wenn der König das politische Ziel seines Feldzuges, die Wiederherstellung der Rechte seines Hauses auf das Königreich Neapel, nicht erreichte, war der kulturelle Gewinn für Frankreich beachtlich. Karl VIII. ließ nicht nur unglaublich viele Kunstschätze aus Italien nach Frankreich bringen, sondern hatte auch italienische Künstler – darunter Gärtner, Steinmetze und Wasserbauer – angeworben und begann nun mit ihrer Hilfe das in Italien Gesehene nachzubilden. Er ließ sein Lieblingsschloß Amboise mit einem Garten im italienischen Stil ergänzen, und so entstand um 1500 der erste französische Renaissancegarten.

Der Nachfolger Karls VIII., Ludwig XII. (1498–1515), vollendete die Arbeiten in Amboise und ließ wenige Jahre später im gleichen Stil den Schloßgarten von Blois anlegen. Sein Minister, Kardinal Amboise, folgte dem Beispiel des Königs und schuf in dem Schloßgarten von Gaillon eine noch weit prächtigere Anlage. In der Regierungszeit Franz' I. (1515–1547) folgten dann die Gärten von Fontainebleau und Chantilly, die ganz ähnlich gestaltet waren. All diese Gärten und auch die in den folgenden Jahrzehnten entstandenen Anlagen wurden von dem Architekten und Zeichner Jacques Androuet Du Cerceau 1576 und 1607 in einem Stichezyklus chronikartig dokumentiert[76].

Wie diese Stiche erkennen lassen, entsprach der französische Renaissancegarten in seiner geometrischen Ordnung, mit seinen Parterres, Pavillons und Laubengängen, deutlich dem italienischen Vorbild. Auch die schmückenden Skulpturen, Springbrunnen, Grotten und selbst die Orangenbäumchen fehlten nicht. Dennoch waren die Gärten insgesamt von einem anderen Geist getragen. Es gab keinen Gesamtentwurf, in den Gebäude und Garten eingebunden gewesen wären. Frankreich kannte nicht die Tradition der Villa mit ihrem deutlichen Bezug zum Garten, ihren offenen Loggien und Terrassen. So wurden die Gärten bis Mitte des 16. Jahrhunderts eher als Beigaben zu den in ihrer Auffassung noch mittelalterlichen Schlössern verstanden.

Ein spezifisch französisches Charakteristikum bildeten die breiten Kanäle und Wasserflächen, welche die Anlagen einfaßten und ihnen einen glänzenden Rahmen verliehen. Vielleicht lag auch dieser Konzeption die Anregung eines Italieners zugrunde: Leonardo da Vinci, 1516 von Franz I. nach Amboise berufen, hatte Entwürfe von Wasserschlössern ausgearbeitet[77]. Hier wurden zum ersten Mal die Wassergräben, die im Mittelalter als Befestigungsschutz dienten, zu einem dekorativen, raumkünstlerischen Motiv umgestaltet.

Zur klaren Struktur des Gartengrundrisses mit der Einbindung des Schlosses in das Gesamtgefüge fand man in Frankreich erst in der Zeit Heinrichs II. (1547–1559) und Karls IX. (1560–1574). In diesen Jahren wurden die Schloßanlagen von Anet, Verneuil, Charleval und die Tuilerien-Gärten in Paris geschaffen. Auch sie waren italienisch geprägt – nicht von ungefähr, denn durch die Heirat Heinrichs II. mit Katharina von Medici hatten sich erneut enge Beziehungen zu Italien ergeben.

Die straffe Raumbildung und differenzierte Raumfolge, die für die in Italien entstandenen Gärten charakteristisch war, setzte sich nun auch in Frankreich durch. Die Meisterschaft eines Vignola und eines Pirro Ligorio blieb allerdings unerreicht. Erst gegen Ende des 16. Jahrhunderts entstanden Gärten, die in dieser Beziehung den italienischen Vorbildern vergleichbar waren. Unter Heinrich IV. (1589–1610) und seiner Gemahlin Maria von Medici entstand um 1594 der Garten von Saint-Germain-en-Laye, der als Höhepunkt des französischen Renaissancegartens anzusehen ist. Wie die meisten anderen zuvor genannten Gärten ist leider auch dieser nicht mehr erhalten, seine Konzeption ist nur in einem Stich von 1664 überliefert. Vorbild für diese Anlage war die Villa d'Este in Tivoli. Der von Dupérac angefertigte Stich dieses berühmten Gartens (s. Abb. 146 und S. 142) hatte die entscheidende Anregung geliefert. Außerdem wurden bei der Ausführung italienische Baumeister und Handwerker hinzugezogen. Erst mit dem Garten von Saint-Germain-en-Laye hatte Frankreich den Stand der italienischen Gartenkunst aufgeholt, freilich noch ohne sich vom Vorbild Italiens zu lösen.

Auch im deutschen Sprachraum fanden die Italienischen Gärten etwa ab Mitte des 16. Jahrhunderts begeisterte Nachahmung. Die Kultur Italiens, mit ihren außerordentlichen Bauwerken, unübertroffenen Kunstwerken und dem Humanismus als neuer Lehre und Geisteshaltung, übte eine enorme An-

196 Amboise, Stich von Jacques Androuet Du Cerceau, 1576
Das Blatt zeigt den ersten französischen Renaissancegarten. König Karl VIII. von Frankreich ließ ihn – angeregt durch italienische Gärten – um 1500 als Erweiterung seines Lieblingsschlosses Amboise anlegen.

197 Gaillon, Stich von Jacques Androuet Du Cerceau, 1576
Hier läßt sich bereits ein weit größerer und künstlerisch verfeinerter Garten erkennen. Die Darstellung zeigt aufwendig gestaltete Parterres, Pergolen und einen kunstvollen Pavillon.

198 Verneuil, Stich von Jacques Androuet Du Cerceau, 1576
Erst in den Mitte des 16. Jahrhunderts entstandenen Schloßgärten von Verneuil, Anet und Charleval findet die französische Gartenkunst zu klarer Grundrißstruktur und der Einbindung des Schlosses in das Gesamtgefüge des Gartengrundrisses.

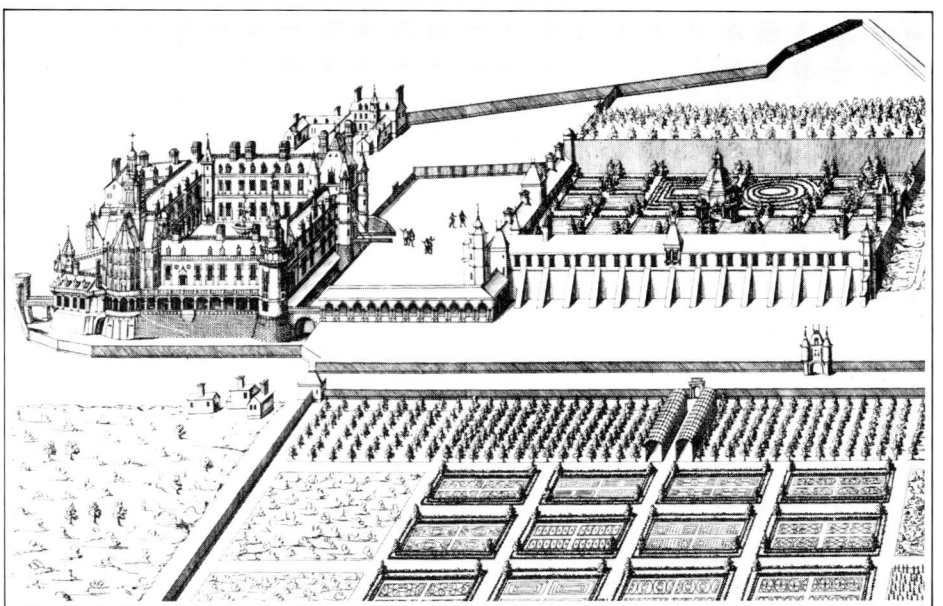

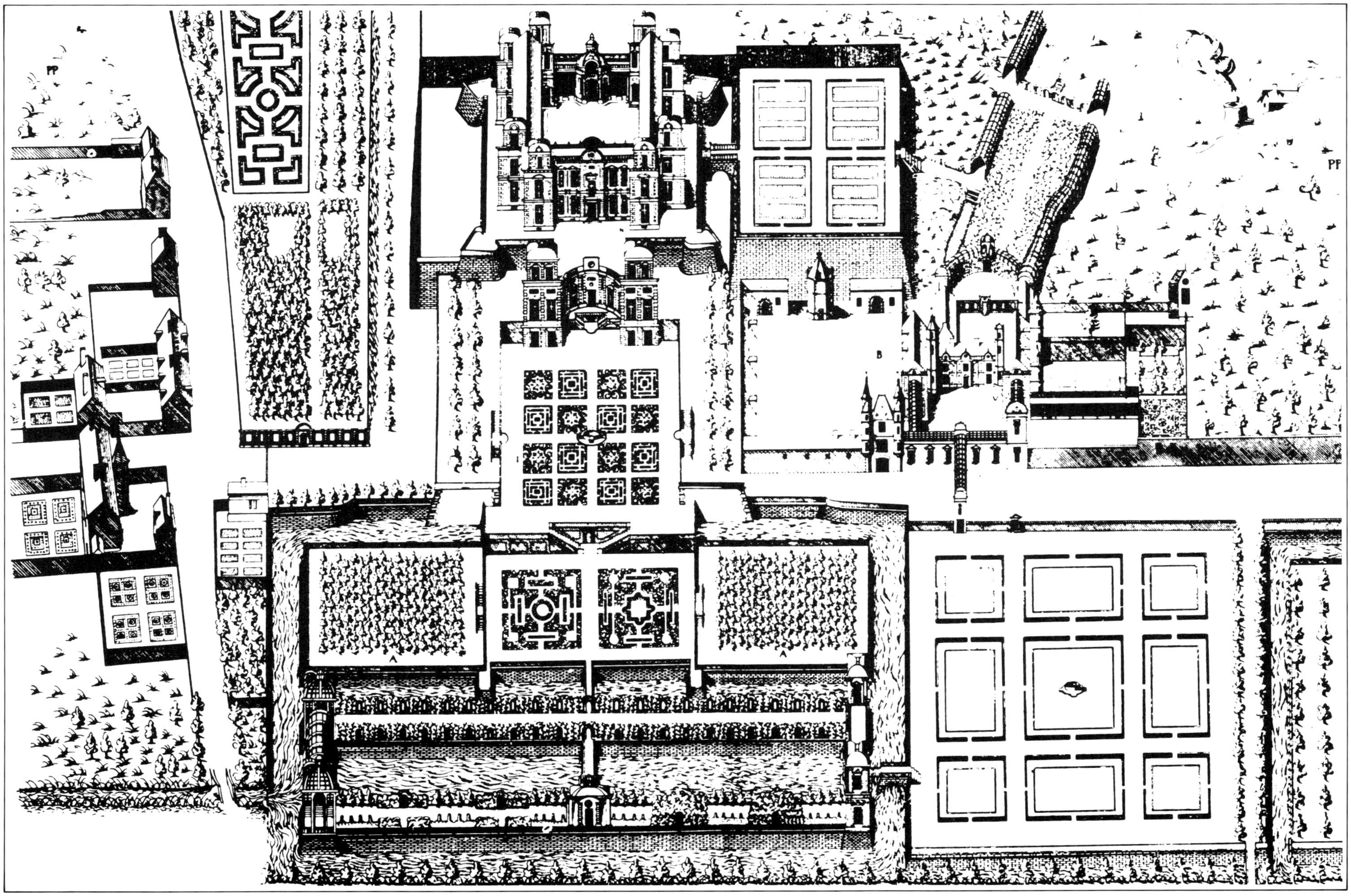

199   Saint-Germain-en-Laye, Stich nach Joseph Furttenbach, 1664
Das Blatt gibt ein anschauliches Bild des berühmtesten französischen Renaissancegartens (heute ist nichts mehr von ihm erhalten). Der terrassierte Aufbau, die aufwendigen Freitreppen, die Parterres und Wasserspiele erinnern an Italienische Gärten. Vorbild für diese gegen Ende des 16. Jahrhunderts entstandene Anlage war die Villa d'Este in Tivoli. Der 1573 von Etienne Dupérac für Katharina von Medici, der Bauherrin von Saint-Germain-en-Laye, angefertigte Stich der Villa d'Este (vgl. Abb. 146) hatte die entscheidende Anregung geliefert.

200   Garten des Künstlers in Ulm, Stich von Joseph Furttenbach, 1641
Auch dieser bescheidene kleine Garten erinnert mit seiner Pergola, den Porträtbüsten und den Balustraden des Brunnenhauses an italienische Vorbilder.

201   Garten des Bürgermeisters Johannes Schwindt zu Frankfurt, Stich von Matthäus Merian, 1641
In der architektonischen Gesamtkonzeption, den Pergolen, dem Skulpturenschmuck, den geometrisch konstruierten Parterres und vielen anderen Details wird deutlich, wie sehr man dem Vorbild der Italienischen Gartenkunst nacheiferte.

202   Auch in den Niederlanden fanden die nach italienischen Vorbildern angelegten Gärten weite Verbreitung. Die Abbildung zeigt einen Gartenentwurf von Hans Vredeman de Vries aus dem im Jahre 1568 (und 1583) erschienenen Stichewerk *Hortorum viridariorumque formae.*

ziehungskraft aus. Nicht nur die Fürsten, sondern auch Gelehrte, Naturforscher, Künstler und Kaufleute zogen über die Alpen und suchten die Begegnung mit dieser neuen Kultur. Sie kehrten mit vielfältigen Anregungen und Vorbildern zurück.
Es erschienen umfangreiche Reisebeschreibungen und Stichezyklen, in denen oft auch Gärten dokumentiert wurden, wie zum Beispiel bei Salomon de Caus, Vredeman de Vries, Josef Furttenbach, Heinrich Schickhardt und Johann Christoph Volkamer. Meist reisten diese Künstler im Auftrag ihrer Landesfürsten. Ihre Reiseeindrücke hielten sie nicht nur zeichnerisch fest, sondern verarbeiteten die Anregungen später auch in eigenen Gartenentwürfen. Bei den fürstlichen Residenzen entstanden sogenannte Lustgärten.
Die bekanntesten waren die Gärten am Hradschin in Prag (1535), der Residenzgarten in Stuttgart (1550), das Neugebäude bei Wien (1569), der fürstlich-braunschweigische Lustgarten zu Hessem bei Braunschweig (1610) und der Hortus Palatinus in Heidelberg (1614). Auch diese Gärten sind nicht mehr erhalten und nur in Stichen überliefert. Die Gegenüberstellung mit den zur gleichen Zeit in Frankreich entstandenen Anlagen zeigt, daß im deutschsprachigen Bereich den Gärten noch lange die übergeordneten Kompositionsregeln fehlten, während man in Frankreich noch vor dem Barock zu der straffen Grundrißkomposition der italienischen Vorbilder fand. So war der Hortus Palatinus in Heidelberg in seiner Konzeption kaum weiter entwickelt als die Mitte des 15. Jahrhunderts entstandene Villa Medici in Fiesole (s. Abb. 24a). Der augenfälligste Unterschied bestand allein in der Größe und der Vielzahl der aneinandergereihten Gartenräume.

HORTVS A MAGNIFICO ET
NOBILI VIRO IOANNE SWIN
DIO PRÆTORE ET SENATORE
Moeno-Francofortano conciñatus ex
tructus ædificatus

187

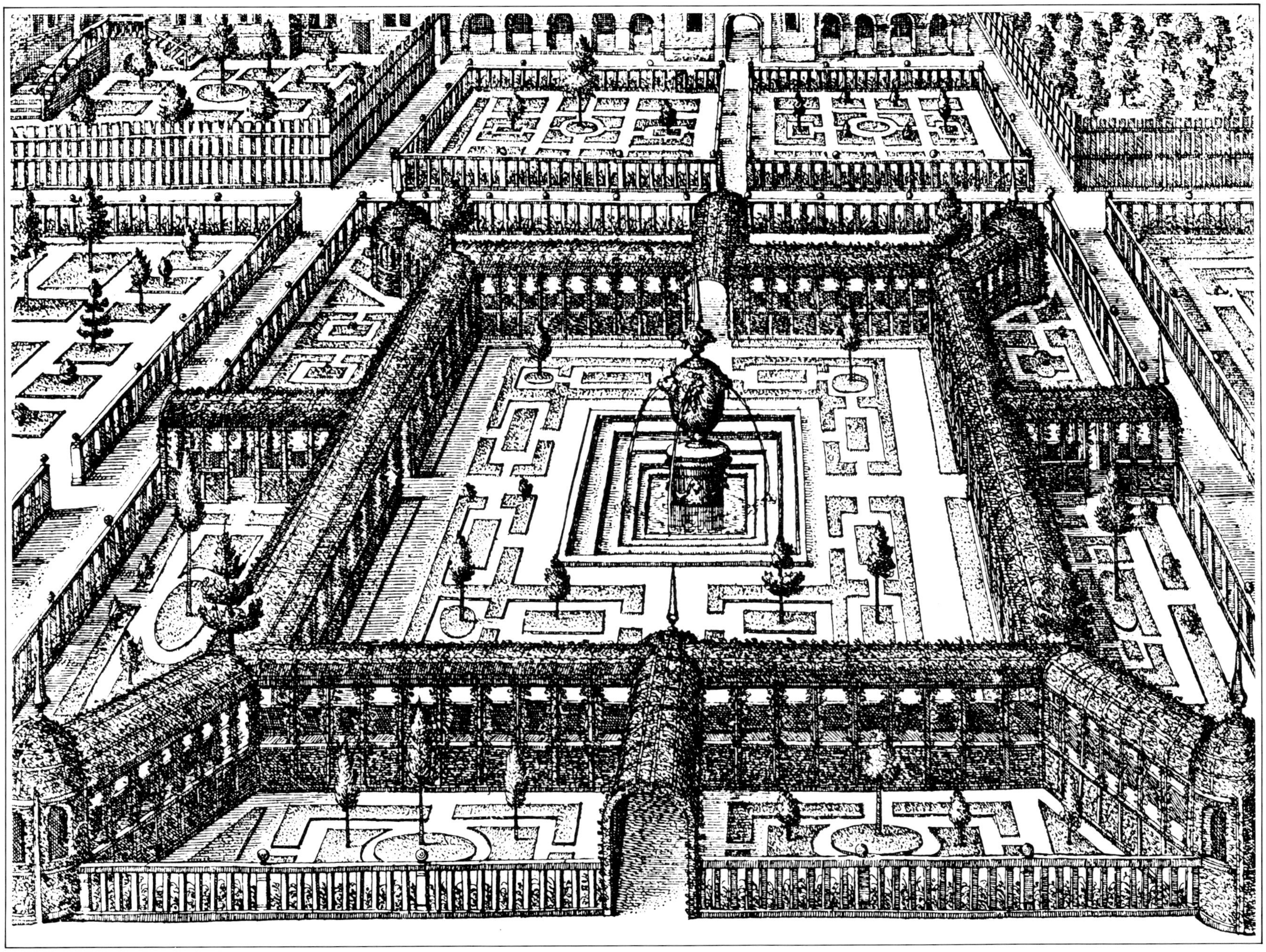

Der Barockgarten

Mitte des 17. Jahrhunderts verlor Italien seine Führungsrolle in der Gartenkunst. Ganz Europa richtete nun den Blick auf Frankreich, wo das Barock einen neuen Gartenstil hervorbrachte, der untrennbar mit dem Namen André Le Nôtre verbunden ist. 1613 als Sohn des ›ersten Gärtners seiner Majestät in den Tuilerien‹ geboren, übernahm Le Nôtre im Jahre 1637 das Amt seines Vaters. Sein erster epochemachender Entwurf war der Garten von Schloß Vaux-le-Vicomte. Bauherr dieser in den Jahren 1656–1661 entstandenen Anlage war der im Range eines Ministers stehende Nicolas Fouquet. Es wird überliefert, daß Ludwig XIV. bei den Einweihungsfeierlichkeiten dieser einzigartig gelungenen Anlage so sehr von Neid erfüllt wurde, daß er Fouquet lebenslänglich ins Gefängnis sperren ließ. Der König, überzeugt, daß solche Prachtentfaltung nur ihm zustehe, beraubte Vaux-le-Vicomte seiner Statuen, Orangenbäume und sonstiger beweglicher Teile. Noch im gleichen Jahr beauftragte er Le Nôtre mit dem Bau einer weit prächtigeren Anlage in Versailles, die um 1700 vollendet wurde und zu den berühmtesten Gärten Frankreichs werden sollte.

Die Entwürfe Le Nôtres zeigen zwar eine deutliche Beziehung zur italienischen Gartenkunst, greifen deren Entwurfsgedanken auf, schaffen aber ein Gesamtbild von ganz anderem Gepräge.

Der Italienische Garten – selbst noch bei der Villa Aldobrandini in Frascati – blieb immer auf den menschlichen Maßstab bezogen. Alle Bereiche des Gartens erschlossen sich ohne weiteres in einem relativ kurzen Rundgang. Der barocke Garten hingegen besaß Größenordungen, die man zu Fuß kaum mehr bewältigen mochte: Man ritt zu Pferd durch den Garten hinaus in die Landschaft und die Jagdgründe.

Der Italienische Garten öffnete zwar den Blick in die Landschaft, blieb aber durch Mauern und Hekken von ihr immer noch deutlich abgegrenzt. Der barocke Garten suchte diese Grenzen aufzuheben, wollte grenzenlos sein. Die Landschaft war, soweit das Auge reichte, einbezogen und dem Gestaltungsplan des Gartens unterworfen. Endlos lange Alleen und geradlinige Schneisen in den Wäldern führten bis zum Horizont. Der Gartenhistoriker Wilfried Hansmann bezeichnet Versailles treffend als das ›gewaltigste Ordnungsgefüge der abendländischen Architektur- und Gartengeschichte‹[78]. Die ›schöne Ordnung‹ Boccaccios (s. S. 15) wurde hier ins Gigantische gesteigert, die Intimität, die Nähe zum Gärtnerischen und zur Pflanze gingen dabei allerdings verloren.

Eine der entscheidenden Neuerungen des Barockgartens war die Gestaltung des Parterres. Kannte man im Renaissancegarten nur das additive Nebeneinander von unterschiedlich, jedoch immer geometrisch gestalteten Beetgevierten, so entwickelte man das Parterre nun in Form großer, fortlaufender Muster als *parterre de broderie*. Dies war einerseits eine Konsequenz, die sich aus den veränderten Dimensionen des Gartens ergab, andererseits entsprach es einer zeitbedingten Vorliebe für die verschlungenen Formen der Arabeske. Doch so sehr die Brodrieparterres mit ihren Mustern aus niedrig gehaltenen Buchsbaumbändern, Blumen und unterschiedlich farbigem Kies imposantes Dekor und gekonnte graphische Flächengestaltung waren, so sehr hatten sie alle räumlichen Qualitäten, die den Parterres der Renaissancegärten eigen waren, verloren.

Der Renaissancegarten war als ein beschaulicher Ort der Kontemplation konzipiert; dort traf man sich in kleinen privaten Kreise. Der Barockgarten war eine riesige Inszenierung und bildete den Rahmen für die glanzvollen Feste der höfischen Gesellschaft. Er war Zeichen der königlichen und fürstlichen Allmacht. Der Renaissancegarten verkörperte den Geist des Humanismus, der Barockgarten den Geist des Absolutismus.

Dem Vorbild von Versailles folgten weitere Schloßgärten in Frankreich – unter anderen Clagny, Fontainebleau und Meudon – und im deutschen Sprachraum. Als die bekanntesten seien hier die Gärten von Schloß Schönbrunn bei Wien, Schloß Nymphenburg bei München, Schloß Herrenhausen bei Hannover, Schloß Brühl bei Köln, Schloß Charlottenburg in Berlin und Schloß Sanssouci in Potsdam genannt. Auch die Gärten Augusts des Starken in Dresden, der Würzburger Residenzgarten und die Schloßgärten von Ludwigsburg und Schwetzingen dürfen in dieser Aufzählung nicht fehlen.

Einflüsse der barocken Gartenkunst wirkten selbstverständlich auch auf Italien. Zwar entstanden keine Anlagen vergleichbarer Größe, wenn man einmal von dem Schloss Caserta absieht, das Karl III. von Spanien 1752 bei Neapel erbauen ließ, aber in der Weiterentwicklung der Details, seien es Parterregestaltungen oder Skulpturenschmuck, wurden die Einflüsse der französischen Gartenkunst auch in Italien verarbeitet.

Die Wiederentdeckung
des Italienischen Gartens

Zurück zum alten Maßstab

Die Einflüsse des italienischen Renaissancegartens fanden nördlich der Alpen ihren Niederschlag nicht nur in den höfischen Lustgärten, sondern in bescheidenerer Form auch in den Bürgergärten und schließlich in den Bauerngärten. Stiche des 17. und 18. Jahrhunderts zeugen von der weiten Verbreitung kleiner, formal gestalteter Gärten. Als Biedermeiergarten blieb diese Tradition noch bis Mitte des 19. Jahrhunderts lebendig. All diese Gärten waren durch ihren strengen Grundriß, buchsbaumgerahmte Beete und geometrisch gestutzte Bäume und Sträucher geprägt. Hier und da gehörten auch Skulpturen, kleine Pavillons und bescheidene Springbrunnen zur Ausgestaltung. Heute ist ein letzter Rest dieser Tradition in den niederländischen Hofjes, den belgischen Beginenhöfen[79] und einigen historischen Bauerngärten in Holland, Dänemark, Norddeutschland und der Schweiz[80] erhalten.

Indes schlug man in der Gartenkunst etwa ab Mitte des 18. Jahrhunderts ganz andere Wege ein. In England waren es die Gartenarchitekten William Kent, Alexander Pope und Lancelot Brown (genannt ›Capability Brown‹), die ein neues Ideal der Gartengestaltung, den Landschaftsgarten, entwickelten. Auf dem Kontinent wurde dieser Stil später allgemein als ›Englischer Garten‹ bezeichnet. Einer der kunstgeschichtlichen Hintergründe für diese neue Art der Gartengestaltung waren die arkadischen Landschaftsmalereien von Claude Lorrain (1600–1682), die damals große Beachtung fanden. Die Gartenarchitekten bemühten sich, die Bilder dieser idealen Landschaften in die dritte Dimension umzusetzen. So findet man zum Beispiel, genau wie auf den Gemälden von Claude Lorrain, zwischen malerisch arrangierten Gruppen buntlaubiger Bäume kleine klassische Tempel.

So sehr dieser Gartenstil natürlich zu sein vorgibt, so sehr ist er doch künstlich: Bäume unterschiedlichster geographischer Herkunft stehen, ausschließlich nach kompositorischen Gesichtspunkten angeordnet, nebeneinander. Mit enormem Aufwand wurden Geländebewegungen vorgenommen, künstliche Hügel und Seen angelegt.

Der englische Landschaftsgarten wurde bald zum Vorbild für die Gartengestalter auf dem Kontinent. In Deutschland waren im 19. Jahrhundert die namhaftesten Vertreter dieser Stilrichtung Friedrich Ludwig von Sckell, Hermann Fürst von Pückler-Muskau und Peter Joseph Lenné[81].

Ende des 19. Jahrhunderts war das Ideal des Englischen Gartens verbraucht. Es war zu oft auf ungeeignete, vor allem zu kleine Grundstücke übertragen worden. Der künstlerische Gedanke ging verloren, die gestalterischen Elemente verkamen zur Beliebigkeit.

Nun ging von England erneut ein entscheidender Impuls für die weitere Entwicklung der Gartenkunst aus. Im Jahre 1892 veröffentlichte der Architekt, Stadt- und Gartenplaner Reginald Blomfield die Schrift *The Formal Garden in England* und verlangte darin die Anwendung architektonischer Gesetze auch für den Garten, den er als die ›Einheit von Kunst und Natur‹ verstanden wissen wollte. Damit wurde der architektonische Garten wiederentdeckt. Zugleich beschäftigte man sich mit seinen geschichtlichen Wurzeln. Zum Thema des italienischen Renaissancegartens erschien 1903 das Buch *Italian Villas and their Gardens* von Edith Wharton und 1905 ein zweibändiges Werk von Charles Latham mit dem Titel *The Gardens of Italy*. Bis in die dreißiger Jahre unseres Jahrhunderts wurden Gärten nun wieder nach architektonischen Gesichtspunkten angelegt. Sie besaßen einen axial geordneten, symmetrisch aufgebauten Grundriß. Bäume und Sträucher wurden als Mittel der architektonischen Raumbildung eingesetzt. Hecken, Buchseinfassungen, geometrisch beschnittene Lorbeerbäume, Skulpturen, rechteckige Wasserbecken, Pavillons, Spaliere und Pergolen gehörten wieder zu den wichtigsten Mitteln der Gartengestaltung. Mochten dies auch die gleichen Elemente wie im Barockgarten sein, so lag der entscheidende Unterschied dieser neuen Gär-

ten in ihrem völlig anderen, kleinteiligen Maßstab. Außerdem war man bemüht, den Garten als Folge von intimen Einzelräumen anzulegen. Hierbei wurden, ähnlich wie im Traumgarten der *Hypnerotomachia Poliphili*, die Gartenräume bewußt thematisch differenziert: So stellte zum Beispiel 1905 der Architekt Joseph Maria Olbrich auf der Gartenbauausstellung in Darmstadt einen blauen, einen roten und einen gelben Garten nebeneinander, und anläßlich der Mannheimer Jubiläumsausstellung von 1907 hatte der Architekt Max Läuger einen Ahorngarten und einen Birkengarten neben dem schon fast obligatorischen Rosengarten geplant[82]. Der in den dreißiger Jahren angelegte Garten von Sissinghurst Castle in Kent zeigt noch heute eine solche Sequenz thematisch unterschiedlicher Gartenräume. Hier gibt es neben dem Kräutergarten, dem Rosengarten und dem Cot-

203 Grünanlage in Baden-Baden
Viele Gärten des deutschen Jugendstils orientierten sich am Vorbild des Italienischen Renaissancegartens. So erinnert dieses von Max Läuger im Jahre 1925 geplante Ensemble einiger kleiner Villen und einer Grünanlage mit plätschernder Kaskade in Baden-Baden sehr an die Konzeption der Villa Lante in Bagnaia.

204 Sissinghurst Castle (Kent)
Auch der berühmte Garten von Sissinghurst Castle in Kent, der in den dreißiger Jahren von der Schriftstellerin Vita Sackville-West und ihrem Mann Harold Nicolson angelegt wurde, verweist in seiner architektonischen Grundstruktur auf klassische Vorbilder. Die ausgeprägte Vorliebe für klare geometrische Gartenräume, die perspektivischen Blickbezüge, die raumbildenden Hecken und die Skulpturen erinnern an Italienische Gärten.

205 Hidcote Manor (Gloucestershire)
Der um 1910 von Lawrence Johnston in Gloucestershire angelegte Garten von Hidcote Manor erinnert in seiner architektonischen Auffassung und seiner Maßstäblichkeit ebenfalls an Vorbilder der Renaissance. Das Bild zeigt einen Gartenraum, der als Weißer Garten bekannt ist. Vier Buchsbaumbüsche wurden zu Skulpturen zurechtgeschnitten – offenbar sollen sie brütende Hennen darstellen. Derartige, im Englischen als *topiary art* bezeichnete Formschnitte erinnern an die antike Kunst des *opus topiarium*.

tage Garden einen Lindengarten, ein Nußbaumwäldchen und schließlich den berühmten Weißen Garten, in dem nicht nur die Vielfalt weißblühender Pflanzen vorgeführt wird, sondern sich besonders die faszinierende Fülle aller nur denkbaren Grüntöne erschließt.

Diese zu Beginn unseres Jahrhunderts in England einsetzende Rückbesinnung auf den architektonischen Garten, die mit der Entwicklung eines neuen Landhausstils einherging, wurde zunächst von den Architekten Edwin Lutyens, Charles Voysey und Thomas Mawson getragen. In den dreißiger Jahren arbeiteten im gleichen Geist auch die Gartengestalter Russell Page und Geoffrey Jellicoe, der sich intensiv mit den Italienischen Gärten beschäftigt und zusammen mit John Shepherd das Buch *Italian Gardens of the Renaissance* verfaßt hatte. Doch in vielen Gärten dieser Zeit nahm neben dem architektonischen Prinzip nun auch das Malerische einen wichtigen Platz ein. Der Malerin und Gartengestalterin Gertrude Jekyll gebührt der Ruhm, dieses Element in den architektonischen Garten eingeführt zu haben. Beeinflußt vom Impressionismus, begann sie Ende des 19. Jahrhunderts die durch fremdländische Sorten und Züchtungen ins Unermeßliche angewachsene Fülle der Stauden nach malerischen Gesichtspunkten hinsichtlich Blatt- und Blütenfarbe zu ordnen. Dank ihrer profunden Pflanzenkenntnis und ihres feinen Farbsinne entwickelte sie mit größter Meisterschaft jene später so typisch englischen Staudenrabatten, die *mixed borders*. Als harmonische Farbklänge leuchten sie vor dem Hintergrund dunkler Eibenhecken oder erdfarbener Ziegelmauern. Die Kunst bestand darin, möglichst das ganze Jahr über ein befriedigendes Gesamtbild und einen fortwährenden Blütenschmuck zu bieten – die Verwirklichung des alten Wunschtraumes vom ›immerwährenden Frühling‹.

Die bemerkenswertesten Gärten von Gertrude Jekyll entstanden in Zusammenarbeit mit Edwin Lutyens, der die architektonische Formgebung plante, während Gertrude Jekyll die Bepflanzung konzipierte. Genannt seien hier der *Italian Garden* von Ammerdown und Hestercombe Garden, beide in der Provinz Somerset und beide um 1903 entstanden. Im gleichen Geiste wurde von Lawrence Johnston um 1910 der berühmte Garten von Hidcote Manor in der Provinz Gloucestershire und um 1930 von Harold Nicholson und Vita Sackville-West der Garten von Sissinghurst Castle angelegt. Diese Gartenanlagen gehören ohne Zweifel zu den schönsten unseres Jahrhunderts.

Ganz ähnliche Tendenzen wie in England kennzeichnen in den ersten drei Jahrzehnten unseres Jahrhunderts auch die Entwicklung der Gartenkunst auf dem Kontinent. Als Vertreter des neuen Gartenstils sind in Deutschland vor allem die Architekten Max Läuger, Paul Schultze-Naumburg, Hermann Muthesius und Joseph Maria Olbrich zu nennen. Auch der Stadtplaner Fritz Schumacher und nicht zuletzt der Gartenarchitekt Leberecht Migge fühlten sich diesem Gartenstil verbunden. Neben Villengärten waren es vor allem Ausstellungsgärten, Volksparks und Friedhofsanlagen, bei denen die neuen Stilvorstellungen umgesetzt wurden. In Österreich prägten im gleichen Sinne Otto Wagner, Josef Hoffmann und Franz Lebisch die Gartenkunst jener Zeit.

In Italien fand diese Entwicklung nur einen geringen Niederschlag und diesen eher auf indirektem Wege. Der englische Gartenarchitekt Cecil Pinsent schuf in Ligurien und der Toskana neue Gärten im architektonischen Stil (s. S. 168), und auch der heute so berühmte Garten der Villa La Pietra in Florenz wurde von dem Engländer Arthur Acton im Stile der Zeit nach altem italienischem Muster neu gestaltet.

Eine Geschichte der Gartenkunst des 20. Jahrhunderts ist noch nicht geschrieben. In groben Zügen zeichnet sich jedoch folgendes Bild ab: Vom Beginn des Jahrhunderts bis in die dreißiger Jahre galt das besondere Interesse der Gestalter dem formalen, dem architektonischen Garten. Nach dem Zweiten Weltkrieg liebte man wieder eher die freien, informellen Gestaltungen. Man begeisterte sich für natürliche Gärten und verpönte die architektonischen Gärten schnell als ›vergewaltigte Natur‹. Man pflanzte Fremdländisches, Üppigblühendes und liebte das Bunte. Seit Mitte der siebziger Jahre werden wieder stärker formal geprägte Lösungen diskutiert. Nach all den geschwungenen Rasenflächen und bunt bepflanzten Beeten, die sich zu oft im Belanglosen und Beliebigen verloren, sucht man nun wieder nach straffer Formgebung, nach Struktur und Räumlichkeit.

Moderne Gärten in Italien

Reminiszenzen der großen Gartentradition

Auch heute noch gehen auf künstlerischem Gebiet entscheidende Impulse von Italien aus. In der Avantgarde der bildenden Künste, der Architektur und des Films ist Italien von maßgeblichem Einfluß, in der Mode- und Designbranche unumstritten tonangebend. Doch die Gartenkunst ist in Vergessenheit geraten und kaum ein Thema mehr.

Im Zuge des gesellschaftlichen Nivellierungsprozesses ist der Kreis derer sehr klein geworden, die sich den aufwendigen Unterhalt eines kunstvollen Gartens leisten können. Und selbst dort, wo die Vermögenssituation dies zuließe, bestehen kaum Ambitionen, wie einst bei den Medici, in Gärten zu investieren. Zwar ist der Wunsch nach einer Villa lebendig wie eh und je, doch der Gedanke, den das Haus umgebenden Raum auch künstlerisch zu gestalten, liegt zumeist sehr fern. Eine so ausgeprägte Gartenleidenschaft wie in England, wo vom bescheidenen, aber gekonnt bepflanzten Cottage Garden bis zum großartig arrangierten Park überall die große Liebe zum Garten sichtbar wird, gibt es in Italien nicht. Zwar gefällt man sich in oberflächlichen Rückgriffen auf das große historische Erbe, doch zeigen die oft respektlosen Übertragungen nur zu deutlich, wie wenig eigentlich begriffen worden ist. Wie oft sieht man an völlig belanglosen Grundstücken jene von steinernen Löwen gerahmten Tore, wie oft die billigen Kopien der traditionellen Skulpturenmotive, und von welchem Unverständnis zeugt es, wenn die Skulpturen ohne jeglichen räumlichen Zusammenhang aufgestellt sind.

Auch in anderen europäischen Ländern ist die künstlerische Gestaltung von Privatgärten in den letzten Jahrzehnten eine äußerst rare Aufgabe geworden. Das Arbeitsfeld des Gartenarchitekten hat sich immer mehr von privaten zu kommunalen Planungsaufgaben verschoben: Gestaltungen innerstädtischer Grünräume, seien es Stadtgärten, Kurgärten, Zoologische Gärten oder Friedhofsanlagen. All diese Gartenformen sind in Italien unüblich. Zwar gibt es duchaus innerstädtische Grünräume, doch erheben sie keine nennenswerten gestalterischen Ansprüche. Man gibt sich zufrieden mit einigen alten Bänken unter schattenspendenden Bäumen.

Auch kennt man in Italien keine den deutschen Gartenschauen vergleichbare Einrichtung, die neben all dem Jahrmarktsrummel gelegentlich auch Gartenkunst entstehen läßt.

So bleibt also der Entfaltungsspielraum für Gartenkunst in Italien auf Villengärten beschränkt. Insbesondere in den Urlaubsgebieten, etwa auf Capri, Sardinien, Elba oder dem Monte Argentario, entstanden Ferienhäuser mit gut gestalteten Gartenanlagen. Sie sind meist recht naturnah gehalten, um den Pflegeaufwand so gering wie möglich zu halten. Da der Garten hier in erster Linie als ein Ort der Entspannung und der sportlichen Betätigung verstanden wird, bildet meist ein Schwimmbecken den Mittelpunkt der Anlage. Waren es bei den Renaissancegärten Freitreppe und Wasserspiele, die den Architekten und Ingenieur als Gartenplaner tätig werden ließen, so ist es heute gerade der Wunsch nach der *piscina*, der den Bauherrn zu einem Gartenarchitekten führt und so eine Konzeption für den gesamten Gartenbereich entstehen läßt.

Zwar gibt es zahlreiche schön angelegte Privatgärten, aber im Rahmen dieses Buches können nur einige wenige vorgestellt werden, die nach Ansicht der Verfasser überdurchschnittliche Qualitäten besitzen, ja, die als Kunstwerke bezeichnet werden dürfen.

Im Jahre 1969 ließ einer der namhaftesten Modeschöpfer von Florenz den Garten seiner aus dem 18. Jahrhundert stammenden Villa von der Mailänder Architektin Gae Aulenti neu gestalten. Die Villa Granaiolo in Granaiolo südlich von Empoli ist ihr erster und leider bisher einziger Entwurf eines Villengartens.

Das von einer Waldkante gerahmte Grundstück, das ein leichtes Gefälle hat, wurde als großzügige Rasenfläche gestaltet, wäre somit eher dem Ideal des Englischen Gartens verpflichtet, wenn es nicht noch mit der feinen Geometrie weißer Marmorbänder überzogen wäre. Gleich den Höhenschichten eines Geländemodells ist die gesamte Topographie der Rasenfläche in Stufen gegliedert.

Die strengen Linien der weißen Marmorbänder lenken den Blick hin zu der *piscina* auf der untersten Ebene des Gartens. Das Rechteck des Schwimmbeckens steht im Winkel zur geometrischen Ordnung der Marmorbänder, wird dadurch zum besonderen Anziehungspunkt und lenkt den Blick in die Landschaft.

Das Bild fasziniert in seiner Klarheit und Zurückhaltung. Hier wurde gewiß eine bemerkenswerte, moderne Interpretation des Italienischen Gartens gefunden, zumindest eines seiner Aspekte: des Wechselspiels von Geometrie und Natur, von Stein und Pflanze. Zusammen mit dem wohlproportionierten Baukörper der alten Villa wurde ein spannungsvolles Ensemble erzeugt. Aber dieses in seiner Wirkung so starke Bild ist allzu schnell begriffen, und dann gibt es nicht mehr viel zu entdecken. Der Garten hat eine große Idee, präsentiert ein Bild, das zwar von unterschiedlichen Blickpunkten betrachtet werden will, aber in seinem hohen Abstraktionsgrad keine Geheimnisse birgt.

Die Eminenz unter den modernen Gartengestaltern Italiens war der in Fiesolo tätige Architekt Pietro Porcinai (1910–1986). Geboren als Sohn des Gärtners der Villa Gamberaia (s. S. 107ff.) begleitete ihn Gartenkunst seit frühester Jugend. Als Garten- und Landschaftsarchitekt wurde er weit über die Landesgrenzen hinaus bekannt, realisierte Projekte in den USA, in Kanada, Mittelamerika, Spanien und Saudiarabien. In Italien plante er die Außenanlagen von Feriendörfern, Hotels und Verwaltungsgebäuden. Er war an der Planung der Brenner-Autobahn beteiligt und mit der Rekultivierung von Kiesgruben und Steinbrüchen beauftragt. An der ligurischen Küste und in der Toskana, insbesondere in der Umgebung von Florenz, entstanden zahlreiche Villengärten nach seinen Plänen.

Moderne Gärten –
Reminiszenzen der großen Gartentradition

206, 207   Villa Granaiolo in Granaiolo südlich von Empoli
(Toskana)
Der von der Mailänder Architektin Gae Aulenti geplante, an
einem Hang gelegene Garten ist einer strengen Geometrie
unterworfen. Gleich den Höhenschichten eines Architektur-
modells wurde das Gelände getreppt; die Ränder der einzelnen Stufen sind mit schmalen Bändern aus weißem Marmor
gefaßt. So entstand eine Anlage von faszinierender Klarheit
und zurückhaltender Eleganz, die in ihrem Wechselspiel von
Geometrie und Natur, von Stein und Pflanze als bemerkenswerte moderne Interpretation des Italienischen Gartens gelten
darf.

Moderne Gärten –
Reminiszenzen der großen Gartentradition

208, 209   Villa Il Roseto in Arcetri (Toskana)
Das Dach über der Garage wurde als eine großzügige Aussichtsterrasse in Form eines modernen Parterregartens angelegt.

210   Villa Il Roseto in Arcetri (Toskana)
Da man die gesamte Anlage über die Garage betritt, konnte
sich der Architekt nicht mit einer gewöhnlichen Tiefgarage
zufrieden geben. Durch ihre Raumhöhe und kostbare Detail-
gestaltung ist hier ein durchaus anspruchsvolles Entree geschaffen worden. Am Ende der Halle führt eine Wendeltreppe
hinauf in den Garten. Durch die herabhängenden Efeuranken,
die an Wasserrinnsale erinnern, und durch den kleinen mur-
melnden Brunnen wird die Assoziation an die traditionellen
Gartengrotten wachgerufen.

Moderne Gärten –
Reminiszenzen der großen Gartentradition

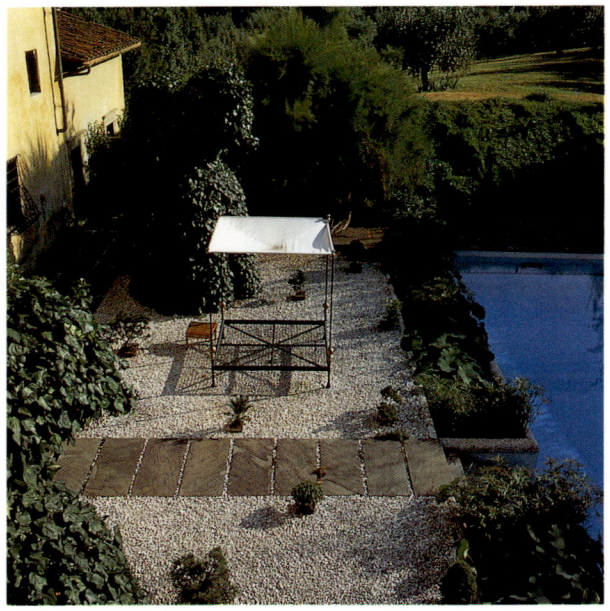

211 Gästehaus der Villa Palmieri in Fiesole (Toskana)
Ebenso wie bei den Renaissancegärten liegt auch hier der Reiz des Gartens in dem kunstvollen Zusammenspiel von Wasser, Stein und Pflanze, Geometrie und vegetativer Natur.

212 Gästehaus der Villa Palmieri in Fiesole (Toskana)
Der Bereich zwischen Swimmingpool und Haus bedurfte eines kraftvollen gestalterischen Akzentes mit einer Masse an Grün. Der Architekt entsann sich der alten Kunst des *opus topiarium* und fand eine originelle Neuinterpretation. Zwei von Efeu zugerankte Metallkonstruktionen werden zu grünen Skulpturen.

213 Gästehaus der Villa Palmieri in Fiesole (Toskana)
Neben den architektonischen Qualitäten besitzt der Garten auch malerische Reize. Da werden Nuancierungen von Grau- und Grüntönen ausgebreitet und eine rosablühende Tamariske ins Bild gesetzt.

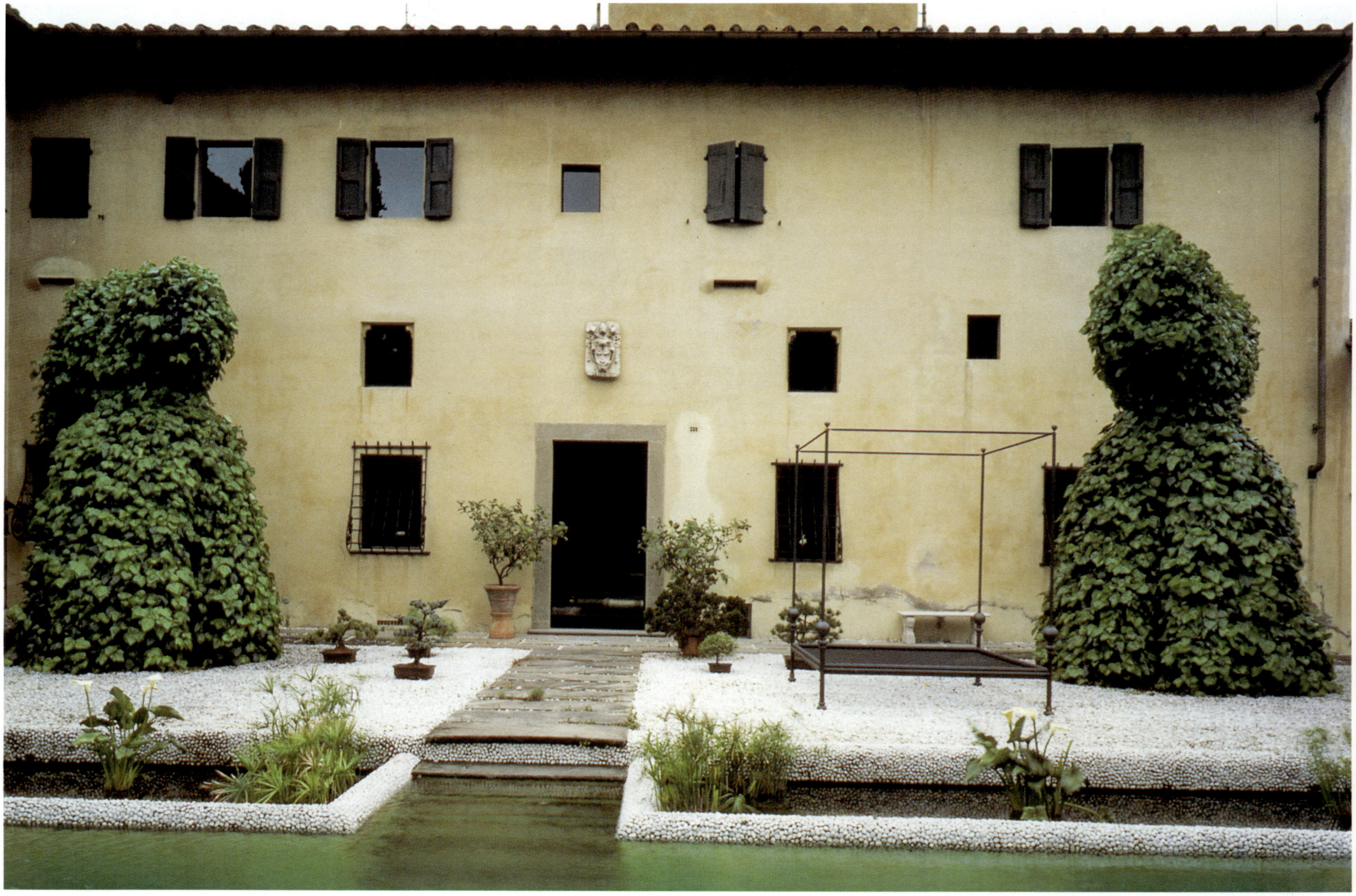

Der in vielfältige Einzelbereiche gegliederte Garten grenzt nach Süden unmittelbar an eine Olivenpflanzung. Hier gibt es einen bescheidenen Parterregarten, der wie ein stilles Gedicht wirkt. In den Beetgevierten, die mit einem graugrünen Kraut bepflanzt sind, werden Topfpflanzen mit Blühendem *della stagione* aufgestellt. Die Töpfe werden von offenen Kunststoffrohren gehalten, sind so gegen Kippen gesichert und in ihrem Standort genau vorbestimmt.

Da es ihm immer darum ging, ›die Erde zu heilen‹ und das Landschaftskontinuum wiederherzustellen, sind seine Gärten nie spektakulär. Von außen völlig unauffällig, sind sie in das Umfeld integriert. Doch besitzen sie einen stillen, vielschichtigen Reiz, zeigen eine unverkennbare, geübte und phantasievolle Handschrift.

Zwar fühlte sich Pietro Porcinai den Idealen des Italienischen Gartens verpflichtet – davon spricht der bei seinem Büro ganz traditionell angelegte *giardino segreto* und die an den Wänden seines Arbeitszimmers hängenden alten Stiche berühmter italienischer Gärten –, doch sind seine Entwürfe eher intuitive Nachempfindungen und vereinnahmen gleichermaßen auch Elemente der Japanischen Gartenkunst wie des modernen Landschaftsgartens. Italienisch ist das ausgeprägt Architektonische, der Dialog zwischen Geometrie und Natur, die kleinen Brunnen und rechteckigen Wasserflächen, die Raumbildungen durch Hecken und begrünte Mauern, die Parterregärten, die Sparsamkeit des Blumenschmucks und die in den traditionellen Terrakottagefäßen aufgestellten Orangenbäumchen. Auch die festeingebauten steinernen Tische in seinen Gärten stehen in einer alten mediterranen Tradition und erinnern an ein berühmtes historisches Vorbild: den Wassertisch der Villa Lante (s. Abb. 126).

Nicht aus italienischer Tradition erwachsen sind hingegen die bei vielen seiner Gärten durch kräf-tige Bodenmodulation erreichten Raumbildungen. Auf andere Quellen zurückzuführen ist auch das malerische Element seiner Gärten: Da werden augenfällig schön gewachsene Bäume ins Bild gerückt, Nuancierungen von Grüntönen ausgebreitet und mit verschiedenen Rosen gezielt Farbakzente gesetzt.

Der interessantesten Abwandlung eines traditionellen Motivs begegnet man bei der Villa Il Roseto in Arcetri. Um die zwischen dem Grundstückseingang und der Villa gelegene Partie nicht durch die Vielzahl der gewünschten Autostellplätze zu entwerten, ersann Pietro Porcinai einen Geniestreich. Die alten Gartengrotten mögen ihn dabei gelehrt haben, daß auch unterirdische Räume künstlerisch gestaltet werden können und sehr wohl in einen Garten zu integrieren sind. So kommt man, nachdem sich das an einer der engen Gassen von Arcetri gelegene Tor geöffnet hat und man ein Stück unter einer Pergola gefahren ist, keineswegs in eine profane Tiefgarage, sondern in das Halbdunkel einer weiten Halle, die durch ihre Dimensionen und ihre Gestaltung durchaus ein anspruchsvolles Entrée bildet. Der Boden ist mit Kieselmosaiken ausgelegt, die als großflächige, geometrische Muster die gesamte Halle überziehen. Die Begrenzungswände sind in freien Formen gestaltet und lassen von allen Seiten Tageslicht eindringen. Am Ende der Halle gelangt man zu einer großen Wendeltreppe, die gleich den Rinnsalen einer Gartengrotte von langen herabhängenden Efeuranken umschleiert ist. Die Assoziation zur Grotte wird durch das Murmeln eines kleinen Brunnens vollkommen. Ist man diese Treppe aus der Kühle und dem Halbdunkel heraufgestiegen, steht man wenige Meter vor dem Eingang der Villa auf einer *terrazza*, blickt über einen modernen Parterregarten, der das Dach der Tiefgarage bildet, und ist bezaubert von den sich in alle Richtungen bietenden Ausblicken.

In diesem Buch ist versucht worden, den Bogen zu schlagen von der Antike bis in die Gegenwart. Farbige Abbildungen sind einer der wichtigsten Aussageträger dieses Bandes. Wenn das allererste Bild einen orientalischen, noch deutlich in der Tradition der Antike stehenden Garten zeigt und das letzte ein von Pietro Porcinai erst vor einigen Jahren angelegtes Parterre in einem Garten in Maiano bei Florenz, so soll sich auch darin der Bogen schließen. Mögen diese beiden Gärten geographisch, geschichtlich und vor allem in ihrem Anspruch weit auseinander liegen, so sind sie sich in einem wesentlichen Gedanken gleich: Der Garten ist die nach den Gesetzen des menschlichen Auges und den Gesetzen seines Geistes geordnete Natur – hier fühlt sich der Mensch zu Hause und begreift sich selbst gerne als Teil der Natur.

Wegweiser zu 100 Italienischen Gärten

Den einen oder anderen Leser mag es reizen, die hier beschriebenen Gärten einmal selbst aufzusuchen und eigene Eindrücke zu sammeln. Deshalb haben die Verfasser einen Wegweiser zu hundert Gärten in Italien zusammengestellt.

Alle diese Gärten sind von den Verfassern besucht worden und bilden damit eine der Grundlagen des vorliegenden Bandes. Zugleich ist über diesen Wegweiser jeder abgebildete oder im Text erwähnte Garten geographisch zu bestimmen. Die im Wegweiser genannten Orte sind auf handelsüblichen Straßenkarten im Maßstab 1:200 000 ohne Schwierigkeiten zu finden. Die beste Reisezeit ist der Zeitraum von Anfang Mai bis Mitte Juni. Wer das Thema vertiefen möchte, kann die in der Bibliographie angegebenen Reiseführer von Bianca Marta Nobile und Mario Faccini zu Rate ziehen. Für den Besuch von Gärten in Florenz und Umgebung sind die in kleinen Gruppen organisierten Besichtigungsfahrten des Unternehmens Agriturist empfehlenswert (Auskünfte erteilen alle Reisebüros in Florenz).

Nur relativ wenige Italienische Gärten sind als öffentliche Einrichtungen zu festgesetzten Besuchszeiten und gegen Eintrittsgebühr einem breiten Publikum zugänglich. Die meisten Gärten befinden sich in Privatbesitz. Deshalb gestaltet sich ein Besuch häufig recht umständlich. Denn anders als in England, wo es fast als gesellschaftliche Verpflichtung gilt, daß Eigentümer eines historischen Gartens diesen, zumindest an einigen festgelegten Tagen im Jahr, der Öffentlichkeit zugänglich machen, kennt man diese Gepflogenheit in Italien nicht. Vielmehr scheuen sich die meisten Gartenbesitzer vor dem Besuch von Fremden. Die Verfasser können jedoch bestätigen, daß ihnen letztlich jeder Privatgarten, für den sie sich interessierten, zugänglich gemacht wurde. Anders, mitunter sogar noch komplizierter ist es hingegen, wenn sich der Garten in Staatsbesitz oder in Besitz einer Institution befindet und für die Öffentlichkeit als unzugänglich deklariert ist. In diesem Fall benötigt man zum Besuch einen *permessa* (Erlaubnis), dessen Erhalt oft eine abenteuerliche Aktion ist. Wenn man wirklich an der Besichtigung eines Gartens interessiert ist, sollte man nach Möglichkeit eine schriftliche Anfrage formulieren. Selbst wenn diese unbeantwortet bleibt, wird der Eigentümer oder der Verwalter des Gartens sich zu gegebener Stunde daran erinnern und die Ernsthaftigkeit des Interesses als bewiesen ansehen. Telefonische Anfragen sind allerdings meist nur dann erfolgreich, wenn es gelingt, beim Hausherrn selbst Gehör zu finden.

ORT BEZEICHNUNG	BESITZER BESICHTIGUNG	BEMERKUNGEN
PIEMONT Turin und Umgebung		
Stupinigi, 11 km südwestlich von Turin Parco di Stupinigi	Ordine Mauriziano öffentlich	Das im frühen 18. Jh. entstandene Jagdschloß besitzt eine der schönsten und gepflegtesten barocken Gartenanlagen Italiens. Durch die weit ausgreifenden Gebäudeflügel und die vom Schloß ausstrahlenden Achsen und Alleen wird eine intensive Verknüpfung von Architektur und Landschaft erreicht.
Turin, Venaria Reale Giardini del Palazzo Reale	Region Piemont öffentlich	Ende des 17. Jh.s wurden die Gärten von Le Nôtre angelegt. Obwohl die Anlage nicht besonders groß ist, eröffnen sich in ihr beeindruckende Perspektiven. Sie wurde vor einigen Jahren restauriert.
PIEMONT Lago Maggiore		
Isola Bella bei Stresa Parco Villa Borromeo	Principe Borromeo-Arese öffentlich	Der im 17. Jh. geschaffene Garten ist in Form von zehn überreich mit Skulpturen geschmückten Terrassenstufen angelegt und nimmt etwa die Hälfte der Insel ein. Im anderen Teil der Insel liegt ein kleines Fischerdorf.
Isola Madre bei Stresa Villa Borromeo	Principe Borromeo-Arese öffentlich	Neben der Isola Bella gehört die Isola Madre zu den Hauptsehenswürdigkeiten des Lago Maggiore. Der im 16. Jh. angelegte Garten ist nur noch in Resten erhalten. Der größte Teil der Anlage wurde im 19. Jh. als Landschaftsgarten umgestaltet.
Pallanza Villa Taranto	Ente giardino Villa Taranto öffentlich	Dies ist gewiß einer der namhaftesten botanischen Gärten in ganz Italien. Er wurde in den dreißiger Jahren von dem schottischen Kapitän McEacharn angelegt. Der Garten besitzt nicht nur eine Vielfalt botanischer Sehenswürdigkeiten, sondern auch gartengestalterische Qualitäten.
Pallanza Villa San Remigio	Region Piemont auf Nachfrage	Die Villa wurde im 19. Jh. von der italo-irischen Familie Brown errichtet. Der Garten ist die romantische Verwirklichung des Traumes vom Italienischen Garten, wie ihn sich ein Nordländer vorstellt.
LIGURIEN Genua		
Genua, Via Garibaldi 9 Giardino Palazzo Doria Tursi (Municipio) und Palazzo Podestà	Stadt Genua auf Nachfrage	Die im 16. Jh. geplante Strada Nuova (heute Via Garibaldi) ist eine der interessantesten Stadtplanungen der Renaissance und noch heute die schönste Straße von Genua. Die alten Paläste, die vor einigen Jahren fast alle restauriert wurden, besitzen geschickt angeordnete Terrassengärten.
Genua, Sampierarene, Via Cantore 28 Grotta Pavese	Madre Pie Franzoniane auf Nachfrage	Der Garten, der heute zu einem Kloster gehört, ist nur wegen seiner reich ausgeschmückten und gut erhaltenen Grotte aus dem 16. Jh. von Bedeutung.
LOMBARDEI Lago Maggiore		
Casalzuigno Varese Villa del Bozzolo	Fam. Della Porta auf Nachfrage	Von der Konzeption der Freitreppen, Terrassen und des Belvedere her ist dies eine recht interessante große Gartenanlage aus dem 17. Jh. Heute ist sie leider insgesamt etwas glanzlos, wirkt verlassen und vernachlässigt.
Bisuschio Varese Villa Cicogna	Fam. Cicogna-Mozzoni öffentlich	Dieser kleine Villengarten aus dem 16. Jh. ist gut erhalten und gepflegt. Besonders schön ist die von Zypressen gesäumte Kaskade hinter der Villa. Leider zerstörte ein Brand vor einigen Jahren einen großen Teil der Bäume.
LOMBARDEI Comer See		
Merate Villa Belgioioso	Fam. Brivio-Sforza auf Nachfrage	Die im 18. Jh. entstandene Anlage zeigt schöne von Hecken gerahmte Gartenräume, Skulpturen, Grotten und Wasserspiele; sie ist in gepflegtem Zustand.
Tremezzo Villa Carlotta	Ente autonomo Villa Carlotta öffentlich	Dies ist eine der schönsten Villen am Comer See. Der Garten ist in sehr gepflegtem Zustand. Als eine der Hauptsehenswürdigkeiten gilt die Blüte der Azaleen, Kamelien und Rhododendren im Mai.
Ossuccio bei Lenno Villa Balbiano	Fam. Caneto auf Nachfrage	Die schön gelegene Villa besitzt zur Seeseite eine große Terrasse und zur anderen Seite als Entree einen hübschen von Hecken eingefaßten Gartenraum. Sie stammt aus dem 16. Jh., der Garten wurde erst in unserem Jahrhundert nach klassischem Vorbild neu angelegt.

ORT BEZEICHNUNG	BESITZER BESICHTIGUNG	BEMERKUNGEN
Bellagio Villa Serbelloni	Rockefeller Foundation öffentlich	Die Villa besitzt einen in Terrassenstufen angelegten Garten, der leider nicht konsequent genug bepflanzt ist, aber durch seinen bezaubernden Landschaftsrahmen hohen Reiz hat. (Die Anlage ist nicht zu verwechseln mit dem gleichnamigen Grand Hotel am Orte, das ebenfalls einen schönen Garten besitzt.)
Bellagio Villa Melzi d'Eril	Fam. Gallarati-Scotti öffentlich	Der Garten ist insgesamt etwas konzeptionslos, doch wegen mancher Details und vor allem seiner schönen Lage am See und des gepflegten Zustandes wegen durchaus sehenswert.
Cernobbio Villa d'Este	Grand Hotel Villa d'Este auf Nachfrage	Die meisten Teile dieser prunkvollen Villa und ihres Gartens stammen aus dem 19. Jh. Sehenswert ist die von Wasserspielen begleitete Zypressenallee, die vom See hinauf zu einem Aussichtspunkt führt.
Olgiate Molgora, südlich von Como Villa Sommi-Picenardi	Fam. Sommi-Picenardi auf Nachfrage	Der Garten aus dem 18. Jh. ist vor allem wegen seiner schönen Freitreppe von Bedeutung. Insgesamt ist er leider in vernachlässigtem Zustand und nur noch in Teilbereichen erhalten.
Varenna Villa Monastero	Staatsbesitz öffentlich	Die Villa am Ostufer des Comer Sees besitzt eine traumhaft schöne Lage. Für denjenigen, der die klassische Strenge in der Gartengestaltung liebt, ist der Garten jedoch zu überladen und zu pompös.

LOMBARDEI   Mailand und Umgebung

ORT BEZEICHNUNG	BESITZER BESICHTIGUNG	BEMERKUNGEN
Bollate Castellazzo, nördlicher Stadtrand von Mailand Villa Arconati (oder Villa Crivelli)	Marquesa Crivelli-Sormani-Verri/ Mailand auf Nachfrage	Die im 17. Jh. entstandene Villa, deren Garten im 18. Jh. in französischem Stil angelegt wurde, ist das Zentrum eines riesigen Gutes. Der Garten besitzt einen prächtigen Baumbestand, wertvolle Skulpturen, Wasserspiele und besonders schöne Bodenmosaiken. Leider ist die Anlage insgesamt in sehr vernachlässigtem Zustand.

LOMBARDEI   Pavia und Umgebung

ORT BEZEICHNUNG	BESITZER BESICHTIGUNG	BEMERKUNGEN
Certosa, nördlich von Pavia La Certosa	Padri cistercensi öffentlich	Die Mönchszellen gruppieren sich als selbständige kleine Häuschen um einen großen Gartenhof und besitzen jeweils einen eigenen kleinen Garten. Sehenswert ist auch der Gartenhof des Kreuzgangs und die lange Pergola, die hinaus auf die Felder führt.
Montalto Pavese Castello Balduino	Conte Cesare Balduino/Florenz auf Nachfrage beim Besitzer	Die verwunschenen alten Parterregärten des in reizvollem landschaftlichem Rahmen gelegenen Kastells gehören zu den beeindruckendsten ganz Italiens.

LOMBARDEI   Gardasee

ORT BEZEICHNUNG	BESITZER BESICHTIGUNG	BEMERKUNGEN
Bogliaco Villa Bettoni	Fam. Bettoni auf Nachfrage	Beachtenswert an der mächtigen, direkt am Ufer des Gardasees gelegenen Villa ist vor allem die Anfang des 18. Jh.s angelegte Freitreppe. Sie wurde im Jahre 1986 gründlich restauriert.

VENETIEN   Verona und Umgebung

ORT BEZEICHNUNG	BESITZER BESICHTIGUNG	BEMERKUNGEN
Verona Giardino Giusti	Fam. Giusti öffentlich	Nahe dem Stadtzentrum von Verona liegt diese berühmte alte Villa aus dem 16. Jh., für deren stolze Zypressenallee schon Goethe bewundernde Worte fand. Im Schatten hoher Bäume liegen gepflegte Parterregärten mit Wasserspielen und Skulpturen.
Cuzzano di Grezzana Villa Allegri	Fam. Arverdi auf Nachfrage	Vor der großen, stolzen Villa, die aus dem 17. Jh. datiert, ist auf einer Terrasse ein schöner Parterregarten angelegt. Insgesamt ist die Anlage etwas vernachlässigt, aber recht schön gelegen.
Negrar di Valpolicella Villa Rizzardi	Conti Rizzardi auf Nachfrage	Der zu einem Weingut gehörende Garten wurde im 18. Jh. angelegt. Es gibt hier viele unterschiedliche Gartenräume: ein Parterre, ein *teatro*, eine Ulmen- und eine Zypressenallee, ein Belvedere und einen schönen Pavillon inmitten des Bosco.

ORT BEZEICHNUNG	BESITZER BESICHTIGUNG	BEMERKUNGEN
Fumane Villa della Torre	Fam. Della Torre auf Nachfrage bei der Soprintendenza ai monumenti in Verona	Die zwischen Weinbergen in reizvollem Landschaftsrahmen gelegene Villa entstand im 16. Jh. und orientiert sich am Vorbild einer antiken Peristylvilla.
VENETIEN Padua und Umgebung Rivella/Monselice Villa Emo Capodilista	Contessa Giuseppina Emo Capodilista Vignatelli/Rom auf Nachfrage	Die Villa besitzt einen der schönsten Gärten Venetiens. Das Gebäude stammt aus dem 16. Jh., der Garten wurde 1966 nach klassischem Vorbild neu angelegt.
Valsanzibio Villa Barberigo già Donà delle Rose	Fam. Pizzoni-Ardemani zum Teil öffentlich	Dies ist einer der größten Gärten Venetiens. Wie die überaus lange Achse, die sich noch hinter der Villa als Zypressenallee weit fortsetzt, deutlich zeigt, ist der Garten erst in der zweiten Hälfte des 17. Jh.s entstanden. Zwar gibt es vielerlei interessante Raumbildungen, doch leider ist die Anlage nicht in dem Pflegezustand, den man sich wünschen möchte.
Stra Villa Pisani	Staatsbesitz öffentlich	Dies ist wohl die berühmteste Villa an den Ufern der Brenta. Die Anlage entstand zwischen 1735 und 1756. Nur Teile der ehemaligen Gartengestaltung, so das statuengesäumte Wasserbecken, sind erhalten. Aufgrund ihres gepflegten Zustandes ist die Anlage noch heute sehenswert.
Levada di Piombino Dese Villa Marcello	Conte Vettor Marcello auf Nachfrage	Die im 16. Jh. entstandene Villa, die im 18. Jh. erweitert wurde, besitzt einen schlichten, schönen Garten und ist durch lange Alleen und rechteckige Fischteiche hervorragend in die Landschaft eingebunden.
VENETIEN Venedig und Umgebung Gambarare di Mira bei Venedig Villa Foscari, genannt ›La Malcontenta‹	Familie Foscari öffentlich, zweimal monatlich Mai bis Oktober	Die unweit von Venedig, unmittelbar am Brenta-Kanal gelegene Villa entstand um 1560. Sie ist eine der wenigen Villen von Andrea Palladio, die noch heute einen dieser stolzen Architektur angemessenen und gepflegten Garten besitzt.
VENETIEN Treviso und Umgebung Maser Villa Barbaro	Conti Volpi öffentlich (einmal wöchentlich)	Die Villa gehört zu den schönsten Werken des Architekten Andrea Palladio. Vom Garten sind in Originalform nur noch das Nymphäum und der anschließende Bosco erhalten. Die übrigen Gartenbereiche sind etwas phantasielos umgestaltet worden.
Asolo Giardino Istituto Filippin	Istituto Filippin öffentlich	Am Rande des liebenswürdigen Städtchens Asolo liegt der gepflegte kleine Garten. Er ist in Terrassen angelegt und öffnet sich zur Landschaft.
San Zenone degli Ezzelini Villa Rovero-Avogadro	Fam. Forcellini auf Nachfrage	Ein langer axialer Weg führt über Gartenterrassen, die mit Skulpturen und Orangenbäumchen geschmückt sind, hinauf zu der außerordentlich schön proportionierten Villa. Sie stammt aus dem 16. Jh. und gleicht im Stil den Palladio-Villen.
VENETIEN Udine und Umgebung Passariano Friuli Villa Manin	Provinz Friuli Venezia öffentlich (nur im Frühjahr)	Die großartige Villa wurde für den letzten Dogen von Venedig zu Beginn des 18. Jh.s fertiggestellt. Der faszinierende architektonische Rahmen besteht zwar noch, doch von den barocken Gartenanlagen ist nichts mehr erhalten. Sie wurden teilweise in einen englischen Park umgewandelt.
EMILIA Ferrara Ferrara, Via XX Settembre 124 Palazzo di Ludovico il Moro	kommunaler Besitz öffentlich	Der kleine Gartenhof des Palazzo ist mit seinen gestutzten Eiben, dem hübschen Parterre und einer Rosenpergola einer der wenigen vorzeigbaren Gärten dieser Region.
MARKEN Ancona und Umgebung Potenza Picena bei Macerata Giardino Buonaccorsi	Società Agripicena auf Nachfrage	Der hübsche und ungewöhnlich gepflegte Garten aus dem 18. Jh. ist als eine Folge von Terrassenebenen angelegt und bietet Ausblicke in eine schöne, fruchtbare Landschaft. Der Garten besitzt reichen Skulpturenschmuck, viele Zitronen- und Orangenbäumchen und einen üppigen, etwas zu bunten Blumenschmuck.

ORT BEZEICHNUNG	BESITZER BESICHTIGUNG	BEMERKUNGEN
Pesaro, Colle San Bartolo Villa Imperiale	Conti Castelbarco auf Nachfrage und mit Azienda Turismo	Die inmitten eines herrlichen Pinienwaldes gelegene Villa gehört zu den berühmtesten Anlagen des 16. Jh.s. Sie umschließt U-förmig auf drei Seiten einen Gartenhof. Die vierte Seite wird durch die mächtige Stützmauer eines Terrassengartens begrenzt. Von diesem kann man in den Hof hinabblicken und in entgegengesetzter Richtung über ein Parterre in die umgebende Waldlandschaft.

TOSKANA   Florenz und Umgebung

ORT BEZEICHNUNG	BESITZER BESICHTIGUNG	BEMERKUNGEN
Florenz, hinter Palazzo Pitti Giardino di Boboli	Staatsbesitz öffentlich	Leider ist der Besuch des Gartens heute nicht so beeindruckend, wie sein Ruhm es erwarten läßt. Sehenswert ist allerdings der *isolotto* und die Grotte von Buontalenti.
Florenz, direkt am östlichen Rand der Piazzale Michelangelo Giardino dell' Iris	Società Italiana dell' Iris öffentlich (von Mitte Mai bis Anfang Juni zur Irisblüte)	Sofern man sich zu dieser Zeit in Florenz aufhält, sollte man den Garten, der allein der Iris gewidmet ist, unbedingt besuchen. Es werden mehr als tausend Züchtungssorten der Iris gezeigt. Die Iris fiorentina ist im Arno-Tal beheimatet und schmückt das Stadtwappen von Florenz.
Bei Cafaggiolo del Mugello Il Trebbio	Fam. Scaretto auf Nachfrage	Auf einer luftigen, dicht bewaldeten Bergkuppe liegt dieses alte Medici-Kastell. Der Garten ist recht bescheiden, besitzt aber eine besonders schöne, von Wein und Rosen bewachsene Pergola. Außerdem ist es ein Ort, der große Ruhe ausstrahlt.
Sesto Fiorentino, westlich von Florenz Villa Medicea di Castello	Accademia della Crusca öffentlich	Die vielgestaltige und maßstäbliche Gliederung, die dieser Garten auf dem Gemälde von Giusto Utens zeigt, ist nicht mehr erhalten. Zwar ist die Grundstruktur noch wiederzuerkennen, doch das Schönste ging verloren.
Sesto Fiorentino, westlich von Florenz Villa Medicea La Petraia	Staatsbesitz öffentlich	Ein Gemälde von Giusto Utens gibt das frühere Aussehen des Gartens wieder. Da die Parterregestaltungen und die runden Pergolagänge heute fehlen, hat er vieles von seinem Reiz eingebüßt.
Scandicci Villa I Collazzi	Società I Collazzi auf Nachfrage (gelegentlich auch im Programm von Agriturist)	Die Villa entstand Mitte des 16. Jh.s und ist eine der schönsten in der Umgebung von Florenz. Der Garten ist von schlichter Größe und hat das Glück, eine herrliche Landschaft einbeziehen zu können.
Sesto Fiorentino, westlich von Florenz Villa Corsi-Salviati	Fam. Guicciardini-Corsi-Salviati auf Nachfrage	Obgleich die aus dem 16. Jh. stammende, später des öfteren veränderte Anlage sich nicht mehr so glanzvoll präsentiert, ist der Garten in gutem Zustand. Die am Rande des Parterre gelegenen seerosenbewachsenen Fischbassins sind besonders schön.
Florenz, Via Bolognese 120 Villa La Pietra	Sir Harold Acton auf Nachfrage (gelegentlich auch im Programm von Agriturist)	Die gepflegte große Anlage zeigt Gartengestaltungen aus verschiedenen Jahrhunderten. Der älteste Teil ist ein unmittelbar neben der Villa gelegener *giardino segreto* mit einer großen Orangerie. Sehr beeindruckend ist auch die stattliche Zypressenallee, die zur Villa hinführt.
Fiesole, Via del Salviatino Villa Salviatino	Stanford University auf Nachfrage	Der gepflegte Garten *all' italiana* ist als Folge von Freitreppen und Terrassen angelegt. Der mit Orangenbäumchen geschmückte Parterregarten wird zu beiden Seiten von Rosenpergolen eingefaßt. Der Italienische Garten ist von einer ausgedehnten Parkanlage umgeben.
San Domenico (zwischen Florenz und Fiesole), Via Vecchia Fiesolana Villa Schifanoia	Rosary College auf Nachfrage (gelegentlich auch im Programm von Agriturist)	Der in stimmungsvoller Umgebung gelegene Garten wird von alten Zypressen gerahmt und besitzt ein hübsch gestaltetes Parterre, ist aber leider in etwas vernachlässigtem Zustand.
Fiesole, Via Boccaccio 126 Villa Palmieri	Luigia Benelli auf Nachfrage	Die berühmte alte Villa besitzt einen gepflegten großen Garten und Park. Der älteste Teil ist ein schöner ovaler Gartenraum mit Orangerieparterre und Freitreppe.
Fiesole, Via Boccaccio 128 Dependance der Villa Palmieri	Maria Benelli auf Nachfrage	Auf dem riesigen Areal der Villa Palmieri befindet sich außer der Villa auch ein Gästehaus, dessen Garten von Pietro Porcinai gestaltet wurde. Er spricht zwar eindeutig eine moderne Sprache, fügt sich aber trotzdem nahtlos in die Gesamtgestaltung ein.

ORT BEZEICHNUNG	BESITZER BESICHTIGUNG	BEMERKUNGEN
Fiesole Villa Medici	Privatbesitz auf Nachfrage	Die Mitte des 15. Jh.s von Michelozzo geplante Villa ist eine der berühmtesten Medici-Villen. Der Garten ist auf sehr steilem Gelände als eine Folge von Terrassenstufen angelegt.
Fiesole, Via Vincigliata Villa Il Bosco di Fonte Lucente	Dr. Paolo Peyron auf Nachfrage	Der herrlich gelegene Garten mit seinem alten Baumbestand ist am schönsten, wenn im Mai die Glyzinien blühen. Er besitzt sehr viele Skulpturen, darunter allerdings etliche nicht überzeugende Kopien.
Settignano (doch näher an Fiesole), Via Vincigliata Villa I Tatti	Harvard University auf Anfrage (gelegentlich auch im Programm von Agriturist)	Die 1910 von den englischen Gartenarchitekten Cecil Pinsent und Geoffrey Scott geplante Gartenanlage ist in gut erhaltenem und gepflegtem Zustand. Besonders schön ist der vor der Villa gelegene Parterregarten.
Bei Maiano, Via Benedetto da Maiano 22 Casa Fioratti	Privatbesitz auf Nachfrage beim Hausverwalter	Der Garten wurde 1972 von Pietro Porcinai geplant. Eingebettet in Olivenhaine, ist er außerordentlich schön gelegen. Er besitzt mehr einen ländlichen Charme als die klassische Eleganz eines Villengartens. Die gut sichtbare Domkuppel von Florenz erinnert stets daran, an welch privilegiertem Ort man sich befindet.
Settignano Villa Gamberaia	Dr. Marcello Marchi auf Nachfrage	Dies ist einer der schönsten und gepflegtesten Gärten Italiens. Er zeigt fast alle Elemente eines Italienischen Gartens und bezaubert durch seine reizvolle landschaftliche Umgebung.
Arcetri, Via Pian dei Giulliari 3 Villa Capponi	Fam. Benedetti auf Nachfrage	Der große alte Garten befindet sich in schönster Aussichtslage am südlichen Stadtrand von Florenz. Die hübschen *giardini segreti* werden mehrmals im Jahr geschmackvoll bepflanzt. Im Mai blühen viele alte Rosen, Glyzinien und Azaleen.
Arcetri, Via Pian dei Giulliari 8 Villa Giullarine	Fam. Gualino, Fam. Gurgo, Fam. Salice auf Nachfrage (gelegentlich auch im Programm von Agriturist)	Ein Besuch des kleinen, hübsch gelegenen Gartens lohnt sich vor allem im Mai, wenn die alten Glyzinien und Banksrosen üppig in Blüte stehen.
Arcetri, Via Pian dei Giulliari 78 Villa Il Roseto	Fam. Giorgio Benelli auf Nachfrage	Dies ist einer der schönsten von Pietro Porcinai gestalteten Gärten. Die ausgedehnte Anlage zeigt eine harmonische Einbindung in die Landschaft. Beeindruckend ist der moderne Parterregarten mit seinem unvergleichlichen Panoramablick. Hervorragend gelungen ist auch die Tiefgarage, über die man die gesamte Villenanlage betritt.
San Casciano, südlich von Florenz Villa Cigliano	Conti Antinori auf Nachfrage	Die ehrwürdige, inmitten von Weinbergen gelegene alte Villa besitzt einen von hohen Mauern umschlossenen Gartenraum, der sich nur auf einer Seite als Terrasse zur Landschaft öffnet.
Uzzano, bei Greve Castello di Uzzano	Conti Castelbarco Albani Masetti auf Nachfrage beim Weingut	Inmitten von Weinbergen gelegen und noch heute als Gut bewirtschaftet, entspricht die Anlage ganz dem althergebrachten Typ einer toskanischen Villa. Im Schatten hoher Pinien und Zypressen liegt ein schöner Parterregarten.
Granaiolo in Richtung Montespertoli, südlich von Empoli Villa Granaiolo	Conte Emilio Pucci auf Nachfrage	Die Villa stammt aus dem 18. Jh. Der Garten wurde 1969 von der Architektin Gae Aulenti neu gestaltet und gilt als einer der interessantesten modernen Gärten Italiens.
TOSKANA Lucca und Umgebung Marlia Villa Marlia	Conti Pecci Blunt öffentlich	Dies ist einer der berühmtesten Villengärten des 17. Jh.s. Leider sind nur noch einige Teilbereiche des Italienischen Gartens erhalten. Der Pflegezustand der Anlage ist mäßig. Der Garten ließe sich zu einer großen Sehenswürdigkeit herrichten.
Camigliano Villa Torrigiani	Principessa Colonna Torrigiani öffentlich	Nur noch Teile des Italienischen Gartens sind erhalten, darunter eine besonders schöne Treppenanlage und ein Parterregarten. Viele Bereiche wurden im 19. Jh. nach dem Vorbild des englischen Landschaftsgartens umgestaltet.
Segromigno Villa Mansi	Fam. Salom öffentlich	Der Italienische Garten aus dem 17. Jh. ist nur noch in Resten erhalten. Große Teile des Gartens sind im englischen Stil angelegt und zeigen einen ungewöhnlich üppigen Baumbestand.

ORT BEZEICHNUNG	BESITZER BESICHTIGUNG	BEMERKUNGEN
Collodi Villa Garzoni	Staatsbesitz öffentlich	Der imposante und berühmte Garten des 17. Jh.s besitzt eine riesige Freitreppenanlage. Die übertrieben bunte Parterrebepflanzung und die intensive touristische Nutzung hinterlassen ein zwiespältiges Bild.
TOSKANA Siena und Umgebung Siena, Strada di Vico Alto Villa Vicobello	Marchesa Chigi Ginevra auf Nachfrage	Dies ist gewiß einer der interessantesten alten Gärten von Siena. Bemerkenswert ist vor allem der ungewöhnlich große Orangen- und Zitronengarten sowie einige kleine Parterregärten. Die Anlage, die eine Restaurierung verdienen würde, ist trotz des redlichen Bemühens leider nur in mäßigem Pflegezustand.
Bei Sovicille Villa Celsa	Fam. Aldobrandini/Rom und Frascati auf Nachfrage	Das zur Villa umgebaute alte Kastell ist eingebunden in einen zauberhaften Landschaftsrahmen, der von einem kleinen Parterregarten bewundert werden kann. Insgesamt ist die Anlage von großer, herber Schönheit.
Cetinale (bei Sovicille) Villa Cetinale	Lord Lambton auf Nachfrage	Der Garten ist landschaftlich recht schön gelegen und besitzt in seiner Schlichtheit einen herben Reiz.
2 km außerhalb von Costa Fabbri Villa Apparita	Dr. Giovanni Guiso/Siena auf Nachfrage	Die Villa stammt aus dem 15. Jh. Der Garten wurde von Pietro Porcinai im Jahre 1974 neu gestaltet. Die Ausführung ist sehr schlicht gehalten, so daß die Schönheit der Landschaft voll zur Geltung kommt. Es gibt viele liebevoll und gut geplante Details.
Pienza (60 km südöstlich von Siena) Palazzo Piccolomini	kommunaler Besitz Palazzo zu festen Besuchszeiten, Garten nur mit Sondergenehmigung	Der Garten entstand im Jahre 1460 und ist als eine sehr hohe Terrasse angelegt. Der kleine Gartenhof wird ganz von einem einfachen Parterre eingenommen. Fensterartige Öffnungen in den Umfassungsmauern bieten herrliche Ausblicke über das Val d'Orcia.
San Quirico d'Orcia Horti Leonini	kommunaler Besitz öffentlich	Die bescheidene Gartenanlage ist in recht gepflegtem Zustand, obgleich es ein öffentlicher Park ist. Bemerkenswert ist die Anlage wegen der schön beschnittenen Steineichen und Buchsbaumhecken.
La Foce, 10 km südwestlich von Chianciano Terme Villa La Foce	Marchesa Iris Origo auf Nachfrage	Die sehenswerte Gartenanlage aus den dreißiger Jahren besitzt gepflegte Bestände an alten Stauden, Rosen und Glyzinien. Der Garten wurde von Cecil Pinsent entworfen und liegt in schönster Aussichtslage am Rande des Val d'Orcia.
LATIUM Viterbo und Umgebung Bagnaia Villa Lante	Fam. Cantoni öffentlich	Dies ist wohl einer der sehenswertesten Italienischen Gärten überhaupt: ein klassischer Renaissancegarten, der in der Geschichte der Gartenkunst von sehr großem Einfluß war. Nach umfangreichen, gut ausgeführten Restaurierungsarbeiten wird der Zustand des Gartens von Jahr zu Jahr besser.
Caprarola Palazzo Farnese und Palazzina Farnese	Staatsbesitz auf Nachfrage bei der Soprintendenza ai monumenti di Lazio in Rom	Von weit größerem Interesse als der Palazzo selbst ist die weiter oberhalb im Bosco gelegene Palazzina. Sie ist wie die Villa Lante von dem Architekten Vignola entworfen und gleichermaßen sehenswert.
Bomarzo Bosco sacro	Privatbesitz öffentlich	Der auch als ›Park der Monster‹ vorgestellte Garten ist kulturgeschichtlich sehr interessant, im Zusammenhang dieses Buches jedoch nur unter dem Aspekt des Bosco. Die Anlage gilt heute als große touristische Sehenswürdigkeit, was die bekannten negativen Folgeerscheinungen mit sich bringt.
Vignanello Villa Ruspoli	Principe Ruspoli auf Nachfrage	Zu dem kastellartigen Anwesen gehören zwei Parterregärten, die in ihrer Gestaltung weitgehend der Anfang des 17. Jh.s entstandenen Originalform entsprechen.
LATIUM Rom und Umgebung Rom, Porta Pinciana Villa Borghese	kommunaler Besitz öffentlich	Der Garten der Villa Borghese aus dem 17. Jh. ist immer noch eine der größten Gartenanlagen Roms. Obgleich viele Bereiche erhalten sind, zeigt er insgesamt doch ein eher enttäuschendes Bild.

ORT BEZEICHNUNG	BESITZER BESICHTIGUNG	BEMERKUNGEN
Rom, Viale Trinità dei Monti Giardino di Villa Medici	Accademia di Francia auf Nachfrage (einmal wöchentlich)	Die im 16. Jh. an den Hängen des Pincio entstandene Villa gehörte ehemals zu den berühmtesten Gartenanlagen Roms. Das von hohen Mauern umschlossene Gelände ist noch als Park erhalten, doch zeigt der Vergleich mit alten Stichen und Gemälden, daß die eigentlichen gestalterischen Reize des Gartens verloren gegangen sind und die Anlage in vielen Bereichen verödet ist.
Rom, Via della Lungara 230 Villa Farnesina	Accademia dei Lincei öffentlich	Die besonders wegen ihrer kostbaren Fresken berühmte Renaissancevilla besitzt einen für heutige innerstädtische Verhältnisse recht großen Garten. Da in Rom nur sehr wenige Gärten in vorzeigbarem Zustand sind, ist man dankbar, wenigstens hier einen letzten Rest römischer Gartenkunst anzutreffen.
Rom, Via Fori Imperiali Horti Farnesiani	Staatsbesitz öffentlich	Diese im 16. Jh. am Rande des Forum Romanum angelegten Gärten waren noch im 18. und 19. Jh. Pilgerstätte vieler Maler und Zeichner. Heute haben sie bis auf einige Details fast allen Reiz verloren.
Rom, Via Villa Madama Villa Madama	Staatsbesitz auf Nachfrage beim Ministerio degli Esteri	Die unter Mitwirkung von Raffael und Antonio da Sangallo d. J. im 16. Jh. begonnene, doch nie ganz fertiggestellte Gartenanlage gehört heute zu den wenigen vorzeigbaren Gärten von Rom. Die Vorliebe für architektonische Gartenräume kommt hier deutlich zum Ausdruck.
Rom, Via Villa Albani Villa Albani	Principe Torlonia auf Nachfrage bei der Verwaltung Via della Conciliazione 30	Die berühmte Villa aus dem 18. Jh. und ihr großer Garten mitten im dicht bebauten Stadtgebiet von Rom sind mit den Broderieparterres, den Zypressenhecken und dem reichen Skulpturenschmuck in sehr gepflegtem Zustand.
Rom, Viale Belle Arti Villa Giulia	Staatsbesitz öffentlich	Die Gärten der Villa erstreckten sich früher bis zu den Ufern des Tiber. Heute sind nur noch die fünf vom Gebäude umschlossenen Gartenhöfe erhalten, die eindrucksvolles Abbild einer antiken Peristylvilla sind. Die Villa birgt heute das Zentralmuseum für Etruskische Kunst.
Rom, Via San Pancrazio Villa Doria Pamphili	kommunaler Besitz auf Nachfrage bei der Soprintendenza ai monumenti in Rom	Noch vor einigen Jahrzehnten gehörte die im 17. Jh. entstandene Villa zu den großen Garten-Sehenswürdigkeiten von Rom. Heute hat die Anlage viel von ihrem Glanz verloren.
Rom, Via Santa Sabina Giardino delle Rose	kommunaler Besitz öffentlich	Gestalterisch ist der Garten kaum bemerkenswert, doch für den Rosenfreund ist er einen Besuch wert. In der Nachbarschaft der Gemäuer des Palatin wird man dazu angeregt, über die Kulturgeschichte der Rose nachzudenken.
Vatikan/Rom Giardini Vaticani e Cortile del Belvedere	Vatikanstaat öffentlich (kleine Gruppen mit Führung)	Die hinter der Peterskirche gelegenen ausgedehnten Gartenbereiche sind insgesamt zwar durchaus gepflegt, doch recht konzeptionslos angelegt. Sehenswert ist ein schönes Buchsparterre und die kleine Villa Pia mit ihrem ovalen Gartenraum und dem Nymphäum.
Bei Tivoli Villa Adriana	Staatsbesitz öffentlich	Die Ruinenstätte einer der größten Villenanlagen aus römischer Kaiserzeit gehört zu den bedeutendsten antiken Sehenswürdigkeiten in der Umgebung von Rom. Ein anschauliches Bild des ehemaligen Zustandes vermittelt ein auf dem Gelände ausgestelltes Rekonstruktionsmodell.
Tivoli Villa d'Este	Staatsbesitz öffentlich	Der Garten ist ohne Zweifel der berühmteste ganz Italiens. Da können Touristenströme nicht ausbleiben. Die Wasserspiele sind zwar fast alle funktionsfähig, aber insgesamt wünscht man sich den Zustand etwas gepflegter.
Frascati Villa Torlonia	kommunaler Besitz öffentlich	Die riesige Gartenanlage zeigt eine gekonnte straffe Gestaltung und ist durchaus sehenswert. Leider sind große Teile des Gartens sehr vernachlässigt.
Frascati Villa Aldobrandini	Principe Aldobrandini auf Nachfrage	Die Villa verkörpert den Höhepunkt des Italienischen Renaissancegartens und den Übergang zum Barockgarten. Teilbereiche sind in gepflegtem Zustand, andere sehr vernachlässigt.
Castelgandolfo, Via Roselli Villa Barberini	Vatikanstaat auf Nachfrage beim Vatikan	Der Sommersitz des Papstes am Albaner See besitzt einen großen und sehr gepflegten Garten, der in den zwanziger Jahren angelegt wurde. Bemerkenswert sind die schönen Parterregestaltungen und die schattigen Steineichen- und Zypressenalleen.

ORT BEZEICHNUNG	BESITZER BESICHTIGUNG	BEMERKUNGEN
CAMPANIEN Neapel und Umgebung		
Caserta, nördlich von Neapel La Reggia di Caserta	Staatsbesitz öffentlich	Die Mitte des 18. Jh.s entstandene Anlage ist mit ihren grandiosen Wasserspielen, Skulpturengruppen und dem üppigen Baumbestand einer der beeindruckendsten Barockgärten Italiens.
Neapel Monastero Santa Chiara	Monastero Santa Chiara öffentlich	Der zentrale Gartenhof des Klarissenklosters besitzt eine im 18. Jh. angelegte Pergola, deren gemauerte Stützen mit herrlich bemalten Majolikafliesen verkleidet sind.
Pompeji; Herculaneum Casa dei Vettii, Casa del Frutteto; Casa dei Cervi	Staatsbesitz teils öffentlich, teils auf Nachfrage	Das dichte Nebeneinander von Peristylvillen mit zum Teil erhaltenen oder rekonstruierten Gartengestaltungen vermittelt ein Bild der antiken Gartenkultur. Es wird ergänzt durch eine Vielzahl von Wandmalereien, die den Garten zum Thema haben.
Sorrent Villa Pane	Fam. Pane auf Nachfrage	Der in schöner Aussichtslage auf den Golf von Neapel gelegene Garten besitzt durch seine üppige Vegetation und seine vielen bemoosten Skulpturen den Reiz eines verwunschenen Ortes. Besonders schön ist die mit Banksrosen bewachsene Pergola.
Ravello an der Costa Amalfitina Villa Cimbrone	Privatbesitz öffentlich	Die zu Beginn des 20. Jh.s entstandene Anlage fasziniert vor allem wegen der großen Terrasse, die einen unvergleichlichen Ausblick über den Golf von Salerno bietet. Duftende Rosen, alte Zypressen und Oliven, kleine Wasserspiele und Pavillons machen den Spaziergang durch den Garten zum großen Genuß.
SIZILIEN Palermo und Umgebung		
Palermo, Via Lincoln Orto Botanico	Universität Palermo öffentlich	Dies ist der größte Botanische Garten Italiens und einer der namhaftesten in ganz Europa. Das besondere Klima Siziliens ermöglicht hier das Gedeihen einer großen Zahl tropischer und subtropischer Gewächse sowie vieler Kakteen und Sukkulenten. Eine umfassende Sammlung von Zitrusgewächsen ist ebenfalls beachtenswert.
Palermo, Piazza Niscemi La Favorita, Palazzo Cinese	Staatsbesitz öffentlich	Neben dem Botanischen Garten zählt zu den Gartensehenswürdigkeiten Palermos gewiß auch diese im 18. Jh. entstandene Anlage *all' italiana*. Zentrum des Gartens ist der Palazzo Cinese mit seiner sonderbaren Architektursprache, die klassische Motive mit chinesischen Elementen zu mischen versucht.
Bagheria, 10 km östlich von Palermo Villa Palagonia	Privatbesitz öffentlich	Die Villa aus dem 18. Jh. ist Ausdruck höchster Extravaganz, die man auch heute noch, trotz des etwas heruntergekommenen Zustandes, erkennen kann. Bemerkenswert sind die surrealistisch anmutenden Skulpturen von Fabelwesen.
Bagheria, 10 km östlich von Palermo Villa Valguarnera	Privatbesitz auf Nachfrage	Die Villa wurde ebenfalls zu Beginn des 18. Jh.s erbaut. Trotz des unübersehbaren Verfalls erahnt man unter der wild wuchernden Vegetation noch den früheren Glanz. Der Gartenhof vor der Villa, der von einer halbrunden Treppe umschlossen ist, besitzt einen großen szenographischen Reiz.

Anmerkungen

1 Fritz Dörrenhaus, *Villa und Villegiatura in der Toskana*, Wiesbaden 1976
2 Ebd., S. 209
3 Elf der vierzehn Bilder befinden sich heute im Museo Topografico von Florenz in der Sammlung ›Firenze com'era‹ (Florenz, wie es war), drei lagern in den Magazinen des Palazzo Pitti in Florenz.
4 Daniela Mignani, *Le Ville Medicee di Giusto Utens*, Florenz 1982, S. 49
5 Gerhard Goebel-Schilling, *Poeta Faber*, Heidelberg 1971, S. 39
6 Französische Übersetzungen von Jean Martin 1546 (unvollständig) und von Claudius Popelin 1883 (vollständig), Reprint Genf 1971, englische Übersetzung wahrscheinlich von Sir Robert Dallington, London 1592 (unvollständig), it. Neuausgabe von G. Pozzi, Padua 1964
7 Im *Decameron* von Boccaccio findet sich nicht nur in der eingangs zitierten Rahmenerzählung des dritten Tages die Beschreibung eines *locus amoenus*, sondern auch in den Rahmenerzählungen des ersten und des siebten Tages. Vgl. dazu auch: *Elegien* von Albius Tibullus, 1. Jh. v. Chr.; Beschreibung des Venusgartens im *Epithalium de Nuptiis Honorii Augusti* von Claudius Claudianus, 4. Jh. n. Chr.; *Floire et Blancheflor*, 12. Jh., Verfasser unbekannt; *Roman de la Rose* von Guillaume de Lorris, um 1230.
8 Venus ist die altitalische Gartengöttin, die erst in römischer Zeit der griechischen Aphrodite, der Göttin der Schönheit und Liebe, gleichgesetzt wurde.
9 Petrarca, *Dichtungen, Briefe, Schriften*, übers. von Hans Nachod, Paul Stern u. a., Frankfurt/Main 1980, S. 88, Brief an Francesco Dionigi von Borgo San Sepolcro in Paris
10 Plinius der Jüngere, *Briefe*, übers. von Mauriz Schuster, Stuttgart 1953
11 Die Agave kommt aus dem südlichen Amerika, wurde im 16. Jahrhundert in den Mittelmeerraum eingeführt und ist seither dort heimisch geworden.
12 Nikolaus Pevsner, *Europäische Architektur*, München 1963, S. 180 ff.
13 Leon Battista Alberti, *Zehn Bücher über die Baukunst*, übers. von Max Theuer, Darmstadt 1975, 6. Buch, 2. Kapitel, S. 293
14 Ebd., 9. Buch, 5. Kapitel, S. 492
15 Ebd., 9. Buch, 4. Kapitel, S. 487
16 Giovanni Boccaccio, *Das Decameron*, übers. von Ruth Macchi, Berlin/Weimar 1978, S. 45 (Rahmenerzählung des ersten Tages)
17 Leon Battista Alberti, *Zehn Bücher über die Baukunst*, übers. von Max Theuer, Darmstadt 1975, 9. Buch, 2. Kapitel, S. 478 und 479
18 Ebd., 5. Buch, 18. Kapitel, S. 283
19 Ebd., 5. Buch, 17. Kapitel, S. 272
20 Ebd., 9. Buch, 4. Kapitel, S. 489
21 Wolfgang Meisenheimer, ›Treppen als Bühnen der Raum-Anschauung‹, in: *Daidalos, Berlin Architectural Journal*, 9/ 83, S. 18
22 Marie Luise Gothein, *Geschichte der Gartenkunst*, Jena 1914, Bd. 1, S. 240 ff.
23 Ebd., S. 240
24 Francesco Colonna, *Hypnerotomachia Poliphili*, s. S. 21
25 *Ars topiaria* oder *opus topiarium* umfaßt allerdings mehr als das kunstvolle Beschneiden von Bäumen und Sträuchern, obgleich dieses dabei deutlich im Vordergrund steht. Plinius d. Ä. benutzte zum Beispiel in seiner *Naturalis historia* (16. Buch, 140) den Begriff in diesem Sinne. In Anlehnung an diesen Ausdruck ist in der englischen Gartenkunst für ähnliche Formen des Beschneidens der Begriff *topiary art* sehr geläufig.
26 Giovanni Boccaccio, *Das Decameron*, Rahmenerzählung des dritten Tages, s. S. 15
27 Abgebildet u. a. in: Anthony Huxley, *An Illustrated History of Gardening*, New York/London 1978, 1983, S. 50

28 Abgebildet u. a. in: Anthony Huxley, *An Illustrated History of Gardening*, New York/London 1978, 1983, S. 78
29 Johann Wolfgang Goethe, *Wilhelm Meisters Lehrjahre*, in: *Poetische Werke* (Berliner Ausgabe), Bd. 10, Berlin/Weimar 1976, S. 149
30 Leon Battista Alberti, *Zehn Bücher über die Baukunst*, übers. von Max Theuer, Darmstadt 1975, 9. Buch, 4. Kapitel, S. 487
31 Zur Belvedere-Villa s. auch S. 23
32 Heute alle in den Vatikanischen Museen (lediglich die Skulptur des ›Tiber‹ befindet sich im Musée du Louvre in Paris).
33 Zu Venus vgl. Anm. 8
34 Vgl. F. Muthmann, *Mutter und Quelle*, Basel 1975
35 Ursprünglich geschaffen für den Salone dei Cinquecento im Palazzo Vecchio, später in der Villa Pratolino aufgestellt, heute im Museo del Bargello in Florenz.
36 Vgl. Anm. 32
37 Diese beiden Skulpturen standen im Mittelalter am Quirinal, sind also keine Grabungsfunde der Renaissance.
38 Conrad Ferdinand Meyer, Der römische Brunnen, in: Sämtliche Werke, Bd. 1, München – Zürich 1978
39 Handschrift des *Roman de la Rose* in der British Library in London, abgebildet u. a. in Marie Luise Gothein, *Geschichte der Gartenkunst*, Jena 1914, Bd. 1, S. 203
40 Vgl. Anthony Huxley, *An Illustrated History of Gardening*, New York/London 1978, 1983, S. 49
41 Gemeint ist die Escalera de la Cascada im Garten des Generalife unweit der Alhambra. Diese Wassertreppe gilt als der ursprünglichste Teil des aus dem 13. Jahrhundert stammenden Gartens.
42 Johann Caspar Goethe, *Reise durch Italien im Jahre 1740*, München 1986, S. 298
43 Ovid, *Metamorphosen*, übers. von Erich Rösch, München/Zürich 1952, 1983 (Sammlung Tusculum), 8. Buch, Vers 560 ff., S. 303 (Theseus bei Achelous)
44 Michel de Montaigne, *Tagebuch einer Reise durch Italien* in: *Gesammelte Schriften*, übers. von Otto Flake, Bd. 7, Berlin 1915, Kapitel ›Von Venedig nach Rom‹, S. 171 ff.
45 Paul Faure, *Fonctions des Cavernes crétoises*, Paris 1964, S. 280, zitiert nach Friedrich Muthmann, *Mutter und Quelle*, Basel 1975, S. 269
46 Zitiert nach Petra Schramm, *Die Alchemisten, Gelehrte – Goldmacher – Gaukler*, Taunusstein 1984, S. 130
47 Genannt seien nur ›Aladins Wunderlampe‹, ›Das Feuerzeug‹, ›Alibaba und die vierzig Räuber‹, ›Frau Holle‹ oder ›Die drei Federn‹.
48 Vgl. Erich Benz, ›Die heilige Höhle in der alten Christenheit und in der östlich-orthodoxen Kirche‹, in: *Eranos-Jahrbuch* 22, Köln 1954, S. 365 – 432. In der Malerei zum Beispiel: Leonardo da Vinci, ›Felsgrottenmadonna‹, um 1485, zwei Versionen: Paris, Musée du Louvre und London, National Gallery; Meister Francke, ›Geburt Christi‹, Thomasaltar, 1425, Hamburg, Kunsthalle
49 François Rabelais, *Gargantua und Pantagruel*, 5. Band, 47. Kapitel, zitiert nach Horst Bredekamp und Wolfram Janzer, *Vicino Orsini und der heilige Wald von Bomarzo – Ein Fürst als Künstler und Anarchist*, Worms 1985, S. 99
50 Seneca, Epist. 41, 3, zitiert nach Friedrich Muthmann, *Mutter und Quelle*, Basel 1975, S. 25
51 Ovid, *Metamorphosen*, übers. von Erich Rösch, München/Zürich 1952, 1983 (Sammlung Tusculum), 8. Buch, Vers 710 ff., S. 311
52 Vgl. Anm. 50
53 Vgl. Horst Bredekamp und Wolfram Janzer, *Vicino Orsini und der heilige Wald von Bomarzo – Ein Fürst als Künstler und Anarchist*, Worms 1985
54 Umberto Eco, *Der Name der Rose*, München 1982, S. 90
55 Ovid, *Metamorphosen*, übers. von Erich Rösch, München/Zürich 1952, 1983 (Sammlung Tusculum), 10. Buch, Vers 99/100, S. 365

56 Vgl. dazu *Das Große Illustrierte Pflanzenbuch*, hg. vom Lexikon-Institut Bertelsmann, Gütersloh, 1966, S. 899 ff. (Stichwort Rautengewächse)
57 Vgl. Anm. 56 und *Der kleine Pauly, Lexikon der Antike*, 5 Bde., Stuttgart 1964
58 Andrea Mantegna, ›Sieg der Tugend über die Laster‹, um 1502, Paris, Musée du Louvre
59 Vgl. Derek Clifford, *Geschichte der Gartenkunst*, München 1966; Fritz Dörrenhaus, *Villa und Villegiatura in der Toskana*, Wiesbaden 1976
60 Frankfurt/Main, Städelsches Kunstinstitut
61 Weitere Angaben im ›Wegweiser zu 100 Italienischen Gärten‹, S. 202–210
62 Georgina Masson, *Italienische Gärten*, München 1962, S. 81
63 Michel de Montaigne, *Tagebuch einer Reise durch Italien*, in: *Gesammelte Schriften*, Berlin 1915, Bd. 7, Kapitel ›Von Lucca nach Rom‹, S. 385
64 Stich von Giacomo Laurus in *Roma Vetus et Nuova*, Rom 1614
65 Leonardo B. dal Maso, *Die Villa von Ippolito II. d'Este in Tivoli*, Florenz o. J., S. 23
66 Ein großer Teil dieser Zeichnungen ist heute im Besitz des Cabinet des Dessins im Musée des Beaux-Arts in Besançon.
67 Carl Blechen, *Park der Villa d'Este*, Staatliche Museen zu Berlin, Nationalgalerie
68 Johann Wolfgang Goethe, *Italienische Reise*, Tagebucheintrag von Ende Juni 1787 bzw. vom 15. November 1786, in: *Poetische Werke* (Berliner Ausgabe), Bd. 14, Berlin/Weimar 1972, S. 528 bzw. 298
69 Ebd., S. 597 – 598: Tagebucheintrag Goethes von September 1787
70 Giuseppe Bisi, *Villa Sommariva*; das Gemälde ist noch heute in der Villa ausgestellt.
71 Bernard Berenson, Kunstwissenschaftler, geboren 1865 bei Wilna/Litauen, gestorben 1959 in Settignano, wuchs seit 1875 in Amerika auf, studierte an der Harvard University und kehrte 1887 nach Europa zurück. Hauptwerke: *Italian Painters of the Renaissance*, 4 Bde., 1894 – 1907, *The Drawings of the Florentine Painters*, 3 Bde., 2. Aufl., Chicago 1938
72 Bernard Berenson, *Sketch for a Selfportrait*, London 1941, in dt. Ausgabe: *Entwurf zu einem Selbstbildnis*, übers. von Hanna Kiel, München 1953, S. 28
73 Ebd., S. 187 (Der Text wurde anhand des Originals leicht überarbeitet.)
74 Johann Wolfgang Goethe, *Italienische Reise*, Tagebucheintrag vom 28. September 1786, in: *Poetische Werke* (Berliner Ausgabe), Bd. 14, Berlin/Weimar 1972, S. 220
75 Zitiert nach Marie Luise Gothein, *Geschichte der Gartenkunst*, Jena 1914, Bd. 2, S. 3
76 Jacques Androuet Du Cerceau, *Le premier Volume des plus excellents Bastiments de France*, Paris 1576; *Le second Volume …*, Paris 1607
77 Vgl. Marie Luise Gothein, *Geschichte der Gartenkunst*, Jena 1914, Bd. 2, S. 15
78 Wilfried Hansmann, *Gartenkunst der Renaissance und des Barock*, Köln 1983, S. 98
79 Vgl. Günter Mader/Laila Neubert, ›Nederlandse Hofjes. Alte Wohnform mit neuer Zukunft‹, in: *Bauwelt* 5/78 (Berlin 1978), S. 155 – 162
80 Vgl. Albert Hauser, *Bauerngärten der Schweiz*, Zürich/München 1976
81 Hermann Fürst von Pückler-Muskau, *Andeutungen über Landschaftsgärtnerei*, Stuttgart 1834, Faksimile Stuttgart 1987; Harri Günther, *Peter Joseph Lenné – Gärten – Parke – Landschaften*, Stuttgart 1985
82 Vgl. Uta Haßler, ›Max Läuger und die Gartenbauausstellung in Mannheim 1907‹, in: *Mannheim um 1900*, Ausstellungskatalog, Mannheim 1985, S. 257–293

Ausgewählte Bibliographie

Acton, Harold und Alexander Zielke, *Tuscan Villas*, London 1973, 1984, in dt. Ausgabe: *Villen der Toskana*, Bern 1973, 1984

Alberti, Leon Battista, *Zehn Bücher über die Baukunst*, übers. von Max Theuer, Darmstadt 1975

Beck, H. und P. C. Bol (Hg.), *Natur und Antike in der Renaissance*, Ausstellungskatalog, Liebieghaus, Frankfurt/Main 1985

Boccaccio, Giovanni, *Das Decameron*, übers. von Ruth Macchi, Berlin/Weimar 1978

Boccaccio, Giovanni, *Die Nymphe von Fiesole*, übers. von Rudolf Hagelstange, Wiesbaden 1957

Bredekamp, Horst und Wolfram Janzer, *Vicino Orsini und der heilige Wald von Bomarzo – Ein Fürst als Künstler und Anarchist*, Worms 1985

Brown, Jane, *Gardens of a Golden Afternoon – The Story of a Partnership, Edwin Lutyens & Gertrude Jekyll*, London 1982

Colonna, Francesco, *Hypnerotomachia Poliphili*, Venedig 1499, Faksimile London 1963, in frz. Ausgabe: *Le songe de Poliphile, ou Hypnérotomachie de Frère Francesco Colonna*, übers. von Claudius Popelin, Paris 1883, Reprint Genf 1971

Chesterton, Gilbert K., *St. Francis of Assisi*, London 1923, in dt. Ausgabe: *Franziskus, Der Heilige von Assisi*, Zürich 1981

Chiostri, Ferdinando, *Parchi della Toscana*, Genua 1982

Clifford, Derek, *A History of Garden Design*, London 1962, in dt. Ausgabe: *Geschichte der Gartenkunst*, München 1966

Dörrenhaus, Fritz, *Villa und Villegiatura in der Toskana*, Wiesbaden 1976

[Evelyn, John] *The Diary of John Evelyn, esquire F.R.S. from 1641 – 1705–6*, hg. von William Bray, London 1818

Faccini, Mario, *Guida ai Giardini d'Italia*, Mailand 1983

Goethe, Johann Caspar, *Viaggio per l'Italia*, Rom 1740, in dt. Ausgabe: *Reise durch Italien im Jahre 1740*, München 1986

Goethe, Johann Wolfgang, *Italienische Reise*, in *Poetische Werke* (Berliner Ausgabe) Bd. 14, Weimar/Berlin 1972

Gollwitzer, Gerda, ›Pietro Porcinai 1910–1986‹, in: *Garten und Landschaft* 10/86 (München 1986)

Gothein, Marie Luise, *Geschichte der Gartenkunst*, 2 Bde., Jena 1914, 1926, Nachdruck der 2. Aufl. in 1 Bd., Hildesheim/New York 1977

Grimal, Pierre, *Les Jardins Romains*, Paris 1969

Günther, Harri, *Peter Joseph Lenné – Gärten – Parke – Landschaften*, Stuttgart 1985

Hansmann, Wilfried, *Gartenkunst der Renaissance und des Barock*, Köln 1983

Harvey, John, *Mediaeval Gardens*, London 1981

Haßler, Uta, ›Max Läuger und die Gartenbauausstellung in Mannheim 1907‹, in: *Mannheim um 1900*, Ausstellungskatalog, Mannheim 1985, S. 257–293

Hauser, Albert, *Bauerngärten der Schweiz*, Zürich/München 1976

Hennebo, Dieter (Hg.), *Gartendenkmalpflege – Grundlage der Erhaltung historischer Gärten und Grünanlagen*, Stuttgart 1985

Heikamp, Detlef, ›Metamorfosi in Grotta‹, in: *FMR* 35/85 (Mailand 1985)

Höhler, Gertrud, *Die Bäume des Lebens – Baumsymbole in den Kulturen der Menschheit*, Stuttgart 1985

Hoffmann, Adolf, ›Das Stadion in der Villa Hadriana‹, in: *Architectura*, Zeitschrift für Geschichte der Baukunst 8/78 (München/Berlin 1987)

Hunke, Sigrid, *Kamele auf dem Kaisermantel – Deutsch-arabische Begegnungen seit Karl dem Großen*, Stuttgart 1976

Huxley, Anthony, *An Illustrated History of Gardening*, New York/London 1978, 1983

Jashemski, Wilhelmina, *Gardens of Pompeji*, New Rochelle, N.Y., 1981

Johnson, Hugh, *The Principles of Gardening*, London 1979, in dt. Ausgabe: *Das große Buch der Gartenkunst*, Bern 1980

Keller, Herbert, *Kleine Geschichte der Gartenkunst*, Berlin/Hamburg 1976

Kern, Edith G., *The Gardens in the Decameron Cornice*, New York 1951, in dt. Ausgabe: ›Die Gärten in der Rahmenerzählung des 'Decameron'‹, in: *Boccaccios Decameron*, hg. von Peter Brockmeier, Darmstadt 1974 (Wege der Forschung Bd. 324)

Korab, Balthazar, *Gamberaia*, Florenz 1971

Latham, Charles, *The Gardens of Italy*, 2 Bde., London 1905

Mader, Günter, ›How to live with Green‹, in: *Stadtbauwelt* 24/77 (Berlin 1977)

Mader, Günter/Laila Neubert, ›Nederlandse Hofjes, Alte Wohnform mit neuer Zukunft‹, in: *Bauwelt* 5/78 (Berlin 1978), S. 155–162

Mader, Günter/Laila Neubert, ›Umgang mit Bäumen‹, in: *Stadtbauwelt* 48/79 (Berlin 1979)

Magnani, Lauro, *Tra Magia, Scienza e Meraviglia – Le Grotte artificiali dei Giardini Genovesi*, Ausstellungskatalog, Genua 1984

Maso, Leonardo B. dal, *Die Villa von Ippolito II. d'Este in Tivoli*, Florenz o.J.

Masson, Georgina, *Italian Gardens*, London/New York 1960, in dt. Ausgabe: *Italienische Gärten*, München 1962

Mazotti, Giuseppe, *Ville d'Italia*, Mailand 1972, hg. vom Touring Club Italiano (Italia Meravigliosa)

Mecklenburg, Carl Gregor Herzog zu, *Garten und Landschaft gestern und heute – Zur Geschichte der Gefühle in der Natur*, Haigerloch 1974

Merveldt, Eka Gräfin von, *4mal Florenz*, München 1982

Mignani, Daniela, *Le Ville Medicee di Giusto Utens*, Florenz 1982

Montaigne, Michel de, *Tagebuch einer Reise durch Italien*, in:

Gesammelte Schriften, Bd 7, übers. von Otto Flake, Berlin 1915

Mordini, Attilo und Pietro Porcinai, *Giardini d'occidente e d'oriente*, Mailand 1966, in dt. Ausgabe: *Gärten*, München 1974

Muthmann, Friedrich, *Mutter und Quelle – Studien zur Quellenverehrung im Altertum und Mittelalter*, Basel 1975

Muthmann, Friedrich, *Der Granatapfel – Symbol des Lebens in der alten Welt*, Fribourg 1982

Nobile, Bianca Marta, *I Giardini d'Italia*, Bologna 1984

Page, Russell, *The Education of a Gardener*, London 1962, in dt. Ausgabe: *Ich schuf Gärten in aller Welt*, Melsungen 1967

Paterson, Allen, *The History of the Rose*, London 1983, in it. Ausgabe: *La Storia della Rosa*, Mailand 1984

[Pauly, August Friedrich] *Der kleine Pauly – Lexikon der Antike*, 5 Bde., Stuttgart 1964

Petrarca, Francesco, *Dichtungen, Schriften, Briefe*, übers. von Hans Nachod, Paul Stern u.a., Frankfurt/Main 1964

Pevsner, Nikolaus, *Europäische Architektur*, München 1963

Plinius der Jüngere, *Briefe*, übers. von Mauriz Schuster, Stuttgart 1953

Pückler-Muskau, Hermann Fürst von, *Andeutungen über Landschaftsgärtnerei*, Stuttgart 1834, Faksimile Stuttgart 1987

Rainer, Roland, *Gärten*, Graz 1982

Rainer, Roland, *Lebensgerechte Außenräume*, Zürich 1972

Schütz, Paul, *Zone – Netz – Modul, Ordnungsprinzipien in der Architektur*, Karlsruhe 1976

Seifert, Alwin, *Italienische Gärten – Ein Bilderbuch*, München 1950

Shepherd, John und Geoffrey Jellicoe, *Italian Gardens of the Renaissance*, London 1925, 1953, in dreisprachiger Ausgabe: *Italienische Gärten der Renaissance – Italian Gardens of the Renaissance – Jardins de la Renaissance en Italie*, London/Teufen 1966

Stützer, Herbert Alexander, *Die italienische Renaissance*, Köln 1977

Venturi, Adolfo, *Storia dell' Arte Italiana*, 11 Bände, Mailand 1937

Volkamer, Johann Christoph, *Continuation der Nürnbergischen Hesperidum*, Nürnberg 1714, Faksimile Nürnberg 1985

Wharton, Edith, *Italian Villas and their Gardens*, New York 1903, in it. Ausgabe: *Ville Italiane e loro Giardini*, Florenz 1983

Wittkower, Rudolf, *Grundlagen der Architektur im Zeitalter des Humanismus*, München 1969

Würtenberger, Franzsepp, *Der Manierismus – der europäische Stil des 16. Jahrhunderts*, Wien 1962

Abbildungsnachweis

Die Aufnahmen für den vorliegenden Band stammen, ausgenommen die im folgenden mit ihren Abbildungsnummern genannten Fotos, von den Verfassern. Verlag und Autoren danken den Museen, Institutionen und Fotografen, die zusätzliches Abbildungsmaterial zur Verfügung stellten.

Carla de Benedetti, Mailand   206, 207
Piero Biasion, Genua   75
Karl-Dietrich Bühler, Tomelilla/Schweden   208–214
Giac Casale, Mailand   137
Castello Sforzesco, Civica Raccolta Stampe ›A. Bertarelli‹, Mailand   170

Jacques Dirand, Paris   30
Dr. Georg Gerster, Zumikon/Schweiz   1
Istituto Geografico de Agostini, Novara   166, 171
Mimmo Jodice, Neapel   73
Massimo Listri, Florenz   4, 5, 13, 25, 33, 40, 56, 77, 80, 83
Museo del Prado, Madrid   88
Pubbli-Aer-Photo, Mailand   11, 123, 159

Register